新版 基礎から学ぶ社会保障

芝田英昭・鶴田禎人・村田隆史 編

社会福祉士・精神保健福祉士
養成カリキュラム（社会保障）準拠

自治体研究社

新版　基礎から学ぶ社会保障

目　　次

プロローグ………………………………………………………………………………8

第Ⅰ部　社会保障の理念・あゆみ・体系

第1章　社会保障とは何か～その概念、源流と役割……………………………11

本章のねらい　11
1．社会保障と生活問題の関係を理解する　12
2．諸外国の社会保障の源流　14
3．社会保障の役割と機能　21
4．基本的人権と社会保障～日本国憲法の成立と社会保障　24
5．社会保障制度審議会の社会保障勧告に見る社会保障理念の変遷　26
6．地域共生社会と社会保障概念の矮小化　29

第2章　社会保障のあゆみ………………………………………………………35

本章のねらい　35
1．イギリスにおける社会保障生成と発展の歴史　36
2．ドイツにおける社会保障の歴史的特質　51
3．第2次世界大戦後の社会保障の発展（1945年以降）　53

第3章　社会保障の制度体系……………………………………………………57

本章のねらい　57
1．社会保障の体系　57
2．保険　59
3．社会保険・社会扶助　61
4．日本における社会保障体系　63
5．社会保障に関する課題　66

3

第Ⅱ部　社会保障制度各論

第4章　公的年金制度 ·························71

本章のねらい　71

1．公的年金の概要と現状　72

2．公的年金のあゆみ　80

3．公的年金の課題とこれから　83

第5章　医療保険制度と「国民皆保険」 ·········91

本章のねらい　91

1．「国民皆保険」のあゆみ　91

2．医療保険制度の体系　93

3．保険診療のしくみ　97

4．今日の医療を取り巻く課題　99

第6章　介護保険制度 ·························105

本章のねらい　105

1．介護保険制度の導入、変遷　105

2．介護保険制度のしくみ　108

3．地域支援事業　115

4．介護保険制度が直面している課題　117

第7章　労働保険制度 ·························123

本章のねらい　123

1．労災保険　124

　1）労災補償の必要性と保険での対応

　2）労災保険の概要

2．雇用保険　132

　1）失業保障の必要性

　2）日本における失業保障の展開

　3）雇用保険の概要

3．労働保険制度の課題　140

第8章　障害者福祉 ·························145

本章のねらい　145

1．障害福祉制度のあゆみ　145

2．障害者総合支援法の体系　148

3．障害各法によるサービス　155

4．障害福祉制度をめぐる今日的課題　160

第9章　子ども家庭福祉 ……………………………………………163

本章のねらい　163

1．子ども家庭福祉のあゆみ　163

2．子ども家庭福祉の体系　165

3．子ども家庭福祉のしくみ　168

4．子ども家庭福祉の課題と展望　174

第10章　生活保護と生活困窮者支援制度 …………………179

本章のねらい　179

1．生活保護制度の概要　180

2．生活保護制度の発展と運用過程　184

3．新たなセーフティネットの概要　187

4．生活保護制度をめぐる課題　191

第Ⅲ部　諸外国の社会保障

第11章　アメリカの社会保障 ……………………………………197

本章のねらい　197

1．アメリカ社会保障の特質　197

2．アメリカ社会保障の発展と体系　200

3．年金制度　202

4．医療制度　204

5．公的扶助　207

6．全てを自己責任に帰さない社会保障国家　210

第12章　ドイツの社会保障 …………………………………………213

本章のねらい　213

1．ドイツの政治・経済・社会状況　214

2．医療保険　215

3．年金保険　215

4．介護保険　216
5．失業保険　217
6．公的扶助　217
7．社会手当　220
8．ドイツの社会保障制度の最近の動向　222

第13章　韓国の社会保障 ……………………………………………………227
本章のねらい　227
1．韓国の政治構造と社会保障体系　227
2．社会保険　229
3．公共扶助　234
4．韓国社会保障制度の最近の動向　237

第14章　スウェーデンの社会保障 …………………………………243
本章のねらい　243
1．90年代以降の改革の流れ　244
2．スウェーデンの社会保障制度　244
3．高齢者ケア　248
4．障害者福祉　252
5．保健・医療制度　253
6．年金制度　255
7．公的扶助　256
8．福祉と財政　257
9．社会保障面におけるスウェーデンの課題　259

第Ⅳ部　社会保障が当面する課題

第15章　人口減少と社会保障 ……………………………………………261
本章のねらい　261
1．人口減少と少子化の実態　262
2．少子化の背景を考える　267
3．人口減少の社会的影響と社会保障　271

第16章　社会保障と福祉労働 ·· 279

本章のねらい　279
1．福祉労働の整理　279
2．介護労働者・保育労働者の現状　286
3．福祉労働の改革課題　289

第17章　社会保障と財政 ·· 295

本章のねらい　295
1．社会保障財政の仕組みと特徴　295
2．社会保障関係費の増加と社会保障財源の確保の失敗　301
3．社会保障財源の確保策──消費税戦略と代替戦略　309

主要事項索引 ·· 318
エピローグ ·· 323
執筆者紹介 ·· 324

プロローグ

「基礎から学ぶ社会保障」が初めて出版されたのは、2013年である。その後、増補改訂版（2016年）を経て、このたび新版が出版される運びとなった。

一連の書籍には、継続して変わらない特徴がある。1つは、社会福祉士・精神保健福祉士養成カリキュラム「社会保障」に準拠し、国家試験合格を目指す学生のための教科書として書き下ろされている。2つには、私たちの生活に深くかかわる社会保障について、一般読者や専門職の方に分かりやすく理解してもらうことを意図している。本書がこれまで版を重ねることができたのは、各執筆者が正確に、かつ分かりやすくという、時として反目しがちな目的を達成してきたからであろう。

今日、社会保障を取り巻く環境の変化と制度の変遷は非常に大きく、またスピーディーなものとなっている。本書においても、各執筆者は出版のための研究会を重ね、目まぐるしく変わる制度の仕組みや改革の内容を正確に、かつ分かりやすく伝えることをこれまで以上に心掛けた。ぜひ本書を国家資格取得や社会保障の知識習得にお役立ていただきたい。

以下、簡単に本書の概要をお伝えすると、まず第Ⅰ部では、社会保障の歴史、理念・概念、制度体系・機能が描かれている。第Ⅰ部を読むことで、社会保障が、各制度に細分化されたバラバラなものとしてではなく、共通の目的や歴史といった「背骨」に支えられ、一体的に私たちの生活を支えていることが理解できるだろう。

第Ⅱ部では、社会保障を構成する各制度について、医療保険、年金保険、介護保険、労働（雇用・労災）保険、障害者福祉、子ども家庭福祉、生活保護と困窮者自立支援の各章で解説されている。第Ⅱ部では、各制度のあゆみや基本的な仕組みを理解したうえで、それぞれの章で指摘されている制度が抱える課題を踏まえ、より良い制度のあり方を一緒に考えていきたい。

第Ⅲ部では、諸外国の社会保障について、アメリカ、韓国、ドイツ、スウェーデンを対象に、制度やその歴史などが丁寧に整理されている。海外の社会保障を理解することで、日本の社会保障の特徴や改革のヒントが見えてくるはずである。興味関心のある国からぜひ読み進めてもらいたい。

　さらに、編者らの思いをより具体化するために、本書から新しい試みを取り入れている。1つは、第Ⅳ部において、社会保障を取り巻く環境の変化をより分かりやすく伝えるために、少子高齢化、財政、労働の各章を導入した。ここでは、社会保障改革の背景にある大きな問題の所在を掴んでほしい。もう1つは、各章の最初にはそれぞれの章のねらい、最後には筆者からの課題と参考図書が提示されている。各章を学ぶ意義を理解するとともに、本書をきっかけに発展的に社会保障の学習を進めてもらいたい。

　学生の皆さんが福祉の現場で出会う多くの利用者、相談者は、本書で描かれる社会保障を活用して生活を営んでいる。ソーシャルワーカーにとって、社会保障の知識は国家試験合格のための科目というだけにとどまらず、クライエントの人生を支えるために不可欠の知識であることを踏まえて学んでほしい。

　また、少子高齢化の進行や財政赤字が恒常化する中で、社会保障を取り巻く環境は大きく変化し、矢継ぎ早に制度改革が進められている。そのなかで、社会保障がひとびとの尊厳を守り、国民生活をよりよいものとするためには、私たち自身が学び、あるべき姿を求めていかなければならない。筆者一同、本書がそのような生きた学習の基礎となることを願ってやまない。

　2019 年 1 月

編者：鶴田禎人

第 1 章

社会保障とは何か〜その概念、源流と役割〜

芝田　英昭

本章のねらい

　社会保障は、学問的、政策的に使用される場合は、ほぼ統一した概念で捉えられている。私たちは、生活する上でさまざまな生活問題を抱えるが、それを緩和・解決する公的制度・政策の一部が社会保障であると捉えられている。
　社会保障の構造は図 1 - 1 に示したが、社会保障は、大きく所得保障と対人社会サービスに分かれる。さらに所得保障は、社会手当、失業給付、労災給付、年金給付、公的扶助から構成され、対人社会サービスは、福祉サービス、医療サービス、保健・公衆衛生サービスから構成されている。ただしこの分類は日

図 1 - 1　日本の社会保障構造

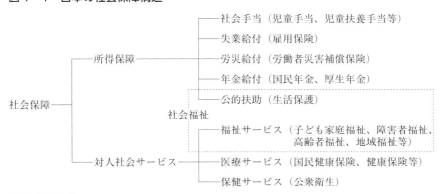

出典：筆者作成

本の場合で、イギリス、オセアニア、北欧諸国では、これらに住宅保障や教育が加わる場合もある。

　社会保障は、生活過程に起こる社会問題、つまり生活問題を公的責任において緩和・解決するための公的制度・政策や、それを実施する上での方法論（技術）を指すものといわれている。

　本章では、社会保障がどのような考え方で成立・実施されてきたのか、加えてその役割も学びたい。

1．社会保障と生活問題の関係を理解する

　生活問題はどのように起こるのであろうか。そもそも「生活」という概念は、一般的に用いられているように日常的な人間の行為そのものである。しかし、ここではもう少し学問的に捉えて、生活問題が起こるメカニズムを理解したい。

　ここで生活構造（図1-2）を示すが、私たちが生活する資本主義社会では、国民のほとんどが生産手段（生産のための材料、機械、道具、工場など）を持たない賃金労働者（会社等に雇われている労働者）であることから、労働し賃金を得ることがあらゆる行為の基礎となる。この労働行為を「労働生活」と呼ぶ。労働者は、労働生活によって労働力を消費することから、それを通して得た賃金を基に労働力の再生産を図るための生活財を購入する。この行為は、労働生活で得た金銭を消費することから「消費生活」と呼ぶことができる。消費生活は、労働生活の上に乗る形で位置づけられ、共に金銭の動きを示すことから、労働生活、消費生活を総称して「経済生活」と呼ぶ。さらに、この経済生活は、私たち人間の生活の土台といえる。

　経済生活の上部に位置づくのが「社会的生活」、「精神的生活」、「政治的生活」で、土台である経済生活が成り立たなければ、当然これらの生活も不安定となる。

　社会的生活とは、社会の最小の構成単位としての家族等の「血縁」、地域や学校等の「地縁」、会社などの「社縁」における人間関係によって成り立っている。例えば、以前A家が近所のB家より「出産祝い」を頂戴したとする。その後、B家に子どもが生まれたのだが、その時期A家の世帯主が失業していたことか

図 1-2　生活構造と社会構造の関係

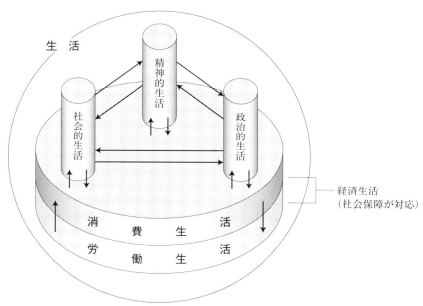

注：——→（矢印）は、作用の方向性を示す。　　出典：筆者作成。

らB家に「出産祝い」を贈れなかったとすれば、当然A家は地域で孤立する可能性がある。

　また、精神的生活とは、学校での学びや趣味の集いなどの文化活動、恋愛等の精神的な活動の総称である。しかし、失業や経済的不安があれば、進学や恋愛を諦めることもあると考えられる。

　政治的生活とは、政党、労働組合や住民運動などでの政治的活動を意味する。やはり、失業や貧困等の経済不安があれば、そのような活動は不可能となる。

　つまり、総体としての生活の土台である「経済生活」が、生活問題等によって不安定になれば、その上部構造である社会的生活、精神的生活、政治的生活が不安定となる。従って、社会保障は生活の土台である「経済的生活」における何らかの事故に対応する制度・政策だといえる。

　社会保障が対象とする生活問題は、おおむね生活障害、生活危険、生活不能、に分けることができる［真田、1992］。

・**生活障害**……生活の単位である個人、家族、地域において、政治的、文化的、精神的等の一定の生活阻害要因を抱え、それが生命や生活の再生産を脅かしている状態を意味する。具体的には、幼弱、疾病、心身の障害、高齢、要介護、貧困な住宅、非行、共働きなどから生じる生活上の困難である。これに対しては、対人社会サービスや社会保障以外の一般行政施策が対応する。しかし、この状況を放置すれば、生活危険、生活不能に陥る可能性もある。

・**生活危険**……生活上の事故（失業、疾病、障害等）や不意の出来事（結婚、出産、家族の死亡等）の発生によって、一定の水準を保ちながら営まれていた生活が、その水準を幾分なりとも下げなければならない状況に陥ることといえる。失業、疾病、労働災害等によって「所得の中断」を、退職、障害、生計中心者の死亡によって「所得の喪失」を、結婚、出産、疾病、要介護、死亡によって「不意の出費」をもたらす。いずれの事故や出来事の発生も、従前の生活水準を低下させざるを得ない危険性を持っている。これらに対しては、所得保障や対人社会サービスが一定程度くい止める役割を果たす。

・**生活不能**……生活危険の長期化、所得保障が機能しないなどの事情により生活水準が健康で文化的な最低限度の生活を大きく割り込み、そのまま放置すれば生命の維持すら危ぶまれる状態を意味する。これらに対しては、公的扶助（生活保護）が対応する。

これらの生活問題の要因は、私たちの生活過程でおきる「予期しがたい事故、不意の出来事」とみることができる。

2．諸外国の社会保障の源流

1）レーニンの「労働者保険綱領（1912 年)」にみる社会保障の理念

社会保障という言葉は、一般的にはアメリカの社会保障法（The Social Security Act. 1935）に使用されたのが世界で最初だとされているが、実際には、旧ソビエト連邦（現ロシア）でそれ以前に使用されていた。しかし、社会主義国での社会保障概念で、その目的、制度、財源等に大きな違いがあり、この制度が直接資本主義国に波及したわけではない。もちろん、資本主義国の社会保障の

生成・発展に、きわめて大きな影響を与えたことは否定できない。

　第1次ロシア革命（1905年～1907年）が弾圧されて以後、ロシアでは、労働者や農民の生活悪化に伴い、1904年のバクー油田闘争や1905年のリヤザン鉄道労働者事件などに代表されるような労働運動が高揚し、社会保障制度創設を求める国民の声が国を動かすこととなった。旧帝政ロシア政府が1912年に社会保険の実施に着手したが、レーニン（Влади′мир Ильи′ч Ле′нин）率いるボルシェビキ党（社会民主労働党）は、同年プラーグで開催した同党の第6回全国協議会において、政府の社会保険を批判する見解を示した。これがレーニンの「労働者保険綱領」と呼ばれるものである。

　レーニンは、この中で「労働者が生みだす富のうち、賃金として受けとる部分はほんのわずかで、切実な生活要求を満たすわけではない。もちろん労働能力を失ったり、失業の場合に備えて賃金から貯蓄する可能性も奪われている。だから、保険料の全額は、企業主と国家が負担すべきである。あらゆる事故の場合に労働者とその家族の全部を対象にし、被保険者の完全な自治の原則にもとづいて、地域統一的な国家労働者保険をつくらなければならない」［レーニン、1956、p.488］と、権利性、企業主及び国家全額負担、対象の包括性、対象者の普遍性、労働者無拠出、被保険者による民主的管理、などの社会保障原則を示した。ただし、同綱領が具体化されるのは、1917年10月の社会主義革命が成功して以後のことであった。

　革命政府は、1917年11月1日に同綱領に基づいて「国家社会保険に関する宣言」を行った。その後1918年10月31日に労働者を対象に「社会保障規則」が制定され、全額国庫負担（事業主からの納付金）による疾病保険と失業保険が実施された。しかし、ソ連邦の社会保障が本格的に発展するのは1930年代以降で、特に1936年の「ソビエト新憲法」の制定によって、資本主義国とは違う広範な社会保障権利が認められた。新憲法は、119条に休息権、120条に老齢、疾病および労働能力喪失の場合の物質的保障を受ける権利、122条に女性のいっさいの分野における男性と同等の権利、などを明記した［吉田、1975、p.96］。

　ただ、その後のソビエトが、国民・労働者が描いたような人権が全面的に認められる国であったのかは疑問である。事実、反体制派に対しての人権抑圧、軍事大国化は、あまりにも凄まじいものであり、反福祉的だったといわざるを

ない。

2）アメリカ「社会保障法（1935 年）」成立の意義と特質

いうまでもなく、資本主義国で法律の中に「社会保障」という言葉が最初に登場したのは、アメリカで 1935 年 8 月に成立した「社会保障法」であった。その後、同様の単語・概念は第 2 次世界大戦後、多くの国で使われることとなった。

アメリカの社会保障制度は、イギリスのようにそれまであった社会保険、公的扶助や社会福祉を総合的に整備拡充して創設されたものではなく、新たに国家制度として創造されたことにその特質がある。ただし、1935 年以前にも社会保障制度を求める国民的運動が存在し、その影響は看過できない。1912 年の災害補償制度創設運動、1921 年の失業法案制定運動、1927 年以降の老齢年金制度制定運動、1930 年のアメリカ労働総同盟による失業者集会、1931・32 年の飢餓行進、などである。また、社会保障法成立には、1929 年 12 月の世界大恐慌（グレート・ディプレッション）が、大きな影響を与えたことは周知の事実である。

また、社会保障法がニュー・ディール政策の一環として制定されたことも忘れてはならない。1932 年の大統領選で、共和党のフーバー（Herbert Clark Hoover）に代わって民主党のルーズベルト（Franklin Delano Roosevelt）が大統領に選出され、翌 1933 年、大恐慌による失業や社会不安、および労働者運動の高揚から「資本主義体制を防衛」するためにニュー・ディール政策を実施した。

アメリカ社会保障制度は、当初、老齢年金、失業保険、公的扶助（高齢者扶助、視覚障害者扶助、要扶養児童扶助）、および社会福祉サービス（母子保健サービス、肢体不自由児福祉サービス、児童福祉サービス）から構成され、医療保険と労災保険を欠いた「不完全な社会保障」であった[1]。また、老齢年金、失業保険などの社会保険には社会的扶養要素（社会原理）の一つの「国庫負担」が欠落していた。これは、自助・自立を基本とするアメリカ社会保障の特質といえる。

3）福祉国家の基礎を築いた「ニュージーランド社会保障法（1938 年)」

ニュージーランドは、1840 年に英国女王と約 50 人の先住民マオリ部族長による「ワイタンギ条約」の締結によって、国家としての体制を整えた。他の植

民地国家と同様、当初は先住民マオリが迫害されたことはいうまでもない。しかし、ニュージーランドに植民してきた多くのヨーロッパ人が、当時のヨーロッパの階級社会を嫌っていたこともあり、「平等」の理念をもとに国家建設をすすめたことから、他の植民地国家に比べれば先住民の地位は比較的高く、差別も深刻化しなかった。

このように「平等」の理念に沿って国家建設がすすめられたことから、かつてニュージーランドは、「南半球の福祉国家」として北欧の福祉国家と並び称せられた。1877 年には世界に先駆けて「義務教育の無償化」を実施、1893 には世界で初めて「女性の参政権」（被選挙権は 1919 年実施）を認め、1926 年には世界で最初に「家族手当」を導入し、その後 1938 年には、世界で初めての総合的で体系的な「社会保障法」を制定した。一般的には、体系的社会保障の理念の構築は、イギリスの「ベヴァリッジ報告」（Social Insurance and Allied Services、1942 年）とされているが、それを遡ること 4 年前に、太平洋の小国ニュージーランドが既に福祉国家の礎を世界に先駆けて構築していたことは、あまり知られていない[2]。

1935 年 11 月の総選挙で、マイケル・サベージ（Michael Joseph Savage）率いる労働党がニュージーランド史上初めて政権に就き、1929 年の大恐慌以降の経済破綻や、広範な生活不安を招いていた失業問題を、抜本的に解決する施策を打ち出した。その一つが「社会保障法」の制定であった。

1939 年の同法施行を前に、ニュージーランド政府は 1938 年 9 月に、社会保障法の解説パンフレットをニュージーランド全戸に配布した。これは、「高齢、疾病、失業、独居、またはその他の不幸によって生活力が奪われた全ての国民に対し給付される」としていることからも理解できるように、ニュージーランドの社会保障が「対象の包括性」と「対象者の普遍性」を持ち合わせていたことを意味している。また、社会保障を「税」で賄うとして、当時、他の資本主義国が社会保険を中心にその保険料で賄うとの方向性を示したのとは異質である。さらに、普遍的な「老齢年金」、及び包括的な「国民医療制度」を備えており、当時としては最も進んだ福祉国家を確立したといえる。

しかし、なぜニュージーランドは、このような社会保障制度を創設しえたのか。ニュージーランドの歴史学者キース・シンクレア（Keith Sinclair）は、「ニ

ュージーランドの社会保障制度は、平等の理念によって形成された。好況の単なる副産物ではない。植民当初からいわれていた、最大多数の最大幸福を、という国民の総意によって達成されたのだ」［シンクレア、1982、p.31］と述べている。

4）ベヴァリッジ報告「社会保険および関連サービス（1942年）」と社会保険

　イギリスでは、1911年ロイド・ジョージ（David Lloyd George）の立案によって、医療保険と失業保険からなる「国民保険法」が成立し、翌年7月から施行された。しかし、労働者に拠出を強いる社会保険の成立について、フェビアン劇作家のバーナード・ショウ（George Bernard Shaw）は、社会保険の成立は、貧しい人から一律の人頭税を取るに等しく「彼らを自殺と嬰児殺害とに追いやる」と非難した。

　第2次世界大戦中の1941年、チャーチル連立内閣は、ベヴァリッジ（William Henry Beveridge）を委員長とする「社会保険と関連制度に関する委員会」を設置。翌42年、委員会から報告書『社会保険および関連サービス』、いわゆるベヴァリッジ報告が提出された。これは、今日においてもイギリスの社会保障体系の基本とされている。

　ベヴァリッジ報告は、社会保険計画を推進するにあたって、3つの指導原則を明らかにしている。第1原則は、「革命を行う時を意味し、つぎはぎ措置を講ずべき時を意味しない」、第2原則は、「社会保険の組織は、社会進歩のための包括的な政策の一部分としてのみ取り扱うべき」、第3原則は、「社会保障は、国と個人の協力によって達成されるべき」としている。また、①15歳以下の児童に対して児童手当を支給すること、②疾病の予防・治療ならびに労働能力の回復を目的とした包括的な保健およびリハビリテーション・サービスを社会の全員に提供すること、③雇用を維持すること、この3つの前提の下で、社会保険計画を以下の3つの方法によって行うとしている。

　つまり、「基本的なニーズに対する社会保険、特別なケースに対する国民扶助、基本的な措置に付加するものとしての任意保険」だとしているが、ベヴァリッジはあくまでも社会保険を「3つの方法のなかでは最も重要な方法」とし、中心的位置づけを行っている。

第1章　社会保障とは何か

　また、社会保険計画は、6つの基本原則を具体化したものであるとして、①均一額の最低生活費給付、②均一額の保険料拠出、③行政責任の統一、④適正な給付額、⑤包括制、⑥被保険者の分類、を掲げている。

　ベヴァリッジ報告は、「社会保険と児童手当とはともにもともと富を再分配する方法である」として、社会保険というツールを用いて、最低生活費を保障しようとしていた狙いがうかがえる。したがって、財源調達は、①国庫、すなわち納税者としての国民、②社会保険計画によって給付を受けると期待される者、すなわち被保険者としての国民、③被保険者が雇用契約によって雇用されている場合にはその使用者、からなされるとしている。しかし、ベヴァリッジは、使用者負担については、「社会保険に使用者拠出を残そうとする意見は、被保険者拠出を残そうとする意見のように強力な根拠はもってはいない」とし、あくまでも「社会保障への使用者拠出はわずかなものにならざるをえない」と判断している。これは、ベヴァリッジが、社会保障の機能を、利潤から賃金への再分配である「富の垂直的再分配」ではなく、賃金と賃金との分配、つまり、「富の水平的再分配」と考えていたことに他ならない。

　それは、以下の記述からも理解することができる。

　「正しい分配というのは、過去においてしばしば意味すると考えられた分配——生産における異なった要素、すなわち土地、資本、経営、労働の間における分配——を意味するのではない。購買力のよりよい分配が、賃金労働者自身の間で、就業しているときとそうでないときの間に、また、家族扶養の責任の重いときとそれが軽いかまったくないときの間に、行われることが要求されているのである」[ベヴァリッジ、1969、pp.842-845]。

5）社会保障の世界的広がりと ILO の役割

　社会保障という言葉が、世界中に普及する直接のきっかけとなったのは、太平洋戦争勃発直前の 1941 年 8 月 14 日、英国首相チャーチル（Winston Leonard Churchill）と米国大統領ルーズベルトとの洋上会談で発表された「大西洋憲章」であった。もちろん、この憲章の中心をなすものは、国民を第 2 次世界大戦に協力させることにあったことはいうまでもないが、同時に、戦後の自由主義国家の目指すべき方向性を示す狙いもあった。

同憲章は、「世界のより良い将来への願望の基礎として、両国政府は8つの共通原則の国内政策」を明らかにし、その中で「より良い労働基準、経済的進歩および社会保障をすべての者に確保する目的をもって、経済の領域におけるすべての諸国民にもっとも十分な協力をもたらすこと」（大西洋憲章第5節）として、社会保障の世界的展開への協力を確認している。

　また、同憲章をILOが第25回総会（1941年11月）において「大西洋憲章の支持に関する決議」を採択したことで、社会保障の世界的波及が実質化された。

　ILOは、1919年の国際連盟の結成に伴い、労働条件の改善を通して社会正義および世界の恒久平和を実現する機関として設置されたが、当初は、社会主義や労働運動の高揚から、「資本主義体制維持のための協力機関」としての性格が強かったといえる［坂寄、1981、p.31］。しかし、そのような限界をもちながらも、社会保障の普及に果たした役割は大きい。

　ILOは、社会保障に関して、第2次世界大戦以前に17の条約と、12の勧告を採択しているが、体系的社会保障のあり方を示した文書は1942年に報告された『社会保障への途』である。

　同報告は、①社会保険と社会扶助の結合・統一、②社会保障の消極的権利性、③社会保障における国家の機能、④社会保障の具体的中身、を明確にしている。同年に公表された『ベヴァリッジ報告』が、あくまでも社会保障を、「社会保険」を中心として捉えていたのに対し、同報告は社会保険と社会扶助の結合・統一が社会保障であるとし、より発展的概念を示していたことは注目に値する。

　しかし、社会保障の権利性や、国家責任についてはかなり曖昧である。例えば、権利性は「与える保障」で、あくまで国家の恣意性の範囲からは出ていない。いわゆる国民の基本的人権である「社会保障受給権」という概念は、まだ醸成されていなかった。また、社会保障における国家責任に関しては、「国の適切な機能」として捉え、「責任」との認識は不十分である。ただ、当時のILOが「社会主義やファシズムと対抗する」との目的を掲げていたことを考えれば、これが限界であろう。

　また、同報告書は、前年の1941年9月3日にオズワルド・スタイン（Oswald Stein）がILOに報告書として提出した『社会保障への方向』［Stein、1941］を基にして書かれたといわれている。

第 1 章　社会保障とは何か

　ただし、オズワルド報告は、戦時下での資本主義体制維持をかなり意識して書かれたことが、「社会保障は各国の社会構成を強化するために、避けることのできない国家の責任であるという事実を、戦争と侵略の危険が十分に痛感させてきた」との言葉からも理解できる。

　このような ILO の考え方は、1944 年 5 月の第 16 回総会での『国際労働機関の目的に関する宣言』（フィラデルフィア宣言）として結実した。同宣言では、ILO の基本原則は、「どこかでの貧困は、どこでもの繁栄の脅威となる」、「欠乏に対する戦いは、各国内における不屈の勇気をもって」、「基本的収入による保護を必要とするすべての者に収入を与え、かつ、広汎な医療を与えるように社会保障の措置を拡張すること」であるとし、達成されるべき社会保障計画を規定した。

　その後 ILO は、さまざまな勧告・条約を通して、加盟各国に社会保障の実現を迫ったのであった。

3．社会保障の役割と機能

1）社会保障の役割

　2017 年版『厚生労働白書』によれば、社会保障の役割は、「個人の力だけで備えることに限界がある生活上のリスクに対して、幾世代にもわたる社会全体で、国民の生涯にわたる生活を守っていくこと」［厚生労働省、2017、p.7］としている。

　これは、憲法 25 条 1 項が謳う「すべて国民は、健康で文化的な最低限度の生活を営む権利を有する」との生存権・生活権保障を社会保障の役割と捉えたと理解することができる。戦後、日本においては、この理念の下、国民生活を保障するための社会保障関連法が随時制定され、今日ではこれらの制度が生活を送る上での必要条件となった。

　ただし、2017 年版厚労白書の「幾世代にもわたる社会全体で」との文言は、憲法 25 条 2 項の「国は、全ての生活部面について、社会福祉、社会保障及び公衆衛生の向上及び増進に務めなければならない」とする、社会保障における国

21

の社会保障増進努力義務を「社会全体で」との言葉で曖昧にし、公的責任よりも相互扶助的意味合いを強調している、と見ることができる。

　ただ、民主党政権下の2012年版『厚生労働白書』では、「社会保障は、一般に、『国民の生活の安定が損なわれた場合に、国民にすこやかで安心できる生活を保障することを目的として、公的責任で生活を支える給付を行うもの』（社会保障制度審議会〈社会保障将来像委員会第1次報告〉（1993年））とされている」［厚生労働省、2012、p.29］と述べ、社会保障の目的・役割における公的責任を過去の文献を引用しながら明確にしていた。

2）社会保障の機能

　社会保障は、その役割を果たすためにいくつかの機能を有しているといわれている。厚生労働白書（2012年版、2017年版）によれば、社会保障には、「生活安定・向上機能」、「所得再分配機能」、「経済安定機能」があるとしている。

①生活安定・向上機能

　私たちが暮らしている現代社会は、多くの人が限られた賃金で生活しており、生活過程において、失業、疾病、障害、保育、介護、貧困、孤立、住まい、就労等のさまざまな問題・課題が、複合的・重層的に襲いかかってくる。当然、これらの問題・課題を抱えれば、支出が嵩んだり、収入が減じたり、中断したり、喪失したりし、従前の生活水準を維持できなくなる。これらの問題・課題に対して、社会保障が現物給付（対人社会サービス等）や金銭給付を通して公的に支えることで、生活安定に寄与し、また生活向上へのステップとなる。

　しかし、社会保障が不十分で、これらの問題・課題が放置されれば、国民が自らの責任で対処すべく収入のかなりの部分を将来のリスクに備えて預貯金や私的保険に回さなければならず、結果、消費性向が抑制され、経済への悪影響は避けられない。

②所得再分配機能

　現代社会は、生まれながらにして不平等である。さまざまな機会に触れることにおいても不平等であるし、一次所得分配（労働で得た賃金）においても、大きな格差が存在している。経済学者のトマ・ピケティは、「所得は常に労働所得と資本所得の和となる」、「所得格差というのはこの二要素を合計した結果だ。こ

第 1 章　社会保障とは何か

の二要素が不平等に分配されれば、それだけ全体の格差も大きくなる」、「資本の格差が、労働所得の格差よりも常に大きいということだ。資本所有権の分配は、常に労働所得の分配よりも集中している」［ピケティ、2014、p.254］し、「労働所得分布の上位 10 パーセントが、通常は全労働所得の 25〜30 パーセントを稼いでいるのに対して、資本所得分布の上位 10 パーセントは、常に全ての富の 50％ 以上（社会によっては 90 パーセント）を所有している」［ピケティ、2014、p.255］と富の具体的格差を示した。

　もちろんこれらの格差・不平等を放置すれば、低所得層、低資産層は、現代社会の中で生活はますます不安定となる。一定程度その状態の緩和を図るのが、社会保障における「所得再分配機能」である。ただ、所得再分配機能は、社会保障独自の機能ではなく、一般的には「租税制度における所得再分配機能」がよく知られている。

　さて、所得再分配の方法には、「垂直的再分配」と「水平的再分配」がある。

　垂直的再分配とは、異なる所得階層間での分配で、具体的には高所得階層から低所得階層への縦の再分配を指す。税制であれば、所得税のように累進的に課税され、さまざまな行政サービスは所得階層に関係なく平等に享受できる。社会保障であれば、応能負担で保育サービス（社会福祉サービス）などが利用できる仕組みである。

　水平的再分配は、同一の所得階層間での再分配であり、一般的には再分配機能は低く、逆進的な分配になると考えられる。税制における消費税が、その典型でさまざまな調査からも、低所得階層に比べ高所得階層の方が年収に占める負担割合が低いことが知られている。これを財源に、さまざまな行政サービスが無料か低額で受けられたとしても、実態的には低所得階層の負担割合が重く、再分配効果は期待できない。社会保障においては、例えば健康保険の保険料徴収方式では、保険料の算定が個々の給与を標準報酬月額に置き換え、定率で賦課されるが、標準報酬月額には上限が設定されており、一定以上の報酬を得る高所得階層は、相対的に低額な保険料拠出のみで医療サービスを受けることができ、不平等・格差の拡大を助長している面も否定できない。

③経済安定機能

　国民がさまざまな生活問題を抱えても、社会保障が制度として確立していな

23

ければ、個人や事業主が、個別にその問題の緩和・解決に努めなければならず、国民はその支出のために生活が不安定になり消費性向が落ちるし、事業主もその支出により本業に資本を回せなくなり、その結果、経済の安定を損ねる可能性がある。

しかし、社会保障制度が確立していることで、具体的には、雇用保険制度のように失業中の家計を支える効果もあるし、公的年金では、障害があり仕事ができない場合も、リタイアした高齢者の場合も、それぞれの家計収入を安定化させ、消費活動を活性化させると考えられ、結果的には個々人の消費、企業の投資を下支えすることにつながる経済安定機能があるといえる。

4. 基本的人権と社会保障〜日本国憲法の成立と社会保障〜

「ソーシャルワーカーの倫理綱領」には、「人権と社会正義の原理は、ソーシャルワークの拠り所とする基盤である」と謳われており、社会福祉専門職が人権を学ぶことの意義は大きい。

人権には、「固有性」、「不可侵性」、「普遍性」との重要な観念が存在する（日本国憲法 11 条、97 条）。人権の固有性とは、人間であることにより当然備わっているとされる観念であり、人権は恩恵的・慈恵的に与えられたものではない、とする考え方である。

人権の不可侵性とは、人権は、原則として公権力により侵されないということである。歴史的に見て、公権力が多くの場面で人権を侵害してきたことから、立憲主義の観点に立ち、公権力の規制を求めなければならないし、人権は国家に対して請求するという点も重要である。

人権の普遍性とは、人種、性別、身分に関係なく、すべての人間は平等に人権を持っているということである。

日本国憲法は、このような人権観念を基本とした叡智の結晶であり、社会福祉労働者にとって社会保障の根拠を条項から学ぶことは意義深いと考える。

1）憲法 25 条の「生存権、生活権、健康権、文化権」

第 2 次世界大戦後、わが国は憲法 25 条をよりどころに社会保障制度の充実を

図ってきた。ただ残念なことに、日本国憲法はアメリカ・GHQから押しつけられたものとの「通念」が一般化している。

憲法25条1項の「すべて国民は、健康で文化的な最低限度の生活を営む権利を有する」との文言は、GHQ草案には存在しない［草案では、「24条」に相当する］。この条項が憲法の中に取り入れられたのは、衆議院での審議過程で野党が、日本人によるさまざまな憲法私案を参考に修正提案したことで実現したのであった。当時、高野岩三郎を中心とする憲法研究会が憲法草案要綱を公表（1945年12月26日）しているが、その案には「国民ハ健康ニシテ文化的水準ノ生活ヲ営ム権利ヲ有ス」と憲法25条の条文とほぼ同一の条項が示されていた［高柳、1972、pp.482-485］。

GHQ民政局の人権小委員会では、基本的人権に関し積極的に国の責任を規定しようとしていた。人権小委員会議事録では、ロウスト中佐が、「社会保障を憲法に入れることは、最近のヨーロッパ諸国の憲法では、広く認められている。日本では、このような規定を入れることは特に必要だと思う。というのは、日本では、これまで国民の福祉に国家が責任を負うという観念はなかった。この観念を一般に受け入れるようにするには、憲法に謳っておく必要がある」［鈴木、2014、p.277］と語っていることから、GHQと日本国民の思いが一致していたことが窺われる。

また、25条を素直に理解すれば、すべての国民に生存権だけではなく、十分に健康で文化的な生活を保障しており、健康権、文化権をも重層的に保障していると理解すべきである。さらに、25条2項は、「国は、すべての生活部面について、社会福祉、社会保障及び公衆衛生の向上及び増進に努めなければならない」としており、国・自治体（市町村・都道府県等の自治体を含む）は、社会保障における「向上・増進義務」があると解されている。

2）憲法14条の「法の下の平等」

14条1項は、「すべて国民は、法の下に平等」であるとしているが、一義的には形式的平等としての「機会の平等」を意味するし、それにより社会的に強い者と弱い者が生み出されることがある。

しかしこの定義は、弱い立場にある人を公的に助けることで、実質的に平等

を図る「結果の平等」も意味している。また、本条は、社会保障の権利を論ずる上でも重要な原則だとされている。

3）憲法 13 条の「個人の尊重、生命・自由・幸福追求の権利の尊重」

13 条は、「すべて国民は、個人として尊重される。生命、自由及び幸福追求に対する国民の権利については、公共の福祉に反しない限り、立法その他の国政の上で、最大の尊重を必要とする」と規定され、個人主義、生命・自由・幸福追求権が、すべての人権の総則的基本原理であり、同時に、「新しい人権」の根拠ともされている。

本条文を、「人間の尊厳」から根拠づける考え方に立てば、社会保障の権利を直接具現化するとはいえないが、生存権を間接的に枠づける形で、社会保障の権利を規定している［菊池、2014、p.63］とされる。

4）憲法 29 条の「財産権」

29 条 1 項は、財産権を規定し、2 項では財産権の内容は「公共の福祉」により制約を受け、3 項では「正当な補償」のもとに公共のために用いることができるとしている。

ただし、社会保障との関連では、社会保障受給権が財産権に当たるのかとの問題が存在するが、公法上の権利である社会保障の受給権も、本条の対象となると理解されている［伊藤、2017、p.36］。

したがって、社会保障の受給権が、本条 2 項の「公共の福祉」により制約される場合、具体的には社会保障給付内容の削減等が立法において規定された場合であっても、削減内容や程度が、公益等を総合的に勘案し、本条に違反するのかどうか判断が司法に委ねられるとされている。

5．社会保障制度審議会の社会保障勧告に見る社会保障理念の変遷

1950 年から始まる朝鮮戦争による戦争特需から、わが国は、高度経済成長を遂げ社会保障の充実が一定は図られたが、1973 年と 1979 年の 2 度のオイル・ショックを契機とする高度経済成長の破綻に直面して社会保障政策の方向転換

を図ることとなった。

1973 年の老人福祉法の改正によって、老人医療自己負担無料化の実施、高額療養費支給制度の創設など、社会保障の一定の改良がなされ、「福祉元年」とも呼ばれた。しかし、低経済成長に移行する中で、同年暮れには早くも「福祉見直し」、「社会保障の総点検」が主張され始めた。その後の 1970 年代は、政府は、老人医療費の高騰、生活保護の不正受給を巧みに宣伝し、一貫して「社会保障改革」の世論形成に終始した。

1980 年代に入り、「増税なき財政再建」を掲げた第 2 次臨時行政調査会が設置された。世にいう臨調「行革」路線の始まりである。1981 年以降臨調では、「日本型福祉社会」「世界に貢献する社会」の 2 本の柱を中心に、行財政改革を進めた。社会保障分野においては、1981 年、厚生省社会局「123 号」通知により、生活保護の適正化強化。1983 年には、1982 年の老人保健法成立を受けて 10 年に及ぶ老人医療自己負担無料化の廃止。1985 年以降は、福祉補助金を大幅にカットする方向へと向かった。1980 年代は、社会保障における国家責任の縮小化のための具体的改革の時期と位置づけることができる。

1990 年代に入ると、1990 年 6 月の老人福祉法等 8 法の改正、1993 年 2 月の社会保障制度審議会社会保障将来像委員会第 1 次報告「社会保障の理念の見直し」、1994 年 9 月の社会保障将来像委員会第 2 次報告、1995 年 7 月の社会保障制度審議会勧告「社会保障体制の再構築」（以下「95 年勧告」と表記）、1996 年 11 月の社会保障関係審議会会長会議報告「社会保障構造改革について（中間まとめ）」、1997 年 12 月の介護保険法の成立、1998 年 6 月の中央社会福祉審議会社会福祉構造改革分科会報告「社会福祉基礎構造改革について（中間まとめ）」、1998 年 12 月の同分科会報告「社会福祉基礎構造改革を進めるに当たって・追加意見」、1998 年 12 月の厚生省「社会福祉基礎構造改革の検討状況の報告（まとめ）」、1999 年 4 月の厚生省「社会事業法等一部改正案大綱」、などが発表され、21 世紀を目前にして社会保障の理念の改造が行われた。

「95 年勧告」は、社会保障の理念を「みんなのためにみんなでつくり、みんなで支えていくものとして、21 世紀の社会連帯のあかしとしなければならない」としている。本来、社会保障は、不測の事態として発生する生活問題を、公的責任において緩和・解決するための施策であり、自助や国民同士の助け合いだ

けではないはずである。

　ところが、「95 年勧告」は、「新たな社会保障の理念」の前提として、「国民は自らの努力によって自らの生活を維持する責任を負うという原則が民主社会の基底にある」とする 19 世紀レッセ・フェール（自由放任主義）の再来とも受け取れる自己責任論を前面に打ち出し、国家責任を捨象する方向性を明らかにした。

　この狙いはどこにあったのであろうか。「95 年勧告」は、「社会保障の財源」の項目の中で、「社会保険は、その保険料の負担が全体として給付に結びついていることからその負担について国民の同意を得やすく、また給付がその負担に基づく権利として確立されているなど、多くの利点をもっているため、今後ともわが国社会保障制度の中核としての位置を占めていかなければならない」として、社会保障制度における保険システムの拡大を意図している。つまり、保険主義の完成がその狙いだったといえる。

　事実、社会保障将来像委員会第 2 次報告が、初めて公にした「公的介護保険制度創設」について、「95 年勧告」は、「今後増大する介護サービスのニーズに対し安定的に適切な介護サービスを供給していくためには、基盤整備は一般財源に依存するにしても、制度の運用に要する財源は主として保険料に依存する公的介護保険を基盤にすべき」として、介護保障における保険システム導入を提示した。これは、社会福祉制度における初の保険化であり、介護保険創設により社会保障全体の「保険化」の足がかりにしようとしていたとみることができる。

　すでに、社会保障将来像委員会第 1 次報告（1993 年 2 月）は、「社会保障の中心的な給付は所得保障、医療保障及び社会福祉であるが、これらはいずれも社会保険または社会扶助のどちらの形態でも行うことができる」との見解を示し、社会福祉の保険化の根拠づけを行っていた。

　従来から、社会保障制度審議会「50 年勧告」は、憲法 25 条に則り、社会保障における国家責任を明確にした勧告として評価が高いが、またそれと同時に、社会保障の基本を社会保険とし、公的扶助をその補完的制度として位置づけた「社会保険主義」を、わが国の社会保障の原則とした勧告とみることができるし、それは以下の言葉からも理解できる。

第 1 章　社会保障とは何か

「国民が困窮におちいる原因は種々であるが、国家が国民の生活を保障する方法ももとより多岐であるけれども、それがために国民の自主的責任の観念を害することがあってはならない。その意味においては、社会保障の中心をなすものは自らをしてそれに必要な経費を拠出せしめるところの社会保険制度でなければならない」。

また、社会保障制度審議会「62 年勧告」は、社会保障を「景気を調節する等の積極的な経済的効果をもつ」とし、初めてその「積極的意義」を明確にし、なおかつ全国民を網羅する年金および医療保険の導入を推進し、社会保障の中心にこれらの社会保険を据えることを勧告した。

「95 年勧告」にみるわが国の 21 世紀社会保障戦略は、まさに「社会保険主義の完成」と捉えることができる。社会保障制度審議会の最高決議機関である全員委員会は、1995 年 4 月 24 日、報告書『国民経済と社会保障』を全会一致で了承。この中で、「年金、医療、雇用及び福祉という領域別の社会保険を一つの総合社会保険に統合し、そのなかを現金給付部門（年金給付、失業・労災給付、育児・介護休業給付、福祉現金給付・児童手当給付など）と現物給付部門（医療給付、福祉現物給付）に編成する方向である。社会保障給付の重複と空白を調整し、給付間の整合性を保つには、一つの総合社会保険に統合し、企画・事務・調査の体制を一本化する方が望ましい」として"総合社会保険"を提唱した。「95 年勧告」では、「社会保険制度を始め社会保障全般にわたって、公平性や効率性という観点から統合や一元化の方向をさらに進めなければならない」として同様の提言を行っていた。

6．地域共生社会と社会保障概念の矮小化

2016 年 7 月 15 日、厚生労働省に設置された「『我が事・丸ごと』地域共生社会実現本部」（以下「実現本部」）が第 1 回会合を開き、その場に厚生労働省は、2020 年代初頭までに実現すべき地域共生社会のあり方を、「地域包括ケアの深化・地域共生社会の実現」との文書で示した。また 2017 年 2 月 7 日、実現本部は、「『地域共生社会』の実現に向けて（当面の改革工程）」をとりまとめた。厚生労働省は、この改革工程に従って「地域包括ケアシステムの強化のための介

護保険法等の一部を改正する法律」（以下「介護保険法等改正法 2017」）を、2017
年 5 月 26 日参議院本会議にて可決・成立させた。

1）地域共生社会は社会保障をどう捉えたか

　実現本部の「社会保障」概念理解が意図的かそうでないかは別にして、きわめて偏向していることに驚きを禁じ得ない。まず、改革工程本文中に「社会保障」の単語は 4 度しか使用されていないし、ほとんどが社会保障を「公的な支援制度」、「公的支援」、「保健福祉」、「福祉分野、保健・医療」、「保健、医療、福祉」と言い換えていることである。

　例えば、実現本部は「社会保障」が必要となった背景を、「戦後、高度成長期を経て今日に至るまで、工業化に伴う人々の都市部への移動、個人主義化や核家族化、共働き世帯の増加などの社会の変化の過程において、地域や家庭が果たしてきた役割の一部を代替する必要性が高まってきた。これに応える形で、疾病や障害・介護、出産・子育てなど、人生における支援が必要となる典型的な要因を想定し、高齢者、障害者、子どもなどの対象者ごとに、公的な支援制度が整備」（下線筆者）［「我が事・丸ごと」地域共生社会実現本部、2017、p.1］されたとしている。また、この文章は、改革工程の最初に記述されており、実現本部が社会保障をどう理解したのかを示していると解するべきである。

　社会保障は、地域や家庭が果たしてきた役割の代替なのであろうか。我々が生きている現代社会（資本主義社会）は、生産手段を所有している者以外は、賃金労働者であり自らが持てる労働力を売ることで初めて生活（労働力の再生産）できる。ただ、賃金は、労働力の価値に対しての対価であることから、個々人が抱える生活問題（生活過程に起こる社会問題。具体的には、失業、保育、介護、疾病、障害などから生起する生活困難等）全てを個人で解決できるだけの金額は支払われない。したがって、労働者が生活問題を抱えれば、いともたやすく人が人らしく生きるレベル（健康で文化的な生活）を下回ってしまい、生存権が侵害されることとなる。つまり、社会保障は生活問題を緩和・解決するための制度・政策であり、そのことを通して生存権を保障する機能を有しているのである。

　改革工程には、この観点が全く欠落している、というよりは意図的に歪曲したと捉えるべきである。つまり、社会保障（改革工程では公的な支援制度等とし

ている）を、家庭や地域の役割の代替制度だとすることで、地域課題解決の責任を地域住民や個人にすり替えることが可能となるからであろう。

2）憲法 25 条と社会福祉法 4 条 2 項の矛盾

　介護保険法等改正法 2017 の中の社会福祉法改正法では、4 条（地域福祉の推進）に新たに 2 項が加えられた。同項は、「地域住民等は、地域福祉の推進に当たっては、福祉サービスを必要とする地域住民及びその世帯が抱える福祉、介護、介護予防、保健医療、住まい、就労及び教育に関する課題、福祉サービスを必要とする地域住民の地域社会からの孤立その他の福祉サービスを必要とする地域住民が日常生活を営み、あらゆる分野の活動に参加する機会が確保される上での各般の課題（地域生活課題）を把握し、地域生活課題の解決に資する支援を行う関係機関との連携等によりその解決を図るよう特に留意するものとする」（下線筆者）としている。たしかに、地域住民が抱える課題は、多岐にわたり「福祉領域」に限定するのは困難であろう。ただ、同項の主語が「地域住民等」で、地域住民が関係機関と連携し解決を図るようにするとしており、自治体や公的団体の役割を副次的に捉え、地域住民を主体化しているが、地域における地域力には相当の格差がある中での責任の丸投げは、結果的には生活問題の解決にはつながらず、地域住民の主体性との美名の下に、生活問題が解決されず放置される可能性がある。

　この社会福祉法改正に関してその具体化の指針「社会福祉法に基づく市町村における包括的な支援体制の整備に関する指針」［厚生労働省告示第 335 号］が、2017 年 12 月 12 日に市町村に示された。

　同指針によれば、「地域住民等」とは、「地域住民、社会福祉を目的とする事業に関する活動を行う者」。「関係機関」とは、「地域生活課題の解決に資する支援を行う関係機関」。「市町村」は、「包括的な支援体制の整備を推進する」としている。また、市町村が行う具体的な事業内容として、「地域住民が地域生活課題を自らの課題として主体的に捉え、解決を試みることができるよう地域住民、地縁組織その他地域づくりに取り組む組織等の地域の関係者に対して、必要な働きかけや支援を行う者の活動の支援を行う」と明記している。

　このように、社会保障における自治体の責任が「支援」に矮小化されたこと

で、憲法 25 条が謳う国・自治体の社会保障「向上・増進義務」との齟齬が生まれたと見るべきである。

たしかに、地域生活課題に関しては、地域住民が自ら共同の運動の一環として取り組むことは重要であるが、国家が上意下達的に自治体の責任を曖昧にして地域住民に丸投げすれば、地域間格差が拡大し、ますます地域が疲弊するのではなかろうか。

〈注〉

1　その後、1965 年の法改正で、高齢者の医療保険メディケアと低所得者の医療扶助メディケイドが加えられた。また、2010 年 3 月には、オバマ大統領が Patient Protection and Affordable Care Act（患者の保護及び医療費負担適正化法）に署名し、2014 年 1 月 1 日からオバマケア保険の適用が始まったが、同保険は公的保険ではなく「私保険」である。従って現在もなお、国民の 6 割が公的医療保険の対象外である。

2　ベヴァリッジ報告第 16 節には、イギリスが当時ニュージーランドで実施していた制度を見習って導入するとの記述が存在する。"Briefly, the proposal is to introduce for all citizens adequate pensions without means test by stages over a transition period of twenty years, … in adopting a transition period for pensions as of right, … the Plan for Social Security in Britain follows the precedent of New Zealand" paragraph 16, Social Insurance and Allied Services, Cmd6404.

〈引用・参考文献〉

・ベヴァリッジ『社会保険および関連サービス（1942 年 11 月）』山田雄三監訳、至誠堂、1969 年。原著：Beveridge W（1942）, Social Insurance and Allied Services, Report by Sir William Beveridge.

・ボストン『ニュージーランド福祉国家の再設計』芝田英昭監訳、法律文化社、2004 年。原著：Boston J（1999）, Redesigning the Welfare State in New Zealand, Oxford University Press.

・福永文夫『日本占領史 1945-1952』中央公論新社、2014 年。

・伊藤周平『社会保障のしくみと法』自治体研究社、2017 年。

・菊池馨実『社会保障法』有斐閣、2014 年。

・厚生労働省『2012 年版厚生労働白書』日経印刷、2012 年。

・厚生労働省『2017 年版厚生労働白書』日経印刷、2017 年。

・厚生労働省「社会福祉法に基づく市町村における包括的な支援体制の整備に関する指針」厚生労働省告示第 355 号、2017 年 12 月 12 日。

・近藤文二「日本における社会保障制度の歴史的特質」、大内兵衛他監修『講座社会保障 3』至誠堂、1959 年。

・マッカーサー『マッカーサー大戦回顧録』中央公論新社、2003 年。原著：MacArthur D（1964）, 'REMINISCENES by Douglas MacArthur' General Douglas MacArthur Foundation.

・レーニン「ロシア社会民主労働党第 6 回全国協議会」『レーニン全集』第 17 巻、大月書店、1956 年。

・ピケティ『21 世紀の資本』みすず書房、2014 年。

第 1 章　社会保障とは何か

- 坂寄俊雄他『社会保障とは何か』法律文化社、1981 年。
- 真田是『社会問題の変容』法律文化社、1992。
- 幣原喜重郎『外交五十年』中央公論新社、1987 年。原著：幣原喜重郎（1951）『外交五十年』読売新聞社、1951 年。
- シンクレア『ニュージーランド史』青木公訳、評論社、1982 年。原著：Sinclair K（1980）, A HISTRY OF NEW ZEALAND, Penguin Books.
- Stein O（1941）, Building Social Security. ILO, International Labour Review, Vol.XLIV, No.3, September 1941. 翻訳：平石長久訳『社会保障への方向』東京大学出版会、1972 年。
- 鈴木昭典『日本国憲法を生んだ密室の九日間』角川書店、2014 年。
- 高柳賢三他『日本国憲法制定の過程Ⅰ』有斐閣、1972 年。
- 「我が事・丸ごと」地域共生社会実現本部「地域包括ケアの深化・地域共生社会の実現」厚生労働省、2016 年。
- 「我が事・丸ごと」地域共生社会実現本部「『地域共生社会』の実現に向けて（当面の改革工程）」厚生労働省、2017 年。
- 吉田秀夫著『社会保障』労働旬報社、1975 年。

〈推薦図書〉

○菅沼隆編著『戦後社会保障の証言』有斐閣、2018 年。
　　——社会保障が構築されていく過程を、厚生官僚の証言を基にまとめた書籍。日本の社会保障構築の歴史を官僚自らが語っていることから、政策決定過程を理解するための必読の書。
○井上英夫編著『社会保障レボルーション：いのちの砦・社会保障裁判』高菅出版、2017 年。
　　——社会保障と基本的人権の関係を、社会保障裁判を通して学べる書籍。

【学習課題】

①生活問題と社会保障の関係性をまとめてみよう。

②社会保障の機能に関して、具体的な制度を掲げて説明してみよう。

③社会保障学習者・社会福祉労働者が人権を学ぶ意義は何かをまとめてみよう。

33

第2章

社会保障のあゆみ

芝田　英昭

本章のねらい

　社会保障は、欧米諸国で20世紀に成立した制度・政策であるが、その前史は
イギリスの救貧法にある。しかし、救貧法は自由貧民の取り締まりを目的とし
て成立した法制度であり、貧困原因を「自助の失敗」としていたことから救貧
制度としては限界があった。その後、産業革命を経て、工場制大工業の下、多
くの労働者が共同で働く中で自らが抱える問題を訴え主体的に取り組む「民主
主義」（デモクラシー）が醸成された。また、19世紀末から20世紀初頭にかけて
の「貧困の発見」と相まって、生活困難は自助によっては解決できない「社会
問題」であることが認識されるようになってきたことから、社会問題の緩和・
解決へ向けた公的施策の必要性が叫ばれるようになった。

　20世紀前半においては、世界で初めて社会主義国家が成立（1917年）、また、
資本主義の矛盾である無政府的生産が原因で世界大恐慌（1929年）が起こり、多
くの資本主義国において社会問題解決の前進が図られた。その一部が「社会保
障」として形成されたといえる。

　本章では、この社会保障発展の歴史をイギリスやドイツを事例に学習する。

1．イギリスにおける社会保障生成と発展の歴史

1）社会保障前史

（1）本源的蓄積期の救貧法

イギリスでは、15世紀末には既に封建社会が解体され、羊毛産業の成立・輸出などを通して貨幣経済が浸透していた。

それと同時に、多くの農民が働いていた「共同利用地」や「開放耕地」が、囲い込み運動（エンクロージャー・ムーブメント）によって私有の牧場などに変えられ、農民は生産手段や消費手段から切り離され、自由貧民として大量に創出された。彼らは自身の体に備わった「労働力」を売らなければ生活ができない賃金労働者として、雇用機会が存在する都市部に移動していった。一方、一部の地主・富裕層の手には一定量の貨幣が蓄積された。これを資本主義の前段階として「本源的蓄積期」とよんでいる。

この時期、生産手段からの自由を獲得した労働者は、貨幣経済の下で自らの生活困難に対しても自己責任を強制された。その結果、多くの人々が貧困に陥り、貧民・浮浪者が増加し社会不安を増大させ、さらに、1594年から1598年にかけての寒冷等の異常気象によって食糧難に陥り、これが貧民の増加に拍車をかけ貧民取り締まり立法として1601年に世界で初めて「救貧法」（エリザベス救貧法：43. Elizabeth. c2. An Act for the Relief of the Poor）が成立した[1]、といわれている。

1601年エリザベス救貧法成立の意義は、従来宗教的な地域単位であった「教区」（parish）を行政の末端機関とし、国家が救貧行政に関与し、また、教区が徴税権を持ったことにある。しかし、絶対王政下の救貧制度における目的は、貧民救済にあるのではなく、あくまでも社会的秩序維持（浮浪者の取り締まりによる治安維持）にあった。また当時、イギリス政府からの「公的補助金」支出はなく、自治体に「行政監督機能」も持たせなかったことから、救貧法は多くの教区で実施されなかったともいわれている。

第2章　社会保障のあゆみ

（2）市民革命期の救貧対策

治安判事は、枢密院の政策の忠実な実行機関であったが、王室と議会の対立が深まるにつれて、支配関係が次第に崩れていった。治安判事も議会議員も当時勃興してきた「中産階級」であった。当時の階級関係の変化は、強力な中産階級（17世紀ヨーロッパにおいて支配階級であった貴族に対する「第三身分」として、新興の都市商工業者をさすのに用いられた）の発展があったといえる。貿易の拡大による富裕な商人の登場、借地農場主の繁栄、羊毛産業における織り元の繁栄など、中産階級は次第にその勢力を増強しつつあった。彼らは自己の利害にはきわめて敏感で、救貧税[2]の増加に反対した。

1640年に中産階級の不満が最高に達し、市民革命（ブルジョア革命）が開始されると、従来の専制的な貧民対策は根本的に崩壊してしまった。内乱の発生[3]とともに、枢密院と治安判事との全国的ネットワークは断絶し、中央政府と地方自治体の直接的結びつきは、1688年の王政復帰によっても回復せず、絶対王政が希求した全国的統一行政は達成できなかった。これ以降、1834年新救貧法成立まで、救貧行政は、もっぱら地方自治体の業務とされた。もちろん1601年法は、1834年の新救貧法制定までは救貧行政の中心に位置づけられてはいた。

1662年制定の定住地法（An Act for Better Relief of the Poor of this Kingdom, 13&14 Charles II, C.12, 1662）は、実際に救済を受けている貧民はもとより、救済の対象になる労働者の居住及び移動を、一定の法的資格要件を設けることで制限した。これは、以前からの慣例としての「居住地制限」の法定化で、被救済貧民の資格要件という点で大きな意味を持っていた。

また中産階級は、貧民資格を厳格にすることによって、救貧税の増大を避けようとした。加えて、救貧行政は狭い「教区」単位で行われ、しかも、中央政府はこの教区のあり方を統制しえなかった。

（3）労役場設置計画の発展の経過

1696年、ウィリアムⅢ世は、内乱後の浮浪の増加と救貧税の増加に対して国民の批判が大きくなったため、新たな貧民対策の必要性について商務省に調査を命じた。当時、商務省官吏のジョン・ロック（John Locke）が、1697年に国王に報告書を提出した。この中でJ・ロックは、当時の救貧税が重いという通

37

念を、統計的に裏づけた。

　J・ロックの貧困観は、貧困は道徳的罪悪であり、限られた範囲の貧民のみ「貧民の雇用」を実施すればよい、と考えていた。従って報告書は、貧困の原因を「規律の弛緩と道徳の堕落」とし、その対策として、飲酒の制限と物乞いの禁止、14〜50歳までの物乞いは全て逮捕して3年間重労働に従事させる、50歳以上の物乞い・障害者、女性や14歳以下の物乞いは、懲治監（house of correction）で労働、各地に労働学校（working school）をつくり、3〜14歳までの児童を教育し自己の生活費を稼がせる、とした。この提案は枢密院により採択されたが、議会は承認せず、その代わり議会は「貧民労働の搾取を目的とした労役場」の建設を提案した。

　18世紀に入ると労役場建設が積極的に行われた。救貧法は、「浮浪の禁止」と「無能力者の保護」を行ったが、前者のための施設が「懲治監」で、後者の施設が「救貧院」（poor house）であったが、これらの施設で貧民を労働させたことから、懲治監や救貧院は一般的に「労役場」（work house）と呼ばれるようになった。

　労役場建設と運営については、各地の治安判事や貧民監督官の判断と責任において、地方自治として行われた。

　しかし、労役場建設は「経済的には失敗した」といわれている。貧民を労役場内で賃金を出して雇うのは、院外救済（outdoor relief、労役場に収容させるのではなく、居宅保護によって貧民を救済する方法）よりも、一人あたりの経費は高くついたのである。「利潤と人道主義」の理論的結合は、設置目的の混乱をきたし施策の不統一を招き、経済的失敗となったと考えられている。

　一方、「救済抑制的効果」があったことも指摘できる。つまり、労役場設置によって、労役場収容という貧民が嫌う形での維持が可能となり、その結果、救済への要求が急激に低下したからである。しかし、労役場に救済抑制効果があることは、最初から意図したことというよりは、偶然にも「労役場テスト方法」を発見し、これを貧民に課したことから分かった。

　この抑制効果が発見されてから、これを目的とする労役場建設が進められるようになった。その結果、その後の労役場建設は、貧民抑圧的な理念によって支配された。

1722 年のナッチブル法（Sir Edward Knatchbull's Act, An Act for Amending the Laws relating to the Settlement, Employment, and Relief of the Poor, 9 George I, c.7, 1722）は、「労役場テスト法」とも呼ばれるように、労役場を「貧民救済の抑制」や「労働意欲のテスト」として用いることを規定した。この法律の貧民観は「悲観的であり刑罰的」であった。

　また、法律の内容は、第 1 に、治安判事が教区の貧民監督官と連絡なしに、貧民に直接救済することを禁止した。これは、貧民が虚偽の申請をして、事情に疎い治安判事から救済を引き出すことを防ぐためのものであった。

　同法では、院外救済に値しないとみなされた貧民の救済には、労役場への収容を条件とすることができ、労役場は貧民雇用のための施設ではなく、「貧民の自由を束縛し、恐怖を与える施設」であり、そのことによって、「救済申請を抑制」しようとした。

　労役場収容の恐怖から、有能貧民は救済を忌避するようになった。その結果、孤児や棄児が全体の半数を占め、老人、病人、障害者、売春婦など、「当時社会的最下層に沈殿している人々」であった。労役場管理人は、彼らの健康の維持や精神的向上に配慮せず、貧民の処罰や虐待が横行し、貧民にとってまさに「恐怖の館」が出現した。その後、極端な非人道的な行為は、社会的批判の対象となり、この法の改正が行われた。

　・1814 年法　一般貧民の 24 時間を超えての監禁を禁止
　・1816 年法　精神障害者を鎖または手錠をかけて監禁することを禁止

　労役場による貧民の雇用は、「有能貧民の就労」、「貧困児童への就労教育」、「浮浪の禁止」の 3 つの観点から実施された。貧民の雇用は、資本家的投機家によるマニュファクチュア（工場制手工業）経営であった。そこでは、「人道主義」は背景に退き、利潤追求の手段として労役場マニュファクチュアが利用された。しかし、このような貧民の雇用は、機械制大工業の巨大な生産力にはとうてい及ばず、埋没していった。

（4）産業革命期（18 世紀後半〜19 世紀初頭）の救貧施策

　イギリス議会議員トーマス・ギルバート（Thomas Gilbert）によってギルバート法（1782 年、An Act for better Relief and Employment of the Poor, 22 George III,

C.83）が、議会に提出された。

ギルバート法成立の背景は、フランス革命やナポレオン戦争等によって「革命への恐怖が深刻」となったことによる「政治的不安」と、18世紀末の凶作の連続による「社会不安」により、政治的観点と経済上の理由から、貧民保護の強化が要求されたことにある。

同法は、旧来の「貧困の罪悪感」という立場を否定して、人道主義的救貧施策を中心として施行された。労役場は、労働能力のある貧民を収容する場ではなく、老人、病人、障害者、孤児、母子などの労働能力の無い貧民のための「保護施設」として機能した。

労働能力のある貧民の救済は、「仕事の斡旋」と「仕事が見つかるまでの適切な救済」であり、院外救済を基本とした。また、同法は、自己の教区内で労働能力のある貧民を雇用することを目標とした。

しかし同法は、教区連合によって行政区域を拡大し、行政の合理化と貧民処遇の改善を目的としたが、その目的は達成されなかった。ただ、18世紀から始まる「救貧行政の緩和」と「院外救済の拡大」の契機となったのは事実で、貧民抑圧的な1601年法からの初めての離脱といえる。

貧民対策は放置できない緊急問題であり、治安判事はさまざまな救貧施策の実験を行った。その一つとしてスピーナムランド制度（Speenhamland System. 1795、賃金補助制度。バークシャー・パン法：Berkshire Bread Act とも呼ばれる）が制定された。同制度は、1795年5月6日、バークシャー州スピーナムランド村のペリカン館で、治安判事が、国民の窮状をみかね、対策を協議して、ギルバート法の院外救済制度を拡大解釈して決定した「賃金補助制度」である。これは、1796年ウイリアム・ヤング法（39 George III, C.23, 1796）によって法定された。

同制度は、貧民救済額をパンの価格と家族の人数に比例して決定し、賃金との差額を金銭給付するものであった。また、貧民救済に科学的根拠を導入した最初の制度で、「公的扶助の原型」だといわれている。

しかし、雇主が低額な賃金を支払ったとしても、救貧税から貧困者に差額が金銭給付されることから、貧困な労働者への賃金補助ではなく、実質的には「雇主への補助金」としての性格を有していた。結局、「低賃金の合理化」と「労働

第 2 章　社会保障のあゆみ

意欲の減退」のため、貧民の状態はさらに窮乏化することとなった。その結果、中産階級は、一時的に利益を上げることに成功したが、財源は、中産階級の不動産等に課税される救貧税であり、賃金を抑制できても、結果的には救貧税が高くなり、救貧税を抑制できたことにはならなかった。

　また、いったん「賃金補助制度」が確立されると、さまざまな情勢の変化にもかかわらず、制度として固定し、その矛盾は、1834 年の新救貧法の成立まで解決されることはなかった。

　この頃、「労働者における初期性の克服」、「近代的労働の創出と陶冶」を立法趣旨とする工場法「綿工場およびその他の工場に雇用される徒弟およびその他の者の健康と道徳の保護のための法律」（1802 年、An Act for the Preservation of the Health and Morals of Apprentices and others employed in Cotton and other Factories, 42 George III, c.73）が制定された。

　具体的内容は、以下の通りである。

- ・児童労働と夜間労働の禁止——児童の労働時間は、食事時間を除いて実働12 時間を超えてはならない。この 12 時間は午前 6 時から午後 9 時までの間としなければならない。夜間労働は 1804 年 6 月までには全廃する。
- ・児童の教育と保護——労働日の一部は、読み、書き、計算の教育に充てられるべき。
- ・宗教教育の義務——徒弟に対しては、毎週日曜日 1 時間はキリスト教教育を行う。
- ・工場の取り締まり——治安判事は、巡察官 2 名を指名する。その 1 人は治安判事、1 人は牧師とする。巡察官は、工場の取り締まりを行う。

とするものであった。しかし、同法は有効には機能しなかった。

　実際には、教区での児童の保護は行われなかったといわれている。その原因は、工場法の施行状態を監視する「有効な工場監督制度」を備えていなかった[4]からである。また、同法が重視した「徒弟児童の教育」は、実体には即していなかった。なぜなら、このような長時間労働では、義務教育はのぞめなかったからである。ただ、工場制度が、資本主義社会の中心であり、労働のあり方の適切な規制なくしては社会の発展はありえず、救貧行政と労働行政の分離が必要とされたことから、1802 年工場法は「救貧法解体」の第一歩であったといえ

41

る。

その後、1833年には、児童の労働時間の制限を中心とした工場法の改正が行われた。

具体的には、9歳未満の児童の雇用禁止、9〜13歳未満は週48時間以内、14〜18歳未満は週68時間以内、等であった。また、1833年法は、工場への立ち入り権や規制の制定権等の大きな権限を持つ工場監督官制度を設け、工場監督官の有効な実施に道を開いた。

1848年には、1日10時間労働制が制定され、繊維工場で働く若年者や女性に適用された。1867年からは、全ての工場に適用されることとなったが、成年男子労働者については法的規制がなく、労使協定に委ねられていた。

(5) 1834年新救貧法の制定

1834年の改正救貧法（An Act for the Amendment and Better Administration of the Laws Relating to the Poor in England and Wales, 4&5 William IV, c.76）は、新救貧法と呼ばれ、資本主義体制に即応した救貧行政の原則を確立した。この原則は、以下の通りである。

- 救済水準の統一処遇の原則（principle of national uniformity）——恒久的な中央救貧行政当局の設置により、中央集権的救貧行政を実施した。
- 労役場制度の原則（principle of workhouse system）——院外救済では、有能貧民の自活への努力をふるいたたせることができないので、労役場への収容により労働を強制した。
- 劣等処遇の原則（principle of lese eligibility）——貧民の救済水準を、独立自活している労働者の最低の生活水準以下に抑える。

というものであった。

これらの背景となった支配的思想は、人間的救済を拒否し、むしろ貧困窮乏を個人の責任として、救済を自助の失敗に対する懲罰・みせしめとするものであった。まさにこの時期は、レッセ・フェール（laissez-faire：自由放任主義）の全盛期であった。

（6）友愛組合、労働組合——相互扶助運動の発展

友愛組合の歴史は、労働組合と同様に 17 世紀の中葉まで遡る。当初、労働者や農民の自発的な相互扶助組織として発展した。友愛組合法の実質的な完成をみるのは、1855 年「友愛組合法」であったが、同組合は、ローズ法（George Rose's Act, 33 George III, c.54, 1793、友愛組合の奨励と救済に関する法律）によって合法とされていた。立法の趣旨は、貧民による相互扶助組織を民間の自発的な救済事業として奨励し中産階級の救貧税負担を軽減することにあったが、貧民救済との当初の目的は達成されなかった。

それは、友愛組合が立法の意図したような被救済貧民やその周辺階層が組合費を拠出できず、これらの人々を組織しえなかったからである。

また、中産階級にとっては、友愛組合は「保護奨励の対象であると同時に、危険な存在」でもあった。つまり、法によって労働組合の団結権が非合法とされていた時期は、多くの労働組合が友愛組合を偽装しており、友愛組合の形態であっても、労働者が団結することは国家や中産階級にとっては恐怖の対象であった。

1874 年の友愛組合勅令委員会の調査によれば、1872 年当時それぞれの加入者は、友愛組合は 185 万 7896 人、労働組合が 21 万 7128 人、協同組合が 30 万 1157 人であった。これらの数値からは、労働者の相互扶助組織運動のなかで、友愛組合がこの当時果たした役割の重要性が窺える。友愛組合の通常の目的は、「疾病手当」、「老齢年金」、「死亡保険」の給付で、その後 1875 年頃からは「医療の現物給付」も行うようになった。

労働組合は、1825 年法による団結禁止法の撤廃以後も、法的地位は不明確のままであった。1855 年の「友愛組合法」によって、労働組合の基金は慣習的に保護されることとなった。その後、労働組合の存在意義が次第に確立し、1867 年の選挙法改正、1868 年のイギリスで最初の労働組合会議の開催などによって、労働者の社会的地位の向上が図られた。

1871 年「労働組合法」は、労働組合に「合法的地位」を与え、また、労働組合財産保護の手段として登記制度を設けた。1875 年「労働組合法」は、ストライキを共謀罪から除外し、また、労使の法的平等の立場を確認したものとされている。

労働組合の共済活動（相互扶助の一形態）も盛んに行われたが、その最も重要な特徴は「失業手当」の支給であり、組合によっては、「疾病給付」、「老齢給付」、「葬祭給付」も行った。

(7) 社会事業の萌芽──19世紀後半以降
①慈善の組織化
牧師ソリー（H. Solly）が慈善活動の統一の必要性を説き、これをきっかけとしてCOS（Charity Organization Society、慈善組織化協会）が結成された（1869年）。

慈善組織化協会の原則は、以下の通りである。
・慈善団体の水準、あるいは1885年頃から使われはじめたケース・ワーク技術の向上を目指すことを目的とした。各種団体が協力することで経費の適正化を図ろうとした。
・支援対象を「価値ある貧民」（the deserving poor）に限定。つまり、治療的効果をもつ者のみとした。
・支援対象は、自助能力のある者のみとした。支援範囲を厳格化した。

COSの活動から近代的ケース・ワークが始まった。訪問員による綿密な調査、委員会によるケースの決定、その結果生み出された膨大なケース記録の蓄積は、その後のケース・ワークの発展に貢献した。

慈善事業の組織化は、各種慈善団体の不統一で独自な活動を相互調整し、ケース・ワークの有効性を高めた。また、開発したケース・ワークの方法論（技術）、ワーカーの訓練などは、近代社会事業の形成に大きく寄与した、とされている。

しかし、COSの最高指導者チャールズ・ロック（Charles Locke）は「自助によって解決できない貧困はない」と、当時の世論に訴え、貧困を個人の道徳的責任とする立場であった。これ自体、超歴史的認識であり、貧困発生の社会的背景を無視したものであったことから、この運動には一定の限界があったといわれている。

②ソーシャル・セツルメント運動（Social Settlement Movement）
エドワード・デニスン（Edward Denison）は、貴族階級の出身であったが、貧

困問題に強い関心を持っていた。彼は、物質的援助よりも貧民教育が重要と考え、労働者教育を積極的に行った。彼は 1870 年に 30 歳の若さで亡くなったが、その思想は、サミュエル・バーネット（Samuel Barnett）に引き継がれた。バーネットは、1873 年以降貧民街に居住し、貧困の理解に努めたといわれている。彼は、多くの学者とも交流があり、その一人がアーノルド・トインビー（Arnold Toynbee）であった。トインビーは、資本主義の矛盾や貧困問題に強い関心を持ち、社会改良に熱意を注いだ。トインビーが 1883 年に死亡すると、バーネットはその名を記念してトインビー・ホールを建設し、本格的なセツルメント運動を展開した。後にこのホールは、社会改良運動の拠点となった。

バーネットの目標は、知識階層が、貧民と生活を共にし相互理解につとめ、教育によって社会改良を行う、というものであった。

(8) 大不況期（1873〜1893 年）の社会変革
① 社会主義の復活の時代

1881 年、ヘンリー・ハイドマン（Henry Hyndman）は、社会民主連盟を結成し、その後、ウイリアム・モリス（William Morris）が 1884 年社会主義者同盟を結成した。イギリスではこの時代を、「社会主義の復活」の時代と呼んでいる。この時代イギリスで用いられた「社会主義」は幅広い概念であり、「社会改良主義」とほぼ同義として使用された。

1870 年代、イギリスでは「都市社会主義」という言葉が使われたが、これは、1873〜1878 年バーミンガム市長を務めたジョセフ・チェンバレン（Joseph Chamberlain）が、街路、衛生の改善、ガス・水道の市営化を行い、この公共事業の都市公営をさして「都市社会主義」と呼ばれた。

② 社会問題の発見

1885〜1886 年にかけて不況と失業問題が深刻化する中、1886 年 2 月 8 日、ロンドンのトラファルガー広場で、デモに参加していた失業者がある人の演説に触発され、暴徒と化しロンドンの目抜き通りの商店街を略奪した（トラファルガーの暴動）。また、彼らは失業救済事業創設を要求した。その直後、政府は失業救済基金を設立し、国民から慈善の寄付 7 万ポンドを無差別に配布したが有効には機能しなかった。その要因は、失業者が一時的な金銭給付ではなく、職を

求めていたからであった。

　また、この暴動をきっかけに、「職業紹介機関」を設置する提案がなされ、事件後、私的職業紹介所の設置が全国的に広がった。なかでも、1866 年ウィリアム・ブース（William Booth）の創設した「救世軍」（キリスト教の一派）の職業紹介活動がめざましく、1890 年代を通して、1902 年ロンドンに公的職業紹介所が設置されるまでは重要な役割を果たした。

　トラファルガーの暴動に対して、地方自治庁（LGB, Local Government Board）は、迅速な対応をとった。当時 LGB 長官のジョセフ・チェンバレンは、1886 年 3 月 15 日、通達を地方当局に送った。これは、政府が初めて公式に「失業は個人の道徳の欠如や怠惰の結果ではなく、社会問題である」とする原則を認めたものであった。

　チェンバレンは、この通達で地方当局が「失業救済事業（公共事業）」を行うことを認めた。

　通達内容は、以下の通りであった。

・与えられる仕事は、貧民の汚名を持つものであってはならない。

・それは不熟練者でも遂行できるものでなければならない。

・それは既にある雇用と競合してはならない。

・賃金は、私的雇用によって得られる賃金よりやや安くなくてはならない。

　この通達は、1887 年、1891 年、1893 年、1895 年と繰り返し出されたが、1895 年の通達では、「賃金は、私的雇用によって得られる賃金よりやや安くなくてはならない」が削除された。この政策は、失業問題解決のため政府がとった対策への第一歩を意味し、その後 1905 年失業労働者法（The Unemployed Workmen's Act）へと引き継がれた。ただ、1895 年までの失業救済事業は失敗に終わったといわれている。短期間であれば同事業によって食いつなげるが、その事業が終了すればまた失業者になり、改めて求職活動を行わなければならず、一時しのぎの政策としてしか機能し得なかった。結果的には、この失敗が救貧法改定への弾みとなった。

（9）社会調査による貧困の発見

　1880 年代、貧困の規模が拡大するにつれ、それは私的慈善の能力をこえる問

題であることが次第に理解されるようになってきた。

チャールズ・ブース（Charles Booth）は、貧困の本質と規模を調査し、統計的に明らかにしようとした。そのロンドンでの調査は、Life and Labour of the People of London（全17巻）として、1889～1903年の14年間にわたって発行された。ブースの調査は、1880年代中期の貧困観が、正しいのかどうかを確かめるために行われたといわれている。

ブースは、同調査によってタワー・ハムレット地区の住民の65%が貧困線より上、22%が線上、13%がそれ以下であることを発見し、全住民の33%が何らかの形で貧困であることを明らかにした。これは、ブース自身が驚く結果であった。1887年には、イースト・ロンドン地区とハックニ地区で同様の調査を行い、住民の3分の1が貧困であることを確かめた。その後、ロンドン全体の調査へと拡大した。結果的には、全ロンドン市民の3分1が貧困線以下であるとするブースの調査結果は、大きな社会的反響を呼ぶこととなった。

1899年、シーボーム・ラウントリー（Benjamin Seebohm Rowntree）[5]は、ヨーク市において貧困調査を行った。その結果は、Poverty, A Study of Town Life, London, 1901 としてまとめられた。ラウントリーは、ブースの調査から多大な刺激を受け調査を実施したといわれている。しかし、その方法は、ブースの調査よりも客観的で科学的であった。

・理論生計費方式の利用——必要カロリー量から食料費を計算し、これに最低生活を営むに必要とされる諸経費を積み上げて、最低生活費を算出した。

・第1次貧困線——収入がいかに賢明に注意深く消費されても、最低生活の必要を満たすことのできない世帯が属するライン。

・第2次貧困線——収入が賢明に消費される限りにおいては、第1次貧困線以上の生活を営むことのできる世帯が属するライン。

彼はまた、収入階層別の学童の体躯を研究したが、貧困階層児童ほど体躯が貧弱であることも発見した。

彼らの貧困調査は、当時の世論に深刻な影響を与えた。世界一の工業国家として繁栄を続けていたイギリス社会の下層では、人口の10%が最低生活以下の生活をし、30%までが貧困であるという事実が浮き彫りにされた。そういう意味では、まさに「貧困の発見」であった。この大量の貧困の発見は、貧困が慈

善事業や相互扶助では対応しきれないことを認識させ、何らかの形での国家に
よる制度的対応を迫る結果となった。

2）社会保障への途

（1）社会保険の成立
①自由党内閣の成立と社会立法

1905 年 12 月に成立した自由党内閣は、ロイド・ジョージ（Lloyd George）と
ウィンストン・チャーチル（Winston Churchill）を中心として一連の社会立法を
成立させた。

1906 年　労働争議法	1906 年　学校給食法
1907 年　学童保健法	1908 年　老齢年金法
1908 年　児童法	1908 年　炭坑規制（8 時間労働）法
1909 年　職業紹介法	1909 年　最低賃金法
1909 年　住宅・都市計画法	1911 年　国民保険法

これらの社会立法は、リベラル・リフォーム（Liberal Reform：自由主義的改
革）として知られ、伝統的な自由主義社会思想に加え、社会改良主義・社会主
義的要素が導入された改革であった。救貧法の救済抑圧的性格は、社会立法の
成立により実質的に改善の方向をたどった。

1906 年 1 月の総選挙では、労働代表委員会（1901 年結成）から立候補した 29
名が当選し、労働党が結成された。

②老齢年金法（拠出・定額）の成立

1882 年、政府に「老齢貧民に関する勅令委員会」が設置され、チェンバレン
やチャールズ・ブースが委員として参加し、ブースはロンドンの貧困調査を基
に老齢貧民に対する年金制度の導入を提唱した。

勅令委員会委員アルフレッド・マーシャル（Alfred Marshall）は、ブースらの
年金計画に反対した。その理由は、以下の通りである。

　・貧民に節約を教えることには間接的でしかない。

　・多額の費用がかかる。

　・この種の制度は、いったん導入されると恒久化される。

マーシャルは、自由主義的な自助・互助組織に信頼を寄せていたことから、国

家による老齢貧民対策の急速な変化に反対した。また、この意見は、委員会の多数派を占めた。

英連邦国家の一つニュージーランドで1898年に無拠出年金制度が成立したことで、英国の労働組合を中心に年金制度への関心が高まり、1906年の総選挙で労働党が結成されたことで、自由党政府は老齢年金制定への要求を無視することができなくなった。

1908年に成立した老齢年金制度は、70歳以上で、20年以上イギリス国民であった者で、年収31ポンド10シリング以下であれば、老齢年金受給申請の権利が生じた。

ただし、「受給資格喪失条件」[6]が明記され、従来からの「貧民に対する道徳観の要求」からは脱却できなかった。

③ 1905〜1909年救貧法委員会

自由党政府は、救貧法が、失業者救済に係わる費用の増大に直面し、改革の必要性から1905年12月、救貧法委員会を設置した。その後、報告書が提出され多数派、少数派の意見がともに記載された。

多数派意見は、従来の救貧行政の延長線で改良を主張し、抑制の要素を少なくすることを主張していた。少数派意見は、最低生活の維持は、国民の社会的権利であると主張し、この線に沿って救貧法は各種の社会的施策に改変すべき、と主張した。

④ 社会保険としての国民保険法の成立（1911年）

国民保険は、「疾病保険」と「失業保険」の2部で構成されていた。疾病保険は、給付がブルーカラー層（肉体労働者等）と年収160ポンド以下のホワイトカラー層（デスクワーク・事務系）に限られていた。また、入院と専門医の治療を除外した「単純診療」しか保障されていなかった。当時の労働者階級や社会運動の批判は拠出制に向けられ、当時のフェビアン協会所属文学者バーナード・ショウ（Bernard Shaw）は、「貧困にあえいでいる大衆に保険料を強制することは、嬰児殺害を強いるものだ」と批判した。

失業保険は、建築、土木、造船、機械製造、製鉄、車輌、製材の7業種225万人に適用を限定し、拠出条件によって、最高で年に15週、週7シリングを支給（当時の炭鉱労働者の週平均賃金は30シリング）する程度であった。

国民保険法の特徴は、均一拠出・均一給付というフラット制を採り、ドイツなどの大陸諸国の社会保険が賃金比例拠出・給付を原則としているのとは著しく異なっていた。

　この点は、イギリスの社会保険成立が他のヨーロッパ諸国に比べ相対的に遅れたため、当時活発に活動していた友愛組合や労働組合、さらに民間保険会社などの民間保険を社会保険（公的保険）に転用することで、社会保険の整備を急いだことに起因していると思われる。

　また、国民保険の制度化は、人道主義的見地からではなく、「社会主義の脅威に対する自由党の反応」であったといわれている。

(2) ベヴァリッジ体制の確立

　1941年7月、チャーチル連立内閣は、経済学者ウイリアム・ベヴァリッジ（William Beveridge）を委員長とする「社会保険および関連サービス各省連絡委員会」の設置を発表した。委員会設置の背景は、戦火の激しかった当時、戦後のイギリス社会のビジョンを示し、国民の戦争遂行への志気を高める必要があったからである。

　当時、社会保険と公的扶助の統一的行政組織がなかったことと、社会保険が全国民を対象とせず限定的であり、社会保険から漏れる者がミーンズ・テストによる公的扶助の給付を受けることになり、救貧法以来の「スティグマ」は依然として払拭できなかったことも背景にあった。

①社会保障成立の内在的条件の確立

　社会問題の発見によって、それに対する国民と国家の対応が迫られてきた。労働者は、封建制社会の崩壊によってそれ以前の階級社会では存在しなかった「自由」を獲得し、自らの困難性を訴えることができるようになったが、19世紀後半になるまではその力は大きなものにはならなかった。産業革命を経たことで、労働過程が、道具を使用した小規模な「家内制手工業」、その過程が工場内で行われる「工場制手工業」から、機械を導入し多くの労働者が同一の工場で労働する「工場制大工業」に転化し、工場で働く大量の労働者は、共同して働くことで自らのおかれている労働条件や生活条件を共有し、その窮状を訴える「共同の力」を獲得した。これが、社会保障成立の内在的条件の確立である。

第 2 章　社会保障のあゆみ

それは「労働組合」の成立や、労働者を支持母体とする「労働者政党」の創設として具体化された。また同時に、国民が主体となる「民主主義」の土台も確立した。

　しかし、実際にはこれだけでは社会保障は成立しえなかった。その後の社会保障成立の外在的条件の確立まで、待たなければならなかったのである。

②社会保障成立の外在的条件の確立と社会保障の成立

　1917 年、ロシア革命を経て世界で初めて「社会主義国家」が誕生した（ソビエト社会主義連邦共和国）。レーニンは 1912 年に発表した「労働者保険綱領」の具体化を図るため、革命の 6 日後に「社会保険に関する政府通達」を公布し、同年 12 月より世界で初めて事業主全額費用負担方式による「失業保険」と「疾病保険」を実施した。

　その後、資本主義国においては、資本主義的生産の矛盾（無政府的生産）の激化の現れとして 1929 年世界大恐慌が世界を震撼させた。アメリカでは労働者のうち約 1000 万人が失業、イギリスでは労働者の約 25% が失業したといわれている。しかし、社会主義国家ソビエトでは、計画経済を実施しており世界恐慌の影響をほとんど受けることなく、労働者保険の維持が可能であった。しかし、後の歴史が証明するように、実際のソビエトが労働者・国民に全面的な自由、及びすべての生活部面において人権が保障されていたわけではなかった。

　この 2 つの出来事は資本主義国家の労働者にとっては、労働者運動を強化する好機でもあり、社会保障成立の外在的条件でもあった。労働者運動は、失業者を含めて労働組合運動として高まり、社会主義運動とも共同する場合も多々あった。この時期、資本主義国家政府は、国民が生活改善を求めるこの広汎な運動に対して、体制崩壊の危機を回避するためにも国民要求に応える新たな制度の創設を展開したのである。その一つが「社会保障」であった。具体的には、1935 年のアメリカの「社会保障法」の制定、1942 年のイギリスにおけるベヴァリッジ報告を基にした社会保障制度の成立であった。

2．ドイツにおける社会保障の歴史的特質——「飴と鞭」の政策の本質

　ヨーロッパの中では後発の資本主義国であったドイツは、1870 年代、近代国

家としての統一を果たし、列強諸国の仲間入りを果たした。この頃、都市への急激な労働力の流入により、生活不安が増大し、ストライキなどが多発していた。このような状況下で、労働者組織の結成が相次いでみられ（1863年全労働者同盟結成、1869年社会民主労働党結成）、これらの組織が、労働者の支持を背景にその勢力を拡大していった。しかし、「前資本主義的、身分的（中略）専制的原理（中略）国王への忠誠と国家への忠誠、国王の保護と国家の保護（中略）を基礎とする国家の新設」を目指すエドワード・ビスマルク（Eduard Bismarck）にとっては、労働者組織、社会主義運動の台頭は、それを阻害する要因でしかなかった。

社会主義者の弾圧の機会を狙っていたビスマルクは、1873年の2度の皇帝狙撃事件を口実に、社会主義者鎮圧法（正式には「社会民主党の破壊的行動防止のための法律」）を、1878年10月採択し公布した。これは、当時のドイツの社会秩序を破壊しようとする社会民主主義、共産主義的運動を抑止するため、これらの運動を支持する出版物の禁止、集会・結社の禁止などの権限を州警察に与えたものであった。

しかし、この弾圧は成功せず、かえって労働者の社会主義運動を前進させる結果となった。この「鞭」の政策の失敗により、ビスマルクは、「社会保障の反対給付として多くの労働者の『感謝と依存心』を受け取ろう」と、「飴」としての政策、社会保険の制度化を図ったのである。

1881年の皇帝の詔勅は、「ドイツ社会政策のマグナ・カルタ」と称せられているが、この中で皇帝は、「本年2月、余は社会的害悪を救済するには、単に社会民主党的な暴挙を鎮圧するだけではたりない。進んでまた労働者の福祉をも積極的に増進する策をとらなければならないという所信を明らかにした。（中略）こうした施策によって、祖国に国内の平和の新たなるかつ永続的なる確保をもたらすことができ、窮民に対して、彼らが要求しうるさらに一層安全にしてかつ豊富なる扶助を与えることができるとすれば、神がわれわれの政府に明らかに授け給えしあらゆる功績を、余はさらに大なる満足を持って想起することになるであろう。（中略）この意味において余はまず連邦政府によって前国会に提出された労働者の業務災害に対する保険法案を、これに対する国会における意見を参酌して、幾分の修正を加えて、再び提案するとともに、諸君の審議

第 2 章　社会保障のあゆみ

を求めることにした次第である。同時にまた、これを補充するものとして工業
における疾病金庫制度の統一的組織を実現させようという一提案の審議を求め
ることにした。さらにまた老衰あるいは、廃疾によって所得能力を失った者に
対しても、かれらが従来与えられていたものより程度の高い国家の救済を、社
会に対して確実に求めることのできる権利を与えねばならぬ。（中略）もし余が、
この期待にそむくことなく、国民生活の真の力の連携を密にし、かつ国家の保
護と救助の下に、協力一致の団体を作ることによって、その実力を結集するこ
とができたならば、国家の権力のみでは到底なしとげられないところの、この
任務も、容易にまたこれを果たすことができるであろう」[7]と語っている。

　詔勅の後、1883 年疾病保険法、1884 年災害保険法、1889 年老齢廃疾保険法、
などが相次いで成立しているが、これらはもともと労働者組織の互助組織「共
済組合」を取り込み、国家が法定し強制保険化したものであることから、労働
者の保険料拠出による「互助（＝相互扶助）」を基本としつつ、場合によっては
国庫補助を投入することで、資本主義経済発展のために、国民の体制内化を意
図したツールとして社会保険が成立したといえる。まさにそのための「飴の政
策」とみるべきである。ただ、生活上のリスクの分散化・協同化のために互助
的保険が「社会化」された事実は、大きく受けとめなければならない。

　この間、ビスマルクは、社会主義運動の高まりを抑えるべく、さらなる弾圧
を強化しようとしたが、退陣を余儀なくされ、1890 年には社会主義者鎮圧法も
廃止された。

3．第 2 次世界大戦後の社会保障の発展（1945 年以降）

1）労働組合運動と社会保障

　第 2 次世界大戦後の社会保障の発展は、労働組合運動抜きには語れない。

　1953 年に世界労働組合連盟は『社会保障綱領』を採択し、「真の社会保障は、
自己の労働によって生活するすべての人間とその家族、ならびに一時的、もしく
は恒久的に労働しえない者に対して法律が保障する基本的な社会的権利とみな
されなければならない。社会保障を受ける権利は、人種、国籍、宗教、性、年

53

齢もしくは職業のいかなる区別もなく、全ての者に適用されなければならない」、「一般に社会保障は、被保険者からいかなる分担金を取ることもなく、国家、もしくは経営者、もしくは両者によってまかなわれなければならない」とした。

この綱領は各国の労働組合運動に大きな影響を与え、労働組合が労働条件のみを闘争の課題とするのではなく、社会保障の充実にもその力を発揮していくことになったのである。わが国においては、1960年代から労働組合が中心となり「中央社会保障推進協議会」を組織し日本の社会保障運動を牽引してきた。しかし、1989年11月の労働組合ナショナルセンターの一翼を担った「総評」解散により、新しい出発を迫られた。地域の社会保障推進協議会は、県評・地区労の解散により、多くが解散・休眠状態に追いやられた。しかしその後、全労連（全国労働組合総連合）を中心とした支援により、多様な民主団体・住民を巻き込み多くの地域社会保障推進協議会が再生した。

2）社会保障の発展と運動

前述の通り、社会保障が政策として確立したのは、1929年の世界大恐慌がきっかけであった。当時、資本主義国では、内部に大量の失業者を抱え、なおかつ外部においては社会主義国の優位性（一面性）が示され、結果的には、資本主義の順当な発展のためには社会主義国家にも劣らない生活保障制度の確立が必要とされたのである。このように成立した社会保障の原初形態を「支配としての社会保障」と呼ぶことができる。

たしかに、「支配としての社会保障」は、資本主義の順当な発展にあるとしても、具体的な制度として現れる「政策としての社会保障」は、それとはまったく同義で捉えられるものではない。いわば「政策としての社会保障」は、国民が基本的人権を基本に据えた生活問題の克服を目指す「権利としての社会保障」と、「支配としての社会保障」の間を、運動主体である「国民」と、政策主体である「国家」の力関係によって揺れ動く存在である。

国家の力が国民に対して比較的大きければ、「政策としての社会保障」は、「支配としての社会保障」により近づき、社会保障制度は、基本的・基礎的部分のみをカバーし、それ越える部分については利潤の対象へとシフトされるであろう。また、国民の力・運動が大きければ、「政策としての社会保障」は、「権利

としての社会保障」に近づくことになる。

　今、国民に求められていることは、「政策としての社会保障」を、国民の抱える生活問題を、社会責任の下で緩和・解決するための施策に少しでも近づける運動の展開ではなかろうか。

〈注〉

1　社会保障が成立する以前は、貧困の原因は自己の「怠惰」「倫理感の欠如」であるとされていた。
2　救貧税は、"rate" と呼ばれる土地家屋税が財源で、担税者は中産階級であった。
3　1649 年、清教徒革命が勃発。クロムウェル率いる議会軍がチャールズ I 世を処刑した。
4　同法の工場監督官はその地区の工場主から互選されたので、実際には法の執行状態を中立的に監視することはできなかった。
5　ラウントリーは、イギリスのヨークシャー市に生まれ、オーエン・カレッジを卒業後、父ジョセフ・ラウントリーが経営する製菓会社（ラウントリー・マッキントッシュ社）の重役となり会社経営に従事する傍ら社会学の研究を行った。ラウントリーは、人望があり調査対象者の家庭内の私事まで知ることができたといわれている。また、食品会社を経営していたことで栄養学や科学の知識が豊富であったため、ブースより客観的・科学的な「貧困線」を規定し、貧困調査の基礎を築いたといわれている。ちなみにラウントリー・マッキントッシュ社は、日本でも大量に販売されているチョコレート「キットカット」を製造した会社である。
6　受給資格喪失条件は、①医療救済以外の救済を受けている者、②有罪判決を受けまたは罰金以外で入獄した者、③飲食法違反で有罪とされた者、④貧民または犯罪的精神異常者。⑤以前から慣習的に働かず、自己およびその家族をも養えない者、としている。
7　ドイツ皇帝ヴィルヘルム 1 世詔勅、1881 年 11 月 17 日。

〈引用・参考文献〉

・相澤與一『日本社会保険の成立』山川出版社、2003 年。
・樫原朗『イギリス社会保障の史的研究 I - V』法律文化社、1973 - 2005 年。
・近藤文二『社会保障の歴史』全社連広報出版部、1963 年。
・美馬孝人『イギリス社会政策の展開』日本経済評論社、2000 年。
・大沢真理『イギリス社会政策史』東京大学出版会、1986 年。
・田多英範『現代日本社会保障論』光生館、2007 年。

〈推薦図書〉

○相澤與一著『日本社会政策の形成と展開』新日本出版社、2016 年。
　　──社会保障の一部をなす社会政策が、資本主義社会においてどのように歴史的な発展を遂げたのかを、大河内一男と服部英太郎の論争を基軸に考察した書籍。
○木下武徳他編『日本の社会保障システム』東京大学出版会、2017 年。
　　──日本の社会保障システムの理念、制度のあり方、将来の課題等を解説したテキストで、日本の社会保障システムの全体像を明確につかむことができる書籍。

【学習課題】
①本源的蓄積期において、救貧法はどのような役割を果たしたかをまとめてみよう。
②イギリスにおいる19世紀末から20世紀初頭の「貧困の発見」と国家対応との関わりを考えてみよう。
③社会保障成立のダイナミックス（力学）を説明してみよう。

第3章

社会保障の制度体系——民間保険も視野に入れて

濵畑　芳和

本章のねらい

　社会保障制度は生活問題を解決・緩和するために構築されてきた。本章では、社会保障制度がどのような考え方に基づいて制度設計なされ、体系化されてきたのかを整理していきたい。

　社会保障の各制度は、戦前から戦後にかけて徐々に創設され展開してきた。個々の制度に着目するだけでなく、社会保障制度を俯瞰的に眺め、体系的に把握することは、社会保障制度の置かれている現状と今後の変容についての考えを持ち、今後どうしていくべきなのか、相次ぐ制度改革を批判的に検討するための視点を与えてくれるだろう。

　また、民間保険についてもこんにち市場が拡大してきており、社会保障制度に与える影響も大きくなってきている。ここで保険の原理を学ぶことにより、民間保険と社会保険との目的および役割の違いが明らかになるだろう。

1．社会保障の体系

1）制度別に区分するとらえ方

　社会保障の体系には、大きく次の2つのとらえ方がある。

　一つは、制度別に区分したものである。社会保障制度審議会勧告（1950年、以

下「50年勧告」という）では、戦後社会保障制度の構築にあたって、社会保障制度は生存権（憲法25条）を基軸に「すべての国民が文化的社会の成員たるに値する生活を営むようにすることができるようにする」ものであると述べた。そして、「社会保障の中心をなすものは自らをしてそれに必要な経費を醸出せしめるところの社会保険制度でなければならない」とし、社会保険制度を中心に社会保障制度を展開することを示した。

50年勧告で示した社会保障制度の体系は、「社会保険、国家扶助、公衆衛生及び社会福祉」であり、これに基づいて構築されてきた政策体系、また社会政策学が依拠してきた体系に基づいて、社会保険、公的扶助、社会福祉、保険医療・公衆衛生の4区分に整理し体系化してきた（1982年に老人保健制度が制定された際にこれを加えて5区分としたこともある）。

2）給付・保障方法別に区分するとらえ方

もう一つは、社会保障の給付や保障方法別に区分するとらえ方である。これは「社会保障将来像委員会第1次報告」（1993年、以下「第1次報告」という）において体系化がなされている。この体系化は「社会保障のあり方を考えるとき、社会保障の範囲を確定し、位置づけをはっきりさせておくことが大事である」とし、第1次報告以後強力に政策展開される公私ミックス論の前提となる整理であることを示唆しており、注目しておかなくてはならない。

第1次報告では、社会保障を「国民の生活の安定が損なわれた場合に、国民にすこやかで安心できる生活を保障することを目的として、公的責任で生活を支える給付を行うもの」と定義した。

そして、その方法として、労使の拠出と国庫補助・公費負担に基づく社会保険に加え、公的扶助、社会手当、福祉サービス、公費負担医療などを含む、一般財源による給付である社会扶助に二分されるとする。そして、給付を行う「狭義の社会保障」を中心としつつ、これに加え給付を伴わないものとして、資格制度、人材確保、施設整備、規制措置、公衆衛生などの「社会保障の基盤を形作る制度」、および税制上の控除などの「社会保障と類似の機能を果たす制度」、雇用政策・住宅政策など「社会保障が機能するための前提であり、社会保障と深く関連する制度」などの「広義の社会保障」からなるものであるという体系

化を図った。

第1次報告のとらえ方は、社会保障を社会保険と社会扶助という2区分に整理するものである。そして「社会保障の中心的な給付は所得保障、医療保障、社会福祉の3つである」としながら、現状では「社会保険または社会扶助のどちらの形態でも行うことができる」ため、現在はこの多様化した役割・機能に対応する形でマトリックス（碁盤の目）で整理し、縦軸に社会保障の仕組み（社会保険、社会扶助）を、横軸に各制度の役割や機能（所得保障、医療保障、社会福祉）をおいて整理している[1]。

3）社会保障の体系論を論じる意義

以上、さしあたり2つの体系論について示したが、こうした体系論を論じる意義はどこにあるのか。たんに各制度がどこに位置づけられるという説明にすぎないものであるならば、体系論そのものが不要であるとみることもできるであろう。しかし、体系論はとりもなおさず、政策指針に直結するものであり[2]、第1次報告でも述べているように、今後の社会保障のあり方の変容を、われわれがいかに位置づけ考えていくか、という点を追求しなければならないからである。

2．保　険

1）保険とは

（1）保険の定義

では、社会保険とは何かを説明する前に、その理解の前提となる保険について簡単に説明したい。保険の定義には、損害填補契約説（マーシャル、一方の当事者が、約定の金額の対価をうけて、他方の当事者がさらされている一定の諸危険に備えて、または、ある事件の偶然な発生に備えて、他方の当事者の損害を填補することを引受ける契約）をはじめとして諸説あったようであるが[3]、現在は経済必要充足説（同様の危険にさらされた多数の経済主体が金銭を拠出して共同の資金備蓄を形成し、各経済主体が現に経済的不利益を被ったときにそこから支払を受けるという

形で不測の事態に備える制度）というとらえ方で収束している[4]。

（2）保険の法則・原則

　保険は、大数の法則に基づく制度である。大数の法則とは、個々の出来事は偶然かつ不測の出来事であるが、これを多数の主体について観察すれば、一定期間内にそれが現実に発生する度合いは平均的にほぼ一定していることをいう。

　保険では、個々の保険加入者間の相違に鑑みて、リスクの高い者や保険金額の高い者ほどそれに比例して高い保険料を負担させることが公平である。これを給付反対給付均等の原則という。

　給付反対給付均等の原則は、$\boxed{P = \omega Z \quad \cdots ①}$（P は純保険料（保険金支払だけを考慮して計算された保険料）、Z は保険金、ω は保険金が支払われる確率）で表され、加入者の一人ひとりについてこの関係が成り立たなければならない。

　また、保険においては、その収受する保険料の総額が支払うべき保険金の総額と相等しくなるように事業が運営されなければならない。これを収支相等の原則という。

　収支相等の原則は、$\boxed{nP = rZ \quad \cdots ②}$（n は加入者数、P は純保険料、r は保険金が支払われる事故発生件数、Z は保険金）で表される。

　なお、②の式の両辺を n で除すると①の式になる（$\omega = r/n$）。つまり、これら①②の数式は同一であり、したがってこの 2 つの原則は、一方が原則に従っていれば他方もまたその原則に従うという関係にたつ。

　これらの給付反対給付均等の原則、収支相等の原則は、保険が健全に運営されるために必要不可欠な原則である。なお実際の保険料は、純保険料 P に保険制度運営のための諸経費である付加保険料を上乗せして徴収されることになる。

2）民間保険の種類と内容

　民間保険には、生命保険、損害保険、第三分野の保険がある。

　生命保険とは、人の生存または死亡に関し一定の保険給付を約し、保険料を収受する保険をいう。生命保険には、被保険者の一定期間の生存を保険事故とする生存保険、被保険者の死亡を保険事故とする死亡保険、生存保険と死亡保険を組み合わせた養老保険などがある。

第3章　社会保障の制度体系

　損害保険とは、一定の偶然の事故によって生ずることのある損害を填補することを約し、保険料を収受する保険をいう。損害保険には、自動車保険、火災保険、地震保険などがある。

　第三分野の保険とは、生命保険と損害保険の両方の性格を合わせもつ、あるいは異なる保険をいう。第三分野の保険には、民間医療保険、傷害保険、民間介護保険、学資保険等がある。

　生命保険は生命保険会社が、損害保険は損害保険会社が、第三分野の保険は生命保険会社・損害保険会社の両方が取り扱っている。

3．社会保険・社会扶助

1）社会保険

　社会保険は、上記でみた保険の技術を援用して、拠出された保険料等を財源として給付を行う仕組みである。社会保険は保険の技術を用いる「保険原理」と、これを社会保障の目的に沿って修正する「社会原理」の2つの性格を併有する。

　社会保険を世界で初めて創設したのはドイツであり、疾病保険法（1883年）、労災保険法（1884年）、年金保険法（1889年）を相次いで制定した[5]。日本の社会保険制度は、戦前よりドイツの社会保障制度を源流として構築されてきた。

　50年勧告では、社会保障の目的は生存権の保障であり、社会保険はその手段

表3-1　社会保険と民間保険（私的保険）の違い

	社会保険	民間保険（私的保険）
加入の態様	強制加入	任意加入
保障水準	法律により定められ、保険料（負担）と保障（給付）が正比例しない	保険料（負担）と保障（給付）が正比例する（給付反対給付均等の原則）
保険料	低所得者は低く、高所得者が高い。定額制など	保障（給付）に応じて保険料が正比例する
実施主体	政府・市町村などの公的機関	民間（保険会社など）
運営資金	ほとんどに国庫負担・国庫補助がある	保険料収入のみ

出典：筆者作成。

として用いるとした。この目的を達するため、民間保険とは異なり、給付反対給付均等の原則、収支相等の原則に必ずしも厳密に拘束されない制度設計を行っている（保険原理の修正としての社会原理）。代表的な相違点としては、①法律に基づき加入を強制される強制加入制度をとる、②給付と負担が正比例の関係にはならない（給付に物価スライドや賃金スライドを導入している、保険料を所得比例に設定する、など）、③財源に国庫負担および国庫補助が投入される、などがあげられる。

2）社会扶助

社会扶助は、租税を財源にして、保険の技術を用いずに給付を行う仕組みのことをいう。社会扶助は、公的扶助、社会手当、社会サービスからなる。

社会扶助は、租税を原資に貧困者救済を行ったイギリス救貧法（17 世紀）をその源流としている。日本の社会保障制度の体系化は、戦前から構築されたドイツ型の社会保険制度に加え、戦後はとりわけ公的扶助制度の構築において、イギリスのベヴァリッジ報告（1942 年）の影響を多分に受けながら進められた。

公的扶助は、現に生活に困窮している状態の人々に対し、所得調査および資産調査を要件として、国または地方自治体が租税を財源に、その人の最低生活を保障する仕組みである。

公的扶助の財源は租税であり、最低限度の生活を下回る生活を送る者に対し、資産調査（ミーンズテスト）を行い、かつ扶養義務者の扶養能力まで審査され、要件を充足した者のみに対し給付を行うために、常にスティグマ（恥の烙印・恥辱感）の問題がつきまとってきた。

社会手当は、ある一定の要件に該当する人々に現金を給付することにより、生活支援等の政策目的を果たそうとするものである。

社会手当の財源は租税であり、公的扶助のように資産調査を要しないが、日本においては給付対象者の選別のため所得要件が設けられることが多い。

3）社会保険と社会扶助の違い

まず、給付と負担との関係について、社会保険では給付反対給付均等の原則とまではいかないが、制度に加入し負担をしていれば何らかの給付があるとい

う限度において、かなり強い関係（権利性）が認められる。これに対し、社会扶助では財源が租税であるため、給付と負担の関係性が比較的弱いとされている。このことが影響して、社会扶助の面の充実強化に遅れがみられ、とりわけ子ども・子育て支援分野が遅れをとった[6]。

　また、社会扶助は、限られた租税財源の下で効率的に給付を行うため、所得制限や資産調査を伴うものがほとんどである。社会保険は、負担と給付の関係が強いこともあり、給付において所得制限や資産調査などの資力調査を伴うものはかつてはみられなかったのだが、介護保険において負担割合の設定において所得基準が導入され、施設入所者の食費・居住費に対する補足給付に資産調査を導入するなど、社会保険の原則を修正するような制度改正が続いており、給付の面においては社会扶助に接近してきている[7]。

4．日本における社会保障体系

1）社会保険と社会扶助

　日本の社会保障の各制度の位置づけは、2区分×3機能のマトリックスで示すとすると、表3-2の通りである。

　社会保険方式をとるものは、国民年金および厚生年金からなる年金保険、健康保険および国民健康保険からなる医療保険、介護保険、労働者災害補償保険、雇用保険の5つである（それぞれの解説は本書第4章～第7章を参照のこと）。

　社会扶助方式をとるものは、生活保護制度を中心とする公的扶助、児童手当、児童扶養手当などからなる社会手当、福祉サービスなどからなる社会サービスにより構成される。

　社会サービスには、児童福祉、障害（児）者福祉、老人福祉、母子父子寡婦福祉のほか、生活困窮者自立支援法に基づく自立相談支援などの低所得者福祉もここに位置づけられる。

2）役割・機能による分類

　所得保障は、年金や生活保護制度のような、傷病や失業、老齢、障害などの

表 3 - 2　わが国の社会保障制度の体系

		所得保障	医療保障	社会福祉	法制度の例
社会保険	年 金 保 険	老齢基礎年金 老齢厚生年金 遺族年金 障害年金　等			国民年金法 厚生年金保険法 各種共済組合法
	医 療 保 険	傷病手当金 出産育児一時金 葬祭費　等	療養の給付 訪問看護療養費 高額療養費　等		国民健康保険法 健康保険法 各種共済組合法 高齢者医療確保法 船員保険法
	介 護 保 険		施設サービス 居宅サービス 福祉用具購入 住宅改修　等		介護保険法
	雇 用 保 険	失業等給付 雇用安定事業 能力開発事業　等			雇用保険法
	労働者災害 補 償 保 険	休業補償給付 障害補償給付 遺族補償給付 介護補償給付　等	療養補償給付		労働者災害補償保 険法
社会扶助	公 的 扶 助	生活援助 教育扶助 住宅扶助　等	医療扶助	介護扶助	生活保護法
	社 会 手 当	児童手当 児童扶養手当			児童手当法 児童扶養手当法
	社会サービス　児童福祉			保育所サービス 児童健全育成 児童養護施設　等	児童福祉法
	障害(児) 者 福 祉		自立支援医療（旧 育成医療・更生医 療・精神通院医 療）費の支給	介護給付 訓練等給付 地域生活支援事業	障害者総合支援法 身体障害者福祉法 知的障害者福祉法 精神保健福祉法 児童福祉法
	老人福祉			老人福祉施設 生きがい、生活支 援施策　等	老人福祉法
	母子寡婦 福　　祉	母子（寡婦）福祉 資金貸与		自立支援 生活指導　等	母子父子寡婦福祉 法
	低所得者 福　　祉	住宅確保給付金		自立相談支援 就労準備支援	生活困窮者自立支 援法

注）主要な社会保障制度を整理したもので、個々の給付や事業または法制度は例示であり、本表に記載
　　できないものが数多くあることに注意。高齢者医療確保法は、「高齢者の医療の確保に関する法律」
　　の略。ほかの法律でも名称を簡略化しているものがある。

出典：増田雅暢「日本の社会保障の現状と課題」広井良典・山崎泰彦編著『社会保障［第3版］』ミネ
　　ルヴァ書房、2017年、p.46を一部修正の上引用。

理由により所得の喪失や中断、減少などが生じたとき、所得を補う給付をすることにより生活を安定させるものである。

医療保障は、医療保障制度のような、傷病の治療や健康の維持・回復のために医療機関等において保健・医療サービスを受けることができるものである。

社会福祉は、各福祉制度のような、自助では解決の困難な生活問題に対し、サービスを提供することによって、生活上の困難を緩和・解決を図るものである。

3）給付方法

給付方法には、現物給付と現金給付がある。

現物給付は、受給者に対して現物やサービスそのものを提供する方法をいう。

現物給付の代表的なものとして、健康保険制度における「療養の給付」がこれにあたる。健康保険では、療養そのものを被保険者たる患者に直接提供する、という方法をとる。

現金給付には、受給者に対して現金を給付する方法をいう。

現金給付には、公的年金や社会手当のほか、介護保険制度における介護サービス費・介護予防サービス費の支給、障害者総合支援法における介護給付費・訓練等給付費の支給など、幅広く行われている。

現金給付の場合、年金や社会手当などは、受給者に直接支払われることにより生活を保障するという目的が達成される。しかし、介護や障害者福祉におけるサービス給付などについても、法の建前はサービスの直接給付ではなく、あくまで現金給付とし、本来は利用者本人に直接支払われるべき給付をサービス事業者に法定代理受領させる形式をとる。これは、介護保険法の制定および社会福祉基礎構造改革により介護・障害者福祉のサービス事業が民間に開放された際、憲法 89 条（公金支出の禁止）規定に抵触しないよう、給付は本人に直接行うものとしつつ、これを事業者に法定代理受領させるという形式をとり、「公の支配に属しない慈善、教育若しくは博愛の事業」（憲法 89 条）に対する公金支出の道を開いたのである。こうすることにより、サービス事業者にとってはサービス費を確実に受領することができ、利用者にとってもいったん 10 割分の利用料の負担を行い、のちに給付を受ける償還払いよりも簡便かつ確実に利用料の支払いを行うことができる。

4）負担方法

　公的年金の保険料などの保険料の拠出や、健康保険の一部負担金などの利用の都度求める負担を、どのような考え方に基づき決定するのか。これには応能負担と応益負担という2つの考え方がある。

　応能負担とは、負担すべき者やその属する世帯の所得に応じて、負担額を決定する方法である。たとえば、厚生年金保険料や健康保険料などの保険料や、保育所の保育料、障害者総合支援法に基づく利用者負担などがこれにあたる。

　応能負担は、給付は均一であっても負担額が所得に応じて決定されるので、低所得者にとっては利用しやすい制度となる。ただし、かつての老人福祉制度における措置費全額徴収原則がそうであったように、所得はそれほど高くないにもかかわらず、負担額が非常に高額に設定される場合には、こうした所得階層を利用から排除する機能を持たせることにもなる。

　これに対し応益負担（定率負担ともいう）は、利用した者（負担すべき者）が基本的に受けたサービスの量に応じて負担額を決定する方法である。健康保険の一部負担金（高額療養費制度による上限設定あり）などがこれにあたる。

　応益負担は、利用と負担の関係が正比例であり、利用した分に比例した負担を負うため、高所得者で利用の少ない者にとっては負担感を感じにくいのに対し、低所得者はいくら必要なサービスであったとしても、負担しうる金額の範囲に利用を抑えようとする利用抑制を招くため、利用から排除されてしまう。

　また、近年、応能負担と応益負担を組み合わせる手法もとられるようになってきた。介護保険の介護給付および予防給付に基づく利用者負担は、負担割合については所得の多寡に応じて1割〜3割に決定され、利用に応じた負担（単位数）に負担割合を乗じて決定されるようになった。現役並み所得者に対する負担割合の引き上げは、従来1割負担であって負担感をそれほど感じなかった利用者に対し、2倍または3倍の負担増を強いており、負担感はいっそう強くなっている。こうした措置は利用抑制の引き金になりうるため、適切な利用を保障できているのか問題となるだろう。

第 3 章　社会保障の制度体系

5．社会保障に関する課題

1）低年金問題

　最後に、社会保障の体系にかかわって、今後考えなくてはならない問題点について、ここでまとめて触れておきたい。

　まず低年金問題である。老齢基礎年金の年額は、保険料（2019 年度は月額 1 万 6410 円）を 40 年間 1 度も滞納せず納付した場合に受け取ることのできる水準である満額支給であっても年額 78 万 0096 円（2019 年度）である。国民年金制度発足時は、おもに自営業者や自営の農林水産業者、専業主婦などが対象であったのだが、これらの者は年金受給時点でも年金以外の他の収入確保が見込めることや、子などからの扶養などを前提にした給付水準を想定していたものと思われる。しかし、現在のように単身世帯が激増している中にあって、基礎年金のみでは生活が困難なのは自明である。生活保護受給者の過半数が高齢者であることも鑑みると、こうした人々の所得保障についてどのように考えるべきか。年金保障の拡充のみならず、社会手当の拡充なども考えなくてはならないだろう。

2）国民健康保険における資格証明書の問題

　国民健康保険は、保険料（税）の滞納が続くと被保険者資格証明書の発行が行われ、保険給付がなされず、受診の都度 10 割負担を求められる。被用者保険に加入しない者をもれなく強制加入させ、保険料徴収では社会連帯を強調するなど、加入・徴収の場面では社会原理を前面に出す反面、いったん加入すると「保険料を支払わない者には保険給付を行わない」と、給付の場面では保険原理を前面に出してくる。

　こうした社会保険の原理をその場その場のご都合主義で変えて提示することは、社会保険を民間保険と同一視させてしまう一因となり、国民の社会保険に対する理解を歪め、信頼を損なう行為である。医療保険は社会保険である以上、社会原理を重視した制度設計と運用がなされることが重要である。

3）社会保険（医療、介護）の利用者負担は撤廃すべき

日本では健康保険の一部負担金や介護の保険利用者負担はあって当たり前になっているが、いずれも社会保険であり、保険料としてすでに拠出しているにもかかわらず利用の都度さらに負担を求めるのは二重徴収である。それでも負担を求めるのは給付抑制の意図があるからに他ならない。社会保険では利用者負担は当然に無料が原則であることをいま一度想起しなければならない[8]。

4）社会保障の枠内だけで考えず広い視野をもつ必要

ここまで社会保障の体系について述べてきたが、雇用や住宅といった社会保障制度ではないが、生活の基盤となるものについても考慮しなくてはならないであろう。社会保障制度がいくら機能したとしても、雇用と住宅を失うことになれば、たちどころに生活基盤が失われることは「年越し派遣村」の経験からも明らかである。生活困窮者自立支援法において、生活保護に至る前の生活困窮者に対して、住宅確保給付金制度と就労準備支援事業を設けたことは、社会保障としてのセイフティネットの重層化を図ることに寄与し、社会保障に新たに雇用と住宅の視点を導入したともいえるのではないか。

また、労働政策として最低賃金の引き上げをはじめとして労働者全体の賃金水準を引き上げることも喫緊の課題である。まともに働き安心した生活を送ることのできる賃金水準に引き上げることが、個々の生活を保障する上でも、人材確保においても、社会保障の拠出を確保する上でも重要である。

〈注〉

1　増田雅暢「社会保障の構造」社会福祉士養成講座編集委員会編『社会保障第5版』中央法規、2016年、pp.41-59。

2　この点、新たな体系論を示しつつ論じたものとして、河野正輝「社会保障の法体系と権利構造」社会関係研究第9巻第2号、2003年、pp.1-22。

3　廣海孝一「保険経済における目的と手段：生命保険についての技術的批判の試み」一橋大学研究年報商学研究13号、1969年、pp.35-170。

4　保険法制定時の議論において、立案担当者をはじめとして、そもそも「保険」を過不足なく法文において定義づけることは極めて困難との認識が共有される中で、「保険」の定義は設けなかったものとされる。村田敏一「保険法における「保険契約」（保険法2条1号）の意義と解釈—再

論―」生命保険論集 201 号、2017 年、pp.1-21、萩本修『一問一答・保険法』商事法務、2009 年、p.36。

5　木下秀雄『ビスマルク労働者保険法成立史』有斐閣、1997 年。

6　山崎史郎『人口減少と社会保障』（中公新書）中央公論新社、2017 年、P.93-95。

7　介護保険における負担構造の変化について検討したものとして、濱畑芳和「利用者負担からみた介護保険」介護保険白書編集委員会編『介護保険白書　施行 15 年の検証と 2025 年への展望』本の泉社、2015 年、pp.104-108。

8　濱畑芳和「人権としての医療・介護と利用者負担」芝田英昭編著『安倍政権の医療・介護戦略を問う』あけび書房、2015 年、pp.136-148。

〈引用・参考文献〉

・芝田英昭『新しい社会保障の設計』文理閣、2006 年。
・増田雅暢「日本の社会保障の現状と課題」広井良典・山崎泰彦編著『社会保障［第 3 版］』ミネルヴァ書房、2017 年、pp.41-66。
・山下友信・竹濱修・洲崎博史・山本哲生『保険法　第 3 版補訂版』（有斐閣アルマ）有斐閣、2017 年。

〈推薦図書〉

①伊藤周平（2016）『社会保障入門』（ちくま新書）筑摩書房。
　　――「入門」と銘打ってはいるが、本を開くと社会保障全体を網羅しつつ、鋭い現状批判の視点をベースに切り込んでいる。本書を通読してから再読するとさらに問題意識が高まる。
②権丈善一（2017）『ちょっと気になる社会保障　増補版』勁草書房。
　　――社会保障制度審議会をはじめ各種審議会に名を連ねる著者が、軽妙な語り口で社会保障の現状を語っている。本書の考え方との違いを意識して読むと、社会保障に対する理解がさらに立体的になる。

【学習課題】

①社会保険と社会扶助の違いについて、自分なりに整理してみよう。

②社会保険の 2 つの原理について説明してみよう。また、このあと述べる各社会保険制度にこれら 2 つの原理がどのように反映しているか、それぞれの制度を見るときに意識しよう。

③今後も社会保障に関する制度改革が相次ぐ。こうした改革が社会保障の体系と理念との関係でいかなる問題をはらむのか、情報収集しながら考えてみよう。

第4章

公的年金制度

畠中　亨

本章のねらい

　人間が生きていくうえで最も必要なものは何かと問われたら、「健康」や「家族」「愛」などを挙げる人もいるだろう。しかし、おそらく最も多い答えは「お金」ではないか。日々消費する物やサービスのほとんどを、我々は現金を支払うことで手に入れている。生活に必要な物資が購入できないほど現金が不足すれば貧困に陥る。現金の不足はまさに死活問題である。

　現金を手に入れる方法はさまざまであるが、多くは雇われて賃金を得るか個人の商売など働くことで入手される。あるいは働き手の家族に養われ、小遣いや共同生活費として配分される。公的年金は、多くの人に起こりえる労働が困難な状態として老齢や障害、そして扶養者の死別（遺族）を対象リスクとした現金給付の社会保険の一つである。

　他の現金給付である雇用保険や健康保険の傷病手当金は、給付期間が限られる一時的な給付である。それに対し公的年金はほとんどの場合において、一度給付が開始されると受給者が死亡するまで給付が継続する。老後は現代社会において「誰にでもおとずれるもの」であり、老齢年金は人々の人生の一部を支える存在となっている。

　保険料負担の重さに対する不満や、財政が破綻するのではないかといった不信感から、公的年金を不要とする声が近年高まっている。公的年金の給付費総額は 2015 年度に 54.9 兆円と、対 GDP 比は 10.3% にも達する社会保障で財政

規模が最も大きい制度である。このことを裏返せば、年金が人々の自然な営みの一部となっていることを意味している。だがその自然さが、かえって公的年金がなぜ必要であるのかを分かりにくくしている。

　本章の目的は、日本の公的年金のしくみと課題を理解したうえで、公的年金の存在意義とあるべき姿を考えることである。

1．公的年金の概要と現状

1）公的年金の基本的仕組みと役割

　日本の公的年金は、保険の仕組みを取り入れた社会保険方式により運営されている。はじめに保険料の拠出が求められ、年金給付の対象となる保険事故が起きたのち、年金が給付される仕組みである。こうした基本的な仕組みは、民間保険会社が販売する私的年金と変わらない。また公的・私的年金のどちらも長期に保険料を拠出することから、貯金との違いも分かりにくい。そこで、公的年金と私的年金、貯金の違いから、公的年金独自の役割を確認しよう。

　老後の生活費をすべて貯金で賄おうとしても、誰も自分が何歳まで生きるのか分からないため、いくら貯金すればよいのかわからない。さらに10年20年と老後を過ごすうちに物価が上がり、月々の出費が膨れ上がってしまうかもしれない。およそ使い切れないほどの貯金がなければ安心できず、切り詰めた生活を余儀なくされる。継続的な給付である年金は、このような不安を解消する。

　多くの私的年金は給付が一定期間で終了する確定型年金である。受給者が死亡するまで給付が継続する終身型も存在するが、商品が限られており保険料も高額である。また、私的年金は契約時に決められた給付で固定され、物価上昇に対応できない。公的年金の老齢給付は受給者の死亡まで継続し、物価上昇に応じて年金額を改定するスライド制も取り入れられている。

　公的年金は社会保障として、すべての人々にその保障を提供しなければならない。そのため加入は法律により強制されている。また、基礎年金の財源の半分は国庫負担とされ、サラリーマンが加入する厚生年金では保険料が労使折半となっている。国庫負担や使用者負担により所得再分配が行われることで、低

第 4 章　公的年金制度

所得の被保険者でも拠出できるよう保険料が軽減されている。

　すべての人々に安定した最低生活を保障することが公的年金の目的である。ただし、保険を基礎とする社会保険方式であることから、私的年金のように保険料と年金額との対応関係も重視した制度となっている。このため個人単位でみると、十分な保障とならないケースも多数生じてしまう。こうした公的年金の問題点については、制度の詳しい仕組みを学んだ後、改めて考察してみよう。

２）公的年金の体系と保険料負担

（1）公的年金の体系

　日本の公的年金は基礎年金と厚生年金の２つの制度が中核である。基礎年金は 20 歳から 60 歳までの日本のすべての住民が加入対象であり、厚生年金の加入対象は 70 歳未満の雇用労働者（サラリーマン）である。どちらの制度も日本に居住する外国人も強制加入対象である。厚生年金には基礎年金に上乗せする形で加入する。このほか、自営業者が任意で加入する国民年金基金、一部企業が任意で実施する厚生年金基金などの企業年金、公務員を対象とする年金払い退職給付など、さらに上乗せで加入する年金制度もある。

（2）基礎年金の被保険者と保険料

　基礎年金の被保険者は第 1 号から第 3 号までに区分される。厚生年金にも加入する人は第 2 号被保険者、第 2 号に扶養される年収 130 万円未満の配偶者は第 3 号被保険者となる。第 2 号、第 3 号以外の全員は第 1 号被保険者となる。被保険者の区分は、その人の雇用状況や配偶関係により随時変更されるが、第 1 号第 3 号となったときは自身で手続きが必要なため注意しなければならない。

　第 1 号被保険者に納付が義務付けられる保険料は国民年金保険料と呼ばれ、基本額は全員同じ定額制となっている。保険料は毎年名目賃金の変動率に応じて改定され、2018 年度は月額 1 万 6340 円である。第 1 号被保険者は主に自営業者や無業者であるため、保険料は自身で納付手続きをする必要がある。

　所得が少なく国民年金保険料を納付ができない人は、保険料免除制度が利用可能である。免除制度は所得に応じた段階制となっており、所得が比較的高い人には一部納付が求められる[1]。生活保護受給者や障害基礎年金受給者は、保険

73

料が全額免除される（法定免除）。また大学、専門学校等に就学する学生は学生納付特例を受けることができる。保険料の納付または免除の手続きをせずにいた期間は未納とみなされ、未納期間が長期となると年金が受給できなくなる。

第2号第3号被保険者は、第2号被保険者が納付する厚生年金保険料に基礎年金分の保険料が含まれているため、別途国民年金保険料を納付する必要が無く、納付したものとみなされる。

（3）厚生年金の被保険者と保険料

厚生年金の被保険者は70歳未満の雇用される全労働者である。ただし、個人事業所のうちサービス業（飲食、理美容清掃など）や農林水産業など一部の業種、従業員が5人未満の事業所は強制適用の対象外となる（法人事業所はすべて適用）。強制適用とならない事業所も任意加入は可能である。また、週の労働時間が30時間未満の短時間労働者や、雇用期間が2ヵ月以内の有期雇用労働者も強制適用とならない。3節で述べるように、2016年10月より週の労働時間が20時間以上の者も条件付きで強制適用となった。

厚生年金の保険料は被保険者の賃金に対する一定率を拠出する比例制である。実際の保険料額は、月々変動する賃金を1ヵ月当たりの平均額に換算した標準報酬[2]をもとに計算される。保険料率は18.3％で、このうち半分を使用者（事業主）が負担する労使折半となっている。保険料は月々の給与だけでなく賞与にも課される。扶養する第3号被保険者の有無により保険料が変わることはない。保険料は賃金から天引き（源泉徴収）され、使用者負担と合わせて事業主が代行して納付するので、被保険者本人は納付の手続きをする必要がない。

（4）加入状況

性・年齢別の公的年金加入状況は、**図4−1**の通りである。基礎年金への加入は20歳以降であるため、15〜19歳では一部の人が厚生年金に加入するのみで、それ以外は非加入である。20歳以上は基礎年金の被保険者となるが、男子の25歳以上は第2号被保険者が8割近くを占め、女子では30歳以上の約3分の1が第3号被保険者となっている。基礎年金の加入期間が終了した60歳以上では、厚生年金被保険者と非加入者に分かれるが、少数の第1号被保険者もい

第 4 章　公的年金制度

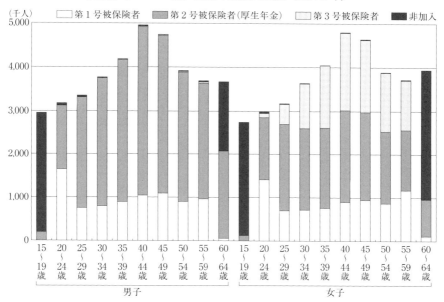

図 4-1　性・年齢別（15～64歳）公的年金加入状況（2016年）

出典：厚生労働省「公的年金加入状況等調査」2016年より筆者作成。

る。これは、まだ基礎年金の支給要件を満たしていない人が、任意加入（高齢任意加入）しているためである。

3）年金給付

（1）年金支給要件と支給年金額

　基礎年金と厚生年金にはそれぞれ老齢年金、障害年金、遺族年金の三種別の給付がある。基礎年金と厚生年金の併給はできるが、それぞれ一種別の年金しか受給できない。たとえば老齢厚生年金と遺族厚生年金の受給権があるときは、どちらか金額の高い方を選ぶこととなる。支給年金額は、基礎年金は定額制、厚生年金は報酬比例制である。各年金の受給開始時点（新規裁定）の金額は、平均手取り賃金変動率に応じて毎年改定される（賃金スライド）。受給開始後の受給者個別の年金（既裁定）は、物価変動率に応じて改定される（物価スライド）。支給対象、支給要件、年金額については表 4-1 の通りである。

75

表 4 - 1　基礎年金・厚生年金の支給対象、支給要件、支給年金額

		支給対象	支給要件	支給年金額
老齢	基礎年金	65歳以上。 任意で60～64歳に繰上げ、または66～70歳に繰下げ受給可能。	保険料納付済み期間が計10年（120ヵ月）以上あること（保険料免除期間を含む）。	6万4940円（満額）。 保険料未納・免除期間の長さに応じて次のとおり減額。 未納期間1ヵ月につき、満額の1/480。 全額免除期間1ヵ月につき、満額の1/960（部分免除では免除割合に応じて減額）。 繰上げ受給の場合、最大30%減額。 繰下げ受給の場合、最大42%増額。
	厚生年金	老齢基礎年金と同じ。 ただし、1960年度以前生まれの男子、1965年度以前生まれの女子には60～65歳にも老齢厚生年金を特別支給。	厚生年金の加入期間が1ヵ月以上あり、老齢基礎年金の支給要件を満たしていること。	厚生年金加入期間の受給者の平均標準報酬（現在価値に再評価後）×厚生年金加入月数×5.769/1000/12。（1946年度以降生まれの場合）。
障害	基礎年金	20歳以上で障害等級が1～2級。	20歳後に障害となった場合、次のいずれかの保険料納付を満たしていること（保険料免除期間を含む）。 ①基礎年金加入時点から初診日までの3分の2以上。 ②初診日の前々月までの直近1年間。 ※20歳前に障害となった場合、要件なし。	1級：基礎年金額（満額）の1.25倍。 2級：基礎年金額（満額）。 子がいる場合、子の加算。 第1子・第2子一人につき1万8690円。 第3子以降一人につき6230円。 20歳前障害による支給の場合、所得制限あり。 例：2人世帯の場合、年間所得が398万4千円超で半額、500万1千円超で全額支給停止。
	厚生年金	障害等級が1～3級。 厚生年金の加入期間中に障害の原因となった病気やケガの初診日があること。	厚生年金の加入期間が1ヵ月以上あり、障害基礎年金の支給要件を満たしている。	1級：報酬比例年金の金額の1.25倍。 2級：報酬比例年金の金額。 3級：報酬比例年金の金額。 ※3級は障害基礎年金なし。 厚生年金加入月数が300カ月未満の場合は300カ月とみなして計算。 1・2級には1万8690円の配偶者加算あり。 3級は4万8700円の最低額が保障される。

遺族	基礎年金	基礎年金被保険者、老齢または障害基礎受給者に生計を維持されていた遺族のうち、以下の中で一番順位が高い者。①子のある配偶者②子。配偶者、子は非婚者のみ。	基礎年金被保険者の遺族である場合、死亡者が次のいずれかの保険料納付を満たしていること（保険料免除期間を含む）。①基礎年金加入時点から死亡日までの3分の2以上。②死亡日の前々月までの直近1年間。	基礎年金額（満額）。子の加算額。第1子・第2子一人につき1万8690円。第3子以降一人につき6230円。子が受給する場合は第2子以降のへ加算のみ。
	厚生年金	厚生年金被保険者、老齢（25年以上加入）または障害厚生受給者に生計を維持されていた遺族のうち、以下の中で一番順位が高い者。①配偶者②子③父母④孫⑤祖父母。配偶者、子、孫は非婚者のみ。夫、父母、祖父母は55歳以上のみ。	厚生年金被保険者の遺族である場合、遺族基礎年金と同様の保険料納付要件。	報酬比例年金の金額の0.75倍。※子がいない場合、遺族基礎年金なし。死亡者の厚生年金加入月数が300ヵ月未満の場合は300ヵ月とみなして計算。次の場合、4万8700円の中高齢加算。①子がいない妻で40歳以上65歳未満の時。②子がいる妻で子の年齢により障害基礎年金を受給できなくなった時。

注1）子とは18歳未満（障害等級2級以上の場合は20歳未満）で婚姻してない者。
注2）基礎年金額は老齢基礎年金の満額と同じ。報酬比例年金額は老齢厚生年金の計算方法と同じ。支給額は2018年度時点の月額。
出典：筆者作成。

（2）年金受給状況

　厚生労働省「国民生活基礎調査」によれば、2016年時点で高齢者世帯のうち公的年金・恩給が総所得の8割以上を占めている世帯は、全体の63.7％に達している。**表4-2**は年金種別による受給者数と平均年金額を示している。基礎年金のみと厚生年金受給者とで平均年金額に大きな差が見られる。老齢厚生年金額は男女間の差が非常に大きく、女子の方が老齢基礎年金のみの受給者が多い。遺族年金の多くは配偶者の遺族厚生年金である。その多くは、老齢厚生年金の受給者である夫との死別後に遺族年金を受給する高齢の女性である。

4）財政の仕組みと状況

（1）財政方式とマクロ経済スライド

　公的年金制度を運営するための財政方式は、一般に積立方式と賦課方式に分

表 4 - 2　年金種別受給状況（2016 年度末時点）

		老齢年金		障害年金					遺族年金			
				1 級		2 級		3 級	厚生年金			基礎年金のみ
		厚生年金	基礎年金のみ	厚生年金	基礎年金のみ	厚生年金	基礎年金のみ	厚生年金	配偶者	子	その他	
計	受給者数（千人）	28,441	7,302	69	661	208	954	143	5,320	23	51	40
	平均年金額（円）	107,119	51,329	154,330	81,960	116,794	66,319	56,219	85,582	72,991	27,717	72,579
男子	受給者数（千人）	14,030	1,724	52		142		94				
	平均年金額（円）	143,327	55,921	163,198		123,750		58,609				
女子	受給者数（千人）	14,412	5,578	17		66		49				
	平均年金額（円）	71,870	49,910	126,493		101,780		51,674				

注 1)　平均年金額は月額。厚生年金の年金額には基礎年金の年金額も含まれる。
出典：厚生労働省「厚生年金保険・国民年金事業年報」2016 年より筆者作成。

類される。積立方式とは制度が発足した当初は納められた保険料を積立金として蓄積し、一定の期間が経過した後に年金を給付する仕組みである。賦課方式では、その年ごとに必要な費用を必要なだけ保険料等で確保する。日本の公的年金は、厚生年金も国民年金も、制度創設時に積立方式が採用された。

　賦課方式では、少子高齢化により年金受給者が増加し、保険料を負担する若い世代の減少が起こると保険料負担が重くなる。計画的に積立金を蓄積する積立方式ではこの問題を回避できる。しかし、積立ての計画が上手くいかず積立金が減少していくと、財政破綻の危険性もある。

　日本の公的年金も、物価や生活水準の上昇に合わせて給付を引上げたことや、長寿化で給付費が想定以上に増したことで、積立ては計画通り進まなかった。このため保険料が段階的に引上げられ、賦課方式へと近づいて行った[3]。

　しかし、あまりにも重い保険料負担は、被保険者の生活を圧迫することになる。2004 年の改正で新たに保険料水準固定方式が導入され、保険料の引上げは 2017 年時点の水準で停止された。その後の収入不足に対しては、同時に導入されたマクロ経済スライドにより、給付水準が引下げられ収支が調整される。

　マクロ経済スライドが実施中は、通常の賃金・物価スライド改定率から平均寿命の伸び率を勘案した一定率と、被保険者数の減少率が差し引かれることで、年金給付の実質的な水準が段階的に引下げられる。マクロ経済スライドの実施期間は、5 年ごとの財政検証で作成される将来見通しをもとに決定される。

第4章 公的年金制度

図4-2 公的年金の資金の動き（2016年度）

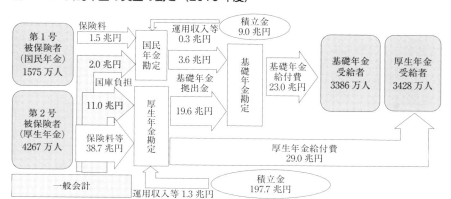

注1) 厚生年金の保険料、国庫負担、給付費、積立金には旧共済年金分を含む。
出典：社会保障審議会年金数理部会「公的年金財政状況報告」2016年より筆者作成。

(2) 財政構造

　基礎年金第1号被保険者の納付する保険料は年金特別会計の国民年金勘定に、厚生年金（基礎年金第2号）被保険者の保険料は厚生年金勘定にそれぞれ計上される。この2つの勘定は、それぞれに独立した積立金を保有している。2つの勘定から基礎年金勘定に被保険者数に比例した基礎年金拠出金が集められ、基礎年金の給付費に充てられる。国民年金、厚生年金勘定には、基礎年金拠出金の半分に相当する国庫負担が繰り入れられる。厚生年金の給付費は、厚生年金勘定から支出されている（図4-2）。

(3) 積立金の管理・運用

　2017年度末現在、厚生年金は164.1兆円（旧共済組合を含まない）、国民年金は9.0兆円と多額の積立金を保有している。積立金は長期的な計画に基づき管理されており、日本の公的年金は積立方式としての性格も失っていない。積立金はGPIF（年金積立金管理運用独立行政法人）に運用寄託され[4]、GPIFは積立金を分割して複数の金融機関に運用を委託している。

　積立金の運用方針は、厚生労働大臣が定める基本ポートフォリオに応じて資産が構成されることとなっている。現在の基本ポートフォリオは国内債券35％、

図4-3 積立金額（各年度末時点、時価）とGPIF寄託資産構成の推移

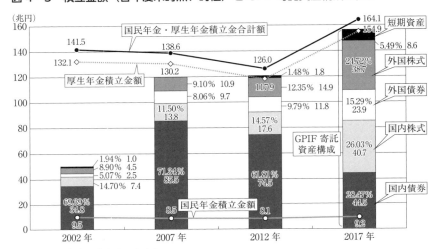

注1) 旧共済年金の積立金は含まない。
出典：社会保障審議会年金数理部会資料、年金積立金管理運用独立行政法人「業務概況書」2017年より筆者作成。

国内株式25％、外国債券15％、外国株式25％である。2014年10月末以降、国内株式や外国の株式、債券の割合が引上げられている。

図4-3は、積立金額（時価）とGPIF寄託資産構成比の推移を示している。株式を中心とした資産構成としたことと近年の株高が相まって、積立金の総額は増加傾向にある。しかし、株式の時価評価は景況により大きく変動する。一転して積立金が減少するリスクもあるため、その動向に注視する必要がある。

2．公的年金のあゆみ

1）厚生年金保険法が誕生するまで

公的年金が整備される以前の戦前期、軍人や官吏（現在の国家公務員総合職）など特権的地位の退職者への恩給制度が創られた。1876年に陸軍恩給令と海軍恩給令が、1984年に官吏恩給令が制定され、1923年には恩給法として集約された。官吏恩給の対象とはならなかった現業公務員には、加入者の掛金（保険料

に相当）を財源とする共済年金が設立された。鐘淵紡績株式会社の鐘紡共済組合など、一部の民間企業も独自に共済年金を導入した。

1939 年、海運国策の観点から重要な船員保険法が成立した。そして、1941 年に鉱工業の 10 人以上の事業所で働く男子工員（ブルーカラー労働者）を対象とした労働者年金保険が創設された。労働者年金保険の保険料率は 6.4% を労使折半とし、給付費の 1 割は国庫負担とされた。養老年金給付（現在の老齢年金）は平均報酬の 4 分の 1 とされたが、20 年以上加入した被保険者に 55 歳から支給する積立方式であったため、当初はほとんど受給者が存在しなかった。

労働者年金保険は、保険料負担で手取り収入を減らし物価上昇を抑制する、長期保険である年金に加入させ労働移動を制限するなど、戦時体制下の経済混乱を抑える狙いがあった。さらに積立金による戦費調達（戦時公債の購入）も行われ、総力戦遂行に利用された。1944 年に厚生年金保険法へと改正され、対象者は職員（ホワイトカラー労働者）、女性、5 人以上の事業所へ拡大された。

2）戦後の再建と国民皆年金体制

敗戦後、経済混乱の中で被保険者が激減し、急激なインフレにより積立金も給付水準も価値が大きく低下したことで、厚生年金は危機的状況に陥った。制度を立て直すため、給付水準を引上げつつ保険料は引下げられた。これにより将来、保険料の引上げが必要となり、積立方式から賦課方式に近付くこととなった。同時に男子の年金支給開始年齢は 55 歳から 60 歳に引上げられている。

1950 年代に私立学校教職員共済、市町村職員共済組合、農林漁業団体共済組合など、公務員や公共団体の職員を対象とした共済年金が相次いで設立され、厚生年金と並立する状態となった。1959 年には国民年金法が成立、1961 年から開始された。国民年金は、厚生年金や各共済年金に加入していない人が対象であり、その中心は自営業者や農民であった。自営業者は賃金労働者と比べて所得の把握が困難であるため、国民年金の保険料は定額制が採用された。保険料収入の 2 分の 1 相当の国庫負担を財源に繰り入れつつ、財政方式は厚生年金と同様に積立方式が採用された。老齢年金の支給開始年齢は 65 歳とされた。

国民年金創設により、すべての国民[5] が公的年金に加入する国民皆年金体制となったが、職域で制度が分立する状態であった。すでに年齢が高く国民年金

に加入できない人を対象に、税財源による無拠出制の福祉年金も創設された。

福祉元年と呼ばれた1973年の改正では賃金・物価スライド制が導入され、同年に起こったオイルショック後の急激な物価上昇により、給付額も上昇していくこととなった。1973年以降も年金給付水準の引上げが続けられ、厚生年金の給付は、現役労働者の平均賃金に対する比率（現代の所得代替率に相当）が60％程度となる水準を目標とすることとされた。これはILO 102号条約[6]（社会保障の最低基準に関する条約）への批准を目的としたものであった。

しかし、給付水準の引上げに対して保険料の引上げは抑制され続けた。このような負担の先送りが可能であったのは、積立方式が最初に採用されたことで、この時点では年金受給者がまだ少なかったためである。

3）基礎年金導入と年金給付の抑制

1985年には公的年金全体に関わる大改革が行われた。分立した年金制度は、産業構造の変化に伴って労働者移動が起こると財政が不安定化する。特に第一次産業の就業人口が減少したことで、国民年金の財政状況が悪化していた。さらに制度間で給付水準に大きな格差がある点も問題となっていた。

1985年の改正で、厚生年金や各共済年金など報酬比例で給付を行う被用者年金を、定額制の1階部分と報酬比例制の2階部分に分離し、1階部分については新たに創設された基礎年金を通して公的年金全体で給付と負担を共有する仕組みとなった。国民年金は1階部分のみの制度となる。基礎年金の給付費の3分の1に相当する国庫負担が、すべての年金制度に繰り入れられることとなった。

基礎年金創設以前、厚生年金や共済など被用者年金の被保険者に扶養される配偶者（主に専業主婦）は、国民年金への加入義務がなく任意加入とされていた。被用者年金の受給者に配偶者がいる場合、加給年金が加算される仕組みとなっていた。基礎年金導入後は、専業主婦も第3号被保険者として基礎年金へ強制加入となり、年金受給権が得られることとなった。一方、基礎年金導入に伴い、厚生年金の給付水準は大きく引下げられた。

1994年には、賃金スライドの改定率を労働者の税・社会保険料負担を差し引いた可処分所得（手取り賃金）の変化率で計算する方式に変更し、年金額の改定

が抑制される改正が行われた。さらに 2000 年の改正で厚生年金の支給開始年齢は 60 歳から 65 歳へと段階的に引上げられるなど、給付を抑制する改正が続いた。一方、保険料負担は段階的な引上げが続き、若い世代ほど負担が増加する「世代間の格差」が問題視されるようになった。

4）近年の社会保障改革

バブル経済崩壊以降、年金保険料の引上げに対する企業・労働者双方の不満が強まった。また雇用が不安定化し、企業等に雇われながら厚生年金に加入できない非正規雇用労働者や失業者の第 1 号被保険者が増加した。国民年金保険料の納付率が低下して、年金制度の持続可能性が疑問視されるようになった。

これらの問題から 2004 年の改正では、基礎年金の国庫負担割合が 2 分の 1 に引上げられた。さらに保険料水準固定方式とマクロ経済スライドの導入が行われた。マクロ経済スライドは、100 年後までの財政収支を推計し、収入不足が起こらないよう、給付水準を自動的に引下げる仕組みである。政府はこの仕組みの導入により、公的年金は「100 年安心」と評価した。

一方、1990 年代以降の格差拡大の中で、貧困状態にある高齢者は増加した。2009 年の政権交代で与党となった民主党政権は、社会保障の機能回復に着手した。2012 年に年金機能強化法が成立し、老齢基礎年金支給のための保険料納付要件を 25 年から 10 年に短縮、短時間労働者への厚生年金（および被用者健康保険）適用拡大、年金生活者支援給付金の創設など、低年金・無年金者対策が行われた。また分立していた被用者年金は厚生年金へと一元化された。

これらの改正に必要な費用は、消費税率の引上げ分が財源とされた。消費税率の 10% への引上げが先送りされたことで、2015 年 10 月より施行予定であった年金生活者支援給付金は、2018 年現在も未施行の状態が続いている。

3．公的年金の課題とこれから

1）年金財政の持続可能性

公的年金の財政運営をめぐって、制度の財政破綻を懸念する声が少なくない。

その要因として国民年金保険料の納付率が低いことや少子高齢化により現役世代の負担が増加していくことなどが挙げられることが多い。そうした予想が正しいのか考えてみよう。

1990 年代中盤まで 80% 以上であった国民年金保険料の納付率は 1990 年代後半から低下をはじめ、2010 年度には追納なども含めた最終納付率で 64.5% となった。しかし、保険料納付事務が強化され低所得な未納者に保険料免除の適用が進められたことで、納付率は 2015 年度には 73.1% まで改善している。

また日本の公的年金は、保険料未納分に対しては年金が支給されない仕組みである。納付率が低下すると将来の給付費も少なくなるが、国民年金が保有する積立金の運用収入に大きな影響はない。したがって納付率が低下すると、年金財政はむしろ改善する結果となる。

さらにマクロ経済スライドの仕組みにより、少子高齢化を含むさまざまな年金財政が悪化する要因に対して給付水準が自動調整されることで、年金財政の持続可能性が担保されている。しかし、給付水準の引下げが続くことで、社会保障としての公的年金の役割が損なわれることが懸念される。

給付水準引下げが行われても、所得代替率 50% を確保することが法律上定められている。所得代替率とは、モデル年金と呼ばれる標準的な年金額[7]の、現役男子の平均手取り収入に対する比率であり、年金給付水準を示す指標である。

2004 年と 2014 年に作成された所得代替率の将来見通しを比較すると、どちらも最終的にほぼ 50% まで低下する見通しである（表 4-3）。基礎年金のみの所得代替率は 2014 年の方が低い見通しとなっている。定額制の基礎年金は、現役時に賃金が低い労働者の年金を下支えしている。基礎年金の給付水準引下げ

表 4-3　所得代替率の将来見通し（2004 年、2014 年推計）

	推計時点	所得代替率（%）			推計時点	所得代替率（%）		
		基礎年金	厚生年金	合計		基礎年金	厚生年金	合計
2004 年財政再計算標準ケース	2004 年度	33.7	25.7	59.3	2023 年度	28.4	21.8	50.2
2014 年財政検証経済ケース E（経済変動なし）	2014 年度	36.8	25.9	62.7	2043 年度	26.0	24.5	50.6

注 1）出生率・死亡率は中位推計。
出典：厚生労働省年金局数理課（2015）より筆者作成。

は、年金額の少ない人により大きな影響を及ぼし、格差を拡大させてしまう。

2）社会保障としての公的年金と保険主義

医療保険や介護保険の給付内容は、基本的に個々の受給者の医療・介護サービスの必要度（ニーズ）に応じて決定される。また生活保護の現金給付は、必要即応の原則により個々の受給者のニーズに応じた給付が行われている。公的年金にも障害年金や遺族年金の障害等級や子の加算など、受給者の状況や世帯構成に応じて給付額を調整する仕組みはある。しかし最も受給者の多い老齢年金は、支払った保険料の総額に比例して年金額が決まる。その結果、年金額に大きな格差が生じ、貧困に陥る受給者が多数生じている。

図4-4は、65歳以上の性別年金・恩給額分布（2016年時点）を示している。年金額は性別により大きな差が見られ、特に女子の約半数は年金額が年100万円未満である。男子では年200万円以上の受給者も多数いるものの年100万円未満の受給者も3割近くいる。さらに受給なしも約1割以上にのぼる[8]。

日本の高齢者の相対的貧困率は19.0％で、OECD平均の12.5％を上回る[9]。年金額の大きな格差から、日本は国際的にみても高齢者が貧困に陥りやすい国になっている。低年金者が多数いる中で、マクロ経済スライドによる給付水準の引下げが行われると、貧困な高齢者はさらに増加していく。こうした低年金・無年金者

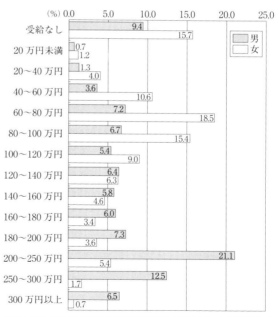

図4-4 65歳以上の性別公的年金、恩給受給額（年額）分布（2016年）

出典：厚生労働省「国民生活基礎調査」（2016年）より筆者作成。

への対策は喫緊の課題である。

　社会保険方式で運営される日本の公的年金は、保険料、給付、保険事故発生率が等式関係で結ばれる保険原理の一つである給付・反対給付均等の原則は完全に成立していないものの、保険料と給付の対応関係を重視した制度設計となっている。日本の公的年金が最低生活保障という目的を十分に果たせない根本的な要因は、保険としての性格を重視する保険主義ともいうべき制度設計の考え方にある。

　外国に目を向けると、カナダ、デンマーク、ニュージーランドなどでは、基礎的な年金は税方式で運営されており、保険料拠出なしで年金が受給できる[10]。フランス、ドイツ、スウェーデンなど、社会保険方式の年金が一定額を下回る受給者に、最低額を保障する最低保障年金を導入している国もある。

　また多くの先進国では、社会保険料の使用者と被保険者本人（労働者）の負担割合は使用者の方が高い。日本では厚生年金は労使折半であるが、使用者負担のない国民年金もあるため、全体でみると被保険者本人が負担する割合の方が高い。日本の公的年金は給付を受けるために本人の保険料拠出が重視されており、他の先進諸国と比較しても保険主義の傾向が強いといえる。

　今後の公的年金改革をめぐって、保険主義と社会保障としての最低生活保障機能のどちらを重視すべきか、我々自身が考えていかなければならない。

３）非正規雇用労働者の増加と低年金・無年金者対策

　2012年の改正では低年金・無年金者対策として、基礎年金支給要件を10年に引下げ、短時間労働者への厚生年金適用拡大、年金生活者支援給付金の創設が行われた。しかし、基礎年金の支給要件を引下げても、それにより新たに受給できる年金は、短い保険料納付期間に応じた低額となってしまう。

　年金生活者支援給付金は、低所得な年金受給者を対象に、①保険料納付期間に応じて月額5000円を上限とする額、②免除期間に応じて老齢基礎年金満額の6分の1に相当する額を、税財源によって給付する制度である。①と②のどちらも金額が少なく、低年金問題への影響は限定的と予想される。

　政府が低年金・無年金者対策として重視しているのは、短時間労働者（パートやアルバイト）をはじめとする非正規雇用労働者への厚生年金の適用拡大であ

第 4 章　公的年金制度

表 4 − 4　最低賃金・生活保護基準・公的年金給付額の関係（埼玉県、2015 年）

最低賃金・生活保護基準・公的年金（円）				合計額（円）
811（地域別最低賃金）× 173.8（1 ヵ月の労働時間）× 0.835（可処分所得割合）				117,694
生活扶助（12〜19 歳、単身）	74,450	住宅扶助	38,511	112,961
老齢基礎年金（2015 年の満額）	65,008	報酬比例年金（最低賃金で 40 年加入）	29,388	94,396
生活扶助（70 歳以上、単身）	69,220	住宅扶助	38,511	107,732

注 1）地域別最低賃金額は 2014 年 10 月から 2015 年 9 月までの額と、2015 年 10 月から 2016 年 9 月までの額の平均額。
注 2）埼玉県の生活扶助基準額は 2016 年 1 月 1 日時点の市町村別 70 歳以上人口による加重平均値。住宅扶助基準額は、埼玉県の 2015 年度住宅扶助費総額を実世帯数で割った実績額。
出典：総務省「住民基本台帳に基づく人口、人口動態及び世帯数」、埼玉県「埼玉県統計年鑑」より筆者作成。

る。これまで厚生年金に加入していなかった人を加入させることで、将来の低年金・無年金者を減らすことができ、さらに保険料負担者が増加することで年金財政の持続可能性にも寄与するからである。

　2016 年 10 月から週労働時間が 20 時間以上 30 時間未満の短時間労働者が厚生年金へ強制適用となった。ただし、①月額賃金 8.8 万円以上、②勤務期間 1 年以上、③学生を除く、④厚生年金被保険者が常時 501 人以上の企業等という条件が付けられた。①の条件により週労働時間が 20 時間であった場合、時間給が 1015 円未満の労働者は加入できない。④は短時間労働者の比率が高い中小企業の急激な負担を緩和するための暫定措置とされている。2017 年 4 月より被保険者が 500 人以下であっても、国・地方公共団体の事業所と労使の合意に基づき申請する民間企業で、短時間労働者を強制適用することとなった。

　2018 年 4 月末時点で短時間労働者の被保険者は 38 万 6000 人と、厚生年金被保険者全体の 1% に満たない[11]。2019 年 9 月までに加入条件の見直しが行われることになっており、条件緩和によるさらなる加入拡大が期待される。

　同時に、給付水準の見直しも必要である。公的年金の給付水準は ILO 102 号条約を基礎に、現役時の所得の一定割合を保障する従前所得保障の考え方で設計されてきた。しかし、近年増加する低賃金な非正規雇用労働者にとって、従前所得保障では十分な給付とならない。

　そこで、最低賃金と公的年金の関係に注目してみよう。2015 年度の埼玉県を例にとると、地域別最低賃金額でフルタイム労働をすると、その手取り収入は

生活保護基準を上回るが、老後に受け取る年金額は生活保護基準を下回ってしまう（表4-4）。

このことは現在の公的年金の給付水準が不十分であることを示しているが、一方で最低賃金の低さや家賃の高さの問題も見えてくる。さらに医療や介護の負担も含めて、年金生活者の最低生活保障を改めて見直していくべきだろう。

〈注〉

1　部分免除には4分の1免除、2分の1免除、4分の3免除がある。

2　標準報酬には上限と下限が設けられている。月の賃金の下限は8.8万円、上限は62万円、賞与の上限は150万円であり、実際の賃金がそれらを超えるか下回る場合は上限（下限）額とみなして保険料が計算される。

3　厚生労働省は現在の日本の財政方式について、賦課方式を基本としつつ一定の積立金を保有する段階保険料方式としている（厚生労働省年金局数理課（2015）pp.149～157）。

4　GPIFの設立以前は、積立金の大部分は財務省資金運用部に預託され、財政投融資の財源となっていた。2001年に資金運用部は廃止され、預託されていた資金は2008年度までに分割で償還されている。

5　国民年金創設時は日本国籍のない在日外国人は加入対象外であった。1981年の難民条約批准を受けて、1982年より在日外国人も国民年金に加入可能となった。現在の基礎年金は、日本に居住するすべての人が強制加入となる。

6　1952年の第35回ILO総会で採択。日本は1976年に批准した。

7　夫が平均賃金で40年間働くサラリーマン（第2号被保険者）、妻が40年間専業主婦（第3号被保険者）である世帯が受け取る年金額である。

8　65歳以上で年金を受給していない者の中には、今後受給を開始する可能性のある公的年金被保険者も含まれる。65歳以上の被保険者を除いた完全な無年金者は2016年時点で96万人と推計されている。厚生労働省「平成28年公的年金加入状況等調査結果の概要」p.42。

9　OECD（2017）p.135。

10　税方式で運営される公的年金の多くは居住期間を受給要件としている。

11　社会保障審議会年金部会「被用者保険の適用拡大について」2018年9月14日資料、p.6。
https://www.mhlw.go.jp/content/12601000/000355188.pdf（2018年11月30日確認）。

〈引用・参考文献〉

・石畑良太郎・牧野富夫編著『よくわかる社会政策［第2版］雇用と社会保障』ミネルヴァ書房、2014年。

・駒村康平編著『最低所得保障』岩波書店、2010年。

・厚生労働省年金局数理課「平成26年財政検証結果レポート～国民年金及び厚生年金に係る財政の現況及び見通し」（詳細版）」2015年。

・OECD, Pensions at a Glance 2017: OECD and G20 Indicators, OECD Publishing, 2017.

・橘木俊詔編著『格差社会』ミネルヴァ書房、2012年。

・牛丸聡・飯山養司・吉田充志『公的年金改革——仕組みと改革の方向性』東洋経済新報社、2004

年。
・横山和彦・田多英範『日本社会保障の歴史』学文社、1991 年。

〈推薦図書〉

○駒村康平『日本の年金』岩波書店、2014 年。
　——日本の公的年金が直面する課題、さまざまな改革案が解説されている。日本の公的年金が置
　　かれている状況を理解する手助けとなる。
○OECD 編著・岡部史哉訳『図表でみる世界の年金——OECD インディケータ（2013 年版）』明石
　書店、2015 年。
　——先進諸国の年金の給付水準や財政のしくみなどを網羅的に比較されている。
○矢野聡『日本公的年金政策史』ミネルヴァ書房、2012 年。
　——戦前から現代までに渡る日本の公的年金の通史をまとめた大著。資料として大変参考になる。

［学習課題］

①日本には低年金のため貧困状態にある高齢者が多数いる。そうした高齢者がどのような生活を送っているか調べてみよう。

②諸外国では低年金者対策として最低額保障を取り入れている国がある。どのような仕組みで行われているか調べてみよう。

③自分自身は、公的年金は保険主義と最低生活保障機能のどちらを重視すべきだと思うか、またその理由を考えてみよう。

第5章

医療保険制度と「国民皆保険」

鶴田　禎人

本章のねらい

　日本は戦後、平均寿命が大きく伸び、世界でも有数の健康で長生きできる国として知られるようになった。それには、公衆衛生の改善や健康的な食生活の普及など、さまざまな要因が考えられるが、医療保険制度を通じて広範な国民が医療サービスを利用できるようになったことも、大きく寄与している。本章を学ぶことで、われわれの健康や長寿を支える医療保険制度について、その仕組みや抱える課題について理解し、今後のあり方を提起できるようになることを目指す。

1．「国民皆保険」のあゆみ

　日本において提供される医療サービスの財源は、主に社会保険のメカニズムを通じて調達されている。社会全体で負担を分かち合うことによって、経済的な負担を軽減し、国民に医療サービスを利用する機会が保障されている。すべての国民は、それぞれの働き方や住んでいる場所、年齢などに応じて、いずれかの医療保険制度に加入し、保険料を支払うことが義務付けられる。それによって保険証1枚で、どの医療機関でも医療サービスを利用することができる。これを「国民皆保険」体制と呼び、およそ60年にわたって日本の医療保険制度をかたちづくってきた。

日本で初めて医療保険制度が導入されたのは、1922年制定の「健康保険法」にさかのぼる。健康保険は、労使の対立緩和などを目的に導入され、当初は主に工場などで働く肉体労働者（ブルーカラー）が加入対象となった。1938年には、大恐慌下において窮乏した農村で健康状況がきわめて悪化したことや、戦時における健兵健民政策の一環として、農民を主な対象に「国民健康保険法」（以下、国保）が施行された。その後、健康保険は、会社等で働く職員（ホワイトカラー）へ加入者の拡大が進められた一方で、国保は、戦中戦後の混乱において活動が停滞し、1955年時点においても、およそ3000万人、国民の3人に1人が医療保険未加入のままであった。

　そこで、1958年に「国民健康保険法」が改正され、市町村による国保事業の設置と被用者保険の対象でない者の強制加入が義務付けられた。そして、1961年の全面実施によって、今日に続く「国民皆保険」体制が整うことになった。その後、1970年代にかけて、経済成長や生産年齢人口の増加に後押しされて、国保加入者や被用者保険における被扶養者の自己負担割合の引き下げ（5割から3割）、自己負担の一定額以上を超える部分は保険給付をおこなう高額療養費制度の導入など、「国民皆保険」の実質化が進められた。1973年には、「老人福祉法」の改正によって、先行する自治体を後追いするかたちで、国の施策として老人医療費の無料化も実施された。

　その後、1980年代に入ると、経済成長が鈍化する一方で、高齢化の進行などにともなって医療費は増加を続け、自己負担の方法が課題となった。1982年には「老人保健法」の制定によって、老人医療費の無料化が終了するとともに、2001年には1割負担が導入された。1984年には「健康保険法」改正によって、被保険者本人に対する定率1割の自己負担が導入された。その後、高齢者や被保険者本人の自己負担割合は引き上げられ、現在では、後述するように、現役世代は3割、高齢者は1～3割負担となっている。

　また、高齢化にともなって急増する老人医療費に対して、公平な保険料負担のあり方が模索される中で、「老人保健法」では、各保険者が原則70歳以上（2002年10月から75歳以上）の老人医療費を共同で負担する財政調整が始められた。1984年「健康保険法」改正では、退職後に老人保健制度の対象となる前の高齢者の医療費を、被用者保険が共同で負担する退職者医療制度が創設され

第 5 章　医療保険制度と「国民皆保険」

た。その後、2008 年には、原則 75 歳以上の高齢者が独立した医療保険に加入
し、保険料負担を課すことで高齢世代にも費用負担の責任を求める、後期高齢
者医療制度が実施された。

2．医療保険制度の体系

　日本の医療保険制度は、雇われて働く者とその被扶養者を対象とする被用者
保険、それに属さない者を被保険者とし地域単位で運営される地域保険、年齢
で区分される高齢者医療に大別される。以下、その中で、被用者保険から主に
民間企業の正社員を被保険者とする健康保険、地域保険から市町村単位で運営
される国保、原則 75 歳以上の高齢者を被保険者とする後期高齢者医療制度につ
いて、表 5 - 1 を参考にしながらそれぞれ特徴をみていきたい。

1）健康保険

　主に民間企業の正社員と被扶養者を加入者とする健康保険は、事業所の規模
等によって大きく 2 つに分けられる。1 つは、主に大企業が単独もしくは共同
で構成する組合管掌健康保険（以下、組合健保）である。加入者や保険料の管理、
保険給付を行う保険者は、全国に 1409 あり、合わせて 2913 万人が加入してい
る。組合健保に所属していない、主に中小企業の正社員と被扶養者は、全国健
康保険協会管掌保険（以下、協会けんぽ）に加入する。協会けんぽは、単一の全
国健康保険協会を保険者とし、全国で 3639 万人が加入する、最大の公的医療保
険となっている。

　健康保険の保険料は、毎月の給与やボーナスに所定の保険料率を乗じること
によって算出される。その際、給与は標準報酬月額にあてはめられ、算出された
金額の半分は、原則労使折半で雇用主が負担する。保険料率は、法定の範囲内
で、組合健保の場合は保険者によって、協会けんぽは都道府県の支部単位でそ
れぞれ決められている。使用者負担を除いた年平均保険料は、組合健保が 11.8
万円、協会けんぽが 10.7 万円となっている。

　健康保険に関する近年の動向として、働き方が多様化し、パート・アルバイ
トや派遣といった非正規雇用が拡大する中で、かれらのセーフティネットを保

93

表5-1 各保険者の比較（公的医療保険）

	市町村国保	協会けんぽ	組合健保	後期高齢者医療制度
①保険者数 （2015年3月末）	1,716	1	1,409	47
②加入者数 （2015年3月末）	3,303万人 （1,981万世帯）	3,639万人 被保険者2,090万人 被扶養者1,549万人	2,913万人 被保険者1,564万人 被扶養者1,349万人	1,577万人
③加入者平均年齢 （2014年度）	51.5歳	36.7歳	34.4歳	82.3歳
④65～74歳の割合 （2014年度）	37.8%	6.0%	3.0%	2.4%
⑤加入者一人当たり 医療費 （2014年度）	33.3万円	16.7万円	14.9万円	93.2万円
⑥加入者一人当たり 平均所得 （2014年度）	86万円 （1世帯当たり 144万円）	142万円 （1世帯当たり 246万円）	207万円 （1世帯当たり 384万円）	83万円
⑦加入者一人当たり 平均保険料〈事業 主負担込〉 （2014年度）	8.5万円 （1世帯当たり 14.3万円）	10.7万円〈21.5万円〉 （被保険者1人当たり 18.7万円〈37.3万円〉）	11.8万円〈26.0万円〉 （被保険者1人当たり 22.0万円〈46.3万円〉）	6.9万円
⑧保険料負担率 （⑦／⑥）	9.9%	7.6%	5.7%	8.3%
⑨公費負担	給付費等の50% ＋ 保険料軽減等	給付費等の16.4%	後期高齢者支援金等 の負担が重い保険者 等への補助	給付費等の約50% ＋ 保険料軽減等
⑩公費負担額 （2016年度予算ベース）	4兆3319億円 （国3兆958億円）	1兆1781億円 （全額国費）	381億円 （全額国費）	7兆6368億円 （国4兆9132億円）

出典：厚生労働省『平成29年版　厚生労働白書』より作成。

障するために、適用対象が拡大されてきた。それまでは、加入条件が週30時間以上であったが、2016年10月からは、従業員501人以上の企業で働く、学生を除いた①週20時間以上、②月額賃金8.8万円以上（年収106万円以上）、③勤務期間1年以上見込み、という条件をすべて満たす者は、保険に加入できることになった。2017年4月からは、労使間合意があれば、500人以下の企業でも同様の措置がとられている。

2）国民健康保険

国保は、75歳未満で被用者保険に加入していない自営業者や高齢者、失業

94

第 5 章　医療保険制度と「国民皆保険」

者、非正規雇用などを対象とする医療保険で、各市町村と都道府県が共同的に運営する地域保険にあたる。市町村単位でいうと、全国に 1716 の保険者があり、3303 万人が加入している。

国保の特徴として、被用者保険にみられる被扶養者の考え方がなく、すべての加入者に保険料が課せられる。各保険者は、保険給付費等を支払うために、被保険者の負担能力に応じて課せられる応能分（所得割、資産割）と、被保険者 1 人当たり及び世帯人数に応じて一律に賦課される応益分（均等割、平等割）を組み合わせて、各世帯に対する保険料負担を算出する。保険料には、世帯の所得に応じて応益分の 7 割、5 割、2 割が軽減される制度があるほか、多くの自治体は、一般財源から法定外の繰り入れを行うことによって独自の保険料減免や抑制を図っている。国保の年平均保険料額は、8.5 万円となっている。

給付面では、医療保険において、診察や入院、手術、薬剤といった療養の給付の範囲・内容について、加入する制度によって違いはない。一方で、健康保険においては、就労ができない期間の所得代替機能として、出産手当金や傷病手当金といった休業中の所得補償が保険給付として行われるが、国保には同様のしくみがないという相違がある。

加入者に高齢者や低所得者が多く、小規模な保険者が多い国保では、不安定な財政運営が課題となってきた。そこで、2018 年 4 月から、市町村ごとに運営されていた国保の保険者に、都道府県が加わることになった。都道府県による国保財政の収入・支出の管理や国保事務の効率化・平準化の後押しなどの改革が行われ、制度の安定化が目指されている。

3）後期高齢者医療制度

2008 年に創設された後期高齢者医療制度は、75 歳以上の後期高齢者と 65〜75 歳未満で一定の障害をもつ前期高齢者を被保険者とする。後期高齢者医療制度は、各市町村の加入する都道府県広域連合が設置され、都道府県単位で運営される。全国 47 の保険者に、1577 万人の被保険者が加入している。

後期高齢者医療制度の保険料も、国保と同じく、各被保険者の負担能力に応じて賦課される所得割と被保険者全員が一律に負担する均等割からなる。法令上の均等割 7 割、5 割、2 割に加えて、7 割軽減の低所得者には特例的に、均等

割9割もしくは8.5割の上乗せした負担軽減が認められている。また、従来は被用者保険の被扶養者として負担がなかった高齢者が後期高齢者医療制度に移り、新たに負担が求められることへの激変緩和措置として、均等割は2年目まで5割軽減、所得割は課さないことになっている。後期高齢者医療制度の年平均保険料額は、6.9万円となっている。

昨今の高齢者医療に関する改革の特徴は、高齢者に対する負担を強めていく方向をとっている。具体的には、70～75歳未満の自己負担割合の引き上げ（1割から2割：2014年4月～）、高額療養費・高額介護合算療養費制度（後述）における70歳以上現役並み所得者などの自己負担限度額引き上げ（2017年8月～）、後期高齢者医療制度における所得割や元被扶養者の均等割に対する特例的な保険料軽減措置の縮小（2017年4月～）といった制度改革が行われてきた。

4）公費負担と医療保険間の財政調整

日本の医療保険制度は、歴史的な成立経緯を踏まえて、医療保険が職域や地域、年齢によって分立している。その特徴として、それぞれの保険において、加入者の属性に偏在がみられる。例えば、国保は、被用者保険の非加入者を対象とすることから、第1次産業が縮小する産業構造の変化や雇用の流動化によって、自営業者と農林水産業に従事する者の占める割合が減り、代わりに無職や非正規雇用の占める割合が増えてきた。また、表5−1をみると分かるように、人口の高齢化に合わせて、退職後の前期高齢者の数が増え、他の医療保険に比べて平均年齢が高くなってきた。そのため、国保は他の医療保険と比べて、1人当たりの医療費が高い一方で、平均所得は少ない。同様の状況は、後期高齢者医療制度においてもみられる。

そのような保険者間の加入者の偏在を踏まえて、財源の安定化や保険者間の負担の均衡を図るために、国や都道府県による公費負担や医療保険間の財政調整が制度化されてきた。相対的に加入者の年齢が若く、所得が高い組合健保に対する公費負担はほとんど行われない一方で、中小企業のサラリーマンが多い協会けんぽは、給付費等の16.4％が公費によって賄われている。そして、前述のような理由に加え、事業主負担がない国保と後期高齢者医療制度においては、給付費等のおよそ5割を公費が負担している。

第 5 章　医療保険制度と「国民皆保険」

　また、後期高齢者医療制度の給付に関わる財源の構成は、公費 5 割以外は、高齢者自身の保険料が約 1 割で、残り約 4 割は他の医療保険が総報酬割によって負担する後期高齢者支援金で賄われている。前期高齢者の医療費についても、現役世代が多い他の医療保険から、前期高齢者の約 8 割が加入している国保に、財政移転が行われている。

　このような公費負担と医療保険間の財政調整のしくみによって、「国民皆保険」は維持されてきた。

3．保険診療のしくみ

1）診療報酬

　保険医療機関は、それぞれ提供した医療サービスの対価を、診療報酬として保険者から受け取る。診療報酬は、各保険共通であり、医療行為ごとに 1 点単価 10 円で点数が決められている。医科・歯科・調剤からなる診療報酬の点数は、2 年に 1 度、中央社会保険医療協議会（中医協）による諮問・答申を経て、厚生労働大臣によって改定される。

　医療保険における支払いは、保険医療機関が、主に提供した医療行為の点数を積み上げて保険者に請求する出来高払い方式が採用されている。一方、近年では、入院医療を対象に、一般病床では一定の疾病×手術・処置等の診療行為の組み合わせごとに、1 日当たりの点数がまとめられる DPC/PDPS（Diagnosis Procedure Combination/Per-Diem Payment System：診断群分類別包括支払制度）や、療養病床では医療必要度（医療区分）と介護必要度（ADL 区分）によって、患者を分類する包括払い方式が導入されている。

　診療報酬は、保険医療機関の収入となり、そこで働く医師や看護師など医療従事者の賃金、医薬品や医療材料の購入などに充てられる。また、政府にとって、診療報酬には、適切な医療内容を確定すること、医療費の総額管理やその配分を調整することに加え、それぞれの医療行為等の点数を変動させることによって、医療提供体制の変化等を政策的に誘導する役割もある。

　診療報酬の審査支払は、社会保険診療報酬支払基金もしくは国民健康保険団

体連合会が、各保険者からの委託を受けて行っている。審査支払機関は、保険医療機関によって提出された診療報酬明細書（レセプト）に記載された診療内容等に関する審査を行い、適切であれば各保険者から納付された診療報酬を支払う。その際、支払われるのは、利用者の自己負担を除いた部分である。

2）自己負担

日本の医療保険制度においては、保険診療を受ける際に、医療機関の窓口等で一定の自己負担を支払うことが必要となる。原則として、義務教育就学前まではかかった医療費の2割、義務教育就学後から70歳未満は3割、70〜75歳未満の高齢者は2割、75歳以上は1割となっている。70歳以上の高齢者で現役並みの所得者（年収約370万円以上）は、3割負担となる。

自己負担は、医療サービスを利用した分に応じて支払いを行う応益負担となるが、過重にならないために高額療養費制度が設けられている。高額療養費制度は、1ヵ月の自己負担が一定額を超えた場合、超過分が保険給付として払い戻されるしくみである。例えば、年収約370万〜770万円の被保険者の場合、8万100円＋（医療費−26万7000円）×1% を上限とする。70歳以上の高齢者で一般所得区分の場合は、外来月額最大1万8000円（年間上限14万4000円）、世帯限度額は最大5万7600円となっている。

また、医療保険と介護保険を加えた自己負担額に上限を設け、それを超過した部分が保険給付される高額介護合算療養費制度もあり、これらの二重の保険給付の仕組みによって、実質的な保険給付率が高められている。

3）現物給付と混合診療

日本では、安全性が担保され必要と認められた一連の医療は、「健康保険法」等に基づいて、医療保険から現物給付として提供されている。それゆえ、保険適用外の医療行為や薬剤等を保険診療と併用する混合診療は、現物給付に反するものとして認められていない。混合診療の全面的な解禁は、①患者と医師間の情報の非対称性によって安全ではない医療が提供される、②医療機関の利益のために医療行為の価格が高止まりする、③安全な薬や治療方法が保険に収載されず支払い能力によって利用に格差が生まれる、などの問題をもたらすと考

第5章　医療保険制度と「国民皆保険」

えられる。現物給付原則に基づく混合診療の禁止は、医療保険によって安全な診療を安価に提供するという国の意思表示といってもよい。

　一方で、原則禁止である混合診療は、限定を付けながら一部解禁されてきた。1984年の「健康保険法」改正によって、高度先進医療や個室など特別の療養環境（差額ベッド）等に係る部分については、一定のルールの下で保険給付と併用を認める特定療養費制度が導入された。2006年10月には、特定療養費制度が保険外併用療養費制度に再編され、差額ベッドや時間外診療といった患者の嗜好や選択による医療サービスに限っては、保険導入を前提としない選定療養として、保険診療との併用が認められた。また、先進医療や医薬品の治験に係る診療などは、今後の保険導入のための評価を行う評価療養として、保険給付と併用できるようになった。そのほか、2016年4月からは、患者の申し出によって、身近な医療機関で国内未承認の薬などを保険給付と併用できるように、患者申出療養が創設された。

　これらの場合は、入院基本料などかかった医療費に対して、保険外併用療養「費」の給付を行うというかたちをとることによって、現物給付の原則に抵触しない。また、計画的に保険収載への道があること、実施できる医療機関が限定されていること、治療行為に対する管理が行われていることなどから、無分別な混合診療の解禁とはいえない。

4．今日の医療を取り巻く課題

1）医療費の増加と財源

　わが国の医療費は、着実に増加を続けている（図5-1）。

　国民医療費の推移をみると、2014年度には40.8兆円、対GDP比では8.3%となっている。その背景には、高齢化にともなう医療費の増加に加えて、診療報酬改定や患者負担の見直しなど制度改正の影響、技術の進化など医療の高度化等にともなう自然増が考えられる。今後も、さらに高齢化が進み、再生医療の実用化や革新的な医薬品・機器などの開発・導入が想定されることによって、医療費の増加が継続する可能性は高い。

図 5-1　医療費の動向

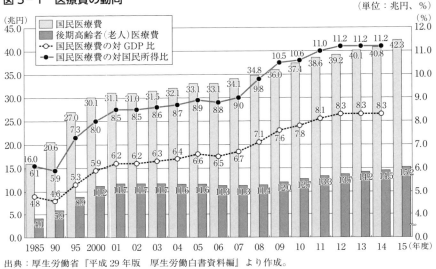

出典：厚生労働省『平成 29 年版　厚生労働白書資料編』より作成。

　一方で、日本の総医療費の GDP 比（10.2%）をみると、OECD の平均（8.9%）を上回っているものの、アメリカ（16.4%）やドイツ（11.0%）、フランス（10.9%）などに比べて低い（2013 年）。他の国々より高い高齢化率を踏まえると、日本の医療は効率的で、コストパフォーマンス良く運営されているともいえる。

　現在、医療費の抑制を図るために、混合診療の全面解禁や風邪などの「軽度」な治療行為を保険給付から外す保険免責制の導入などの必要性が指摘されている。しかし、日本では、「国民皆保険」を通じて安価で適切な医療が提供されることによって、国民の健康状況が向上し、平均寿命の伸長がもたらされてきたことは見逃せない。今後も、「国民皆保険」を維持しつつ、増加する医療費をまかなうための財政負担のあり方を考えていく必要がある。

　そのためには、薬価設定の見直しやジェネリック医薬品の活用、IT によるレセプト審査体制の効率化など、必要十分で良質な医療を確保しつつ、給付を効率化していくことも求められる。また、高齢者に対する負担の引き上げだけではなく、保険料の累進性の向上、例外なき税財源の再検討など、多様な選択肢を示しつつ、納得できる公平・公正な負担のあり方を求めて、国民的な議論が必要となる。

第5章　医療保険制度と「国民皆保険」

2）医療提供体制の変化

　高齢化が進むと、疾病構造もこれまでの急性期中心から、慢性的な疾患を抱えながら生活するモデルへと比重が移っていく。また、長期化するケアを住み慣れた在宅や地域で利用したいという、患者や家族のニーズも顕在化している。そのような背景から、患者の状態像や医療ニーズと提供体制をマッチングするための改革が求められている。

　現在、急性期の病床を絞り込み、医療資源の投入を集中させる一方で、急性期から在宅へ移行する際や在宅療養における急激な病状悪化に備える回復期を増床させる。そして、慢性期の入院を、地域包括ケアとして、住み慣れた在宅や地域における支援付き住宅、介護施設等で代替していくことが目指されている。

　そのための具体的な改革手段の１つとして、各都道府県によって、地域医療構想が策定された。地域医療構想は、団塊の世代が後期高齢者を迎える 2025 年に備え、各地域における医療提供に対する需要推計を基に、高度急性期・急性期・回復期・慢性期それぞれの病床の必要量を推計したものである。現在、その策定が終わり、地域医療が日常的に行われる二次医療圏ごとに、どのような病床を増減していくのかについて、自治体や保険者、医師や病院関係者などによって構成される地域医療構想調整会議で検討されている。

　今後、一般市民も積極的に地域医療に対する理解・関心を高める必要があるとともに、住民を代表する自治体や被保険者の利益を代弁する保険者といった主体が、各地域における住民の医療ニーズを代表していくことが求められる。また、医療提供体制の改革は、介護提供体制改革とは車の両輪であり、医療・介護難民を生み出さないためにも、他の章で詳しく触れられる地域包括ケアの構築と一体的でなければならない。

3）健康格差の拡大と医療からの排除

　日本の医療を取り巻く課題を語る際には、医療費の増加や医療提供体制改革の必要性が指摘されることが多い。しかし、それに加えて、「国民皆保険」の下で、健康格差の拡大と医療からの排除が進行していることも理解しておかなけ

101

ればならない。

　近年、大規模な民間調査によって、高所得層や教育年数が長い者に対して、低所得層や教育年数が短い者の方が、うつや主観的健康観、介護の必要度、死亡の起こりやすさといった健康指標が悪く、社会階層によって健康に大きな格差があることが実証されてきた。また、格差の拡大は、底辺層だけではなく過度の競争や転落の恐怖などから、その他の階層においても心身の健康をむしばみ、人々の信頼関係や結びつきを意味し、健康保護作用があるソーシャル・キャピタルをもろくすることも指摘される。それらの状況を踏まえて、2012 年「健康日本 21（第 2 次）」等の政府文書においても、健康格差の縮小が基本的な方向として位置付けられることになった。

　健康格差の一因として、またその縮小に必要なハードとして、医療保険制度を通じた医療へのアクセスのしやすさがあることはいうまでもない。しかし、前述のように、日本では、保険料や自己負担割合が引き上げられてきた中で、経済的理由から医療へのアクセシビリティが低下している。例えば、1 万人を超える高齢者を対象にした調査において、必要な受診を控えた者の割合は、所得 3 分位の高所得層で 8.3% に対して、最低所得層では 12.0% と 1.45 倍多かった。その中でも、費用を理由に挙げた者は、高所得層では 13.8% に対して低所得層では 34.3%、特に利用者負担が 1 割であった 70 歳以上では 20.1% であったのに対して、負担が 3 割の 65〜69 歳では 35.8% に上った。

　健康格差を縮小し、すべての人に健康を保障するためには、保険料や自己負担の引き上げを抑制し、提供体制も含めて使いやすい「国民皆保険」を堅持することが不可欠である。

〈参考文献〉

・池上直己『日本の医療と介護』日本経済新聞出版社、2017 年。
・尾形裕也『日本の医療政策と地域医療システム　第 4 版』日本医療企画、2018 年。
・厚生労働省『平成 29 年版厚生労働白書』2017 年。
　（https://www.mhlw.go.jp/wp/hakusyo/kousei/17/dl/all.pdf）
・近藤克則『健康格差社会への処方箋』医学書院、2017 年。
・権丈善一『ちょっと気になる医療と介護　増補版』慶應義塾大学出版会、2018 年。

第 5 章　医療保険制度と「国民皆保険」

〈推薦図書〉
○島崎謙治『医療政策を問い直す』ちくま新書、2015 年。
　　──国民皆保険の特徴や今後の人口構造の変化を踏まえた上で、医療保険制度や提供体制のあり
　　　方を提起する。医療政策の学習を進めるためには必読の文献である。
○健康保険団体連合会編集『図表で見る医療保障　平成 29 年度版』ぎょうせい、2017 年。
　　──1 年に 1 回発刊される同書は、医療保険制度のしくみや課題について、図表を用いて分かり
　　　やすく解説しており、基礎学習から卒論執筆等にも役立つ。

【学習課題】
①世界では、日本と違った財政方式や提供体制で医療を供給している国がある。代表
　的な国を調べて日本と比較してみよう。
②高齢化などにともなって、医療費の負担方法や適切な提供体制に関する改革が求め
　られている。近年の制度改正を踏まえながら、自分なりに将来の姿を考えてみよう。
③医療現場で働く医療ソーシャルワーカーについて、その仕事内容を調べてみよう。

第6章

介護保険制度

柴崎　祐美

本章のねらい

2025年になると団塊の世代全員が後期高齢者になるが、医療や介護費用が急増し財政を圧迫することを恐れ「2025年問題」と呼ばれている。制度の持続可能性を確保するために介護保険法の改正、介護報酬改定が行われているが、国、利用者、事業者それぞれが苦しい状況におかれている。

さらに、日本は年間150万人以上が死亡する「多死社会」に直面する[1]。人生最期の時をどこで迎えるのか。病院だけでは到底対応できず、介護保険施設、居住系施設、そして自宅、いずれの場でも安心して最期を迎えられるよう体制を整える必要がある。

2025年まであと6年。この問題にどう対応すべきか、制度の運用・見直しの議論に参加する力を養うために、本章を通じて介護保険制度の基本を理解しよう。

1．介護保険制度の導入、変遷

わが国は高齢化の進展に伴い、要介護高齢者の増加、介護期間の長期化など、介護ニーズはますます増大する一方で、核家族化は進行し、家族の介護力は脆弱化していった。

高齢者の介護問題については、老人福祉制度、老人保健制度による対応がな

表 6 - 1 　介護保険制度施行前の老人福祉・医療

	主な施策
1962 年	ホームヘルプサービス事業の創設
1963 年	老人福祉法制定（特別養護老人ホーム創設）
1973 年	老人医療費無料化
1978 年	ショートステイ事業の創設
1979 年	デイサービス事業の創設
1982 年	老人保健法の制定（老人医療費の一定額負担導入）
1987 年	老人保健施設の創設
1989 年	消費税（3％）導入
	ゴールドプランの策定（施設緊急整備と在宅福祉の推進）
1990 年	福祉 8 法改正
1992 年	老人訪問看護制度の創設
1994 年	高齢者介護対策本部設置（介護保険制度の検討）
	新ゴールドプラン策定
1996 年	介護保険制度創設に関する連立与党 3 党政策合意
1997 年	消費税（5％）、介護保険法成立
2000 年	介護保険法施行

出典：筆者作成。

されてきた（表 6-1）が、老人福祉制度では、利用者はサービスの選択ができないこと、所得調査が必要でありスティグマを伴うこと、老人保健制度では介護を目的とした長期入院（社会的入院）が増え医療費が上昇するなどの問題が指摘されてきた。

　上記 2 つの制度での対応には限界があるとされ、高齢者の介護を社会全体で支え合う仕組みとして給付と負担の関係が明確な社会保険方式を採用し、介護保険法は 1997 年 12 月に成立、2000 年 4 月に施行された。以降、介護保険制度は頻回に改正が行われている（表 6-2）。

　介護保険制度がスタートして 20 年目を迎えた現在、介護保険サービス受給者数は 184 万人から 560 万人へ、給付額は 3 兆 2 千万円から 9 兆 2 千万円まで拡大した（図 6-1）。介護保険制度は要介護者の生活にとって欠かせないものとして定着したといえよう。

第6章　介護保険制度

表6−2　介護保険制度等の主な改正

事業運営期間	保険料（平均）	施行年	改定の主なポイント	介護報酬改定率
第1期	2,911円	2000年　4月	介護保険法施行	
第2期	3,293円	2003年　4月	自立支援を指向する在宅サービスの評価	2.3%減
		2005年10月	居住費（滞在費）、食費の見直し（保険給付対象外）	0.5%減
第3期	4,090円	2006年　4月	予防重視型システムへの転換	
			新たなサービス体系の確立（地域密着型サービス、地域包括支援センター）	
			サービスの質の確保・向上（介護支援専門員資格更新、主任介護支援専門員、指定事業所の更新、連座制の導入）	
		2008年　5月	療養病床の一層の転換促進を図るため、介護老人保健施設等の基準の見直し	
第4期	4,160円	2009年　4月	介護従事者の処遇改善。医療と介護の連携	3.0%増
		5月	介護サービス事業者の業務管理体制の整備	
第5期	4,972円	2012年　4月	国及び地方公共団体の責務として地域包括ケアの推進を明記	1.2%増
			地域密着型サービスに定期巡回・随時対応型訪問介護看護や複合型サービスを追加	
			介護福祉士等による喀痰吸引等の実施	
			地域支援事業に「介護予防・日常生活支援総合事業」を導入	
			介護保険料の上昇抑制のため2012年度に限り財政安定化基金の一部を取り崩し	
		2014年　4月	消費税率引き上げ（5%→8%）への対応	0.63%増
第6期	5,514円	2015年　4月	介護予防訪問介護、介護予防通所介護を地域支援事業に移行、多様化	2.27%減
			介護老人福祉施設の入所基準の変更、低所得者の保険料軽減の拡充	
			地域支援事業の充実（在宅医療・介護連携、認知症施策の推進等）	
		2015年　8月	一定以上の所得のある者の利用者負担割合の引き上げ、補足給付の要件に資産を追加	
		2017年　4月	介護人材の処遇改善のための臨時改定	1.14%増
		2017年　8月	第2号保険料の総報酬割を段階的導入	
第7期	5,896円	2018年　4月	介護医療院、共生型サービスの創設	0.54%増
			介護保険事業計画に自立支援・重度化防止の目標・評価を創設	
			認知症施策の推進（新オレンジプラン）を法的位置づけ（第5条の2）	
		2018年　8月	特に所得の高い層の利用者負担割合の引き上げ（2割→3割）	
		2019年　9月	消費税10%導入、1号保険の所得段階別の軽減措置の完全実施	

出典：厚生労働省資料を参考に筆者作成。

107

図6-1　介護保険給付額とサービス受給者数

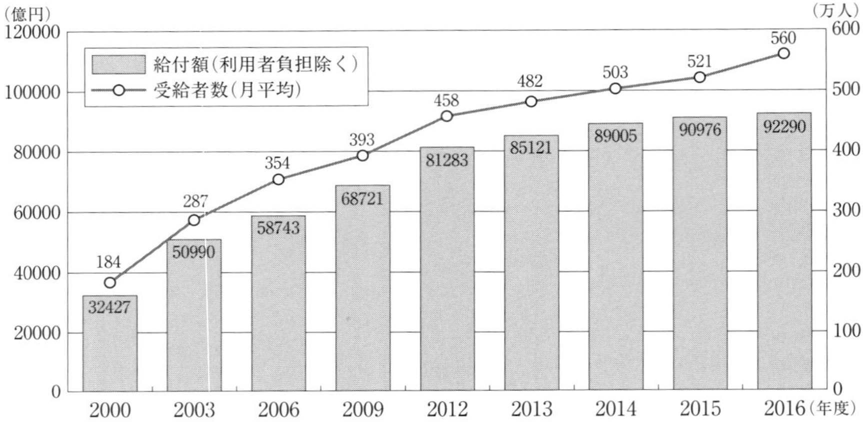

出典：「平成28年度　介護保険事業状況報告（年報）」より筆者作成。

2．介護保険制度のしくみ

1）国、地方公共団体の役割

　介護保険制度は、市町村及び特別区（以下、市町村）が保険者として制度運営の中心を担っており、その運営を国と都道府県が重層的に支える関係にある（介護保険法第3条、第5条）。主な役割、事務は**表6-3**のとおりである。

　介護保険法改正により、国及び地方公共団体の責務として地域包括ケアの推進（2011年改正）と認知症に関する施策の総合的な推進[2]、障害者その他の福祉に関する施策との連携を図ることが追加された（2017年改正）。

　市町村の役割は、介護保険制度施行時と比べると、地域密着型サービス（市町村が指定・監督指導）の導入、地域支援事業の導入、地域包括ケアシステムの構築、介護予防・日常生活支援総合事業の実施等々、市町村が地域の実情に応じて実施することが期待される事業が大幅に増えている。

第6章　介護保険制度

表6-3　国、地方公共団体の主な役割

	主な役割、事務
市町村	被保険者の資格管理（被保険者台帳の作成、被保険者証の発行等）、要介護認定（介護認定審査会の設置等）、保険給付の審査・支払、地域支援事業の実施、地域包括支援センターの設置、地域密着型サービス事業所の指定・監督、居宅介護支援事業所の指定・監督、市町村介護保険事業計画の策定、保険料徴収（第1号被保険者の保険料率の決定等、普通徴収の実施、保険料の督促・滞納処分等の実施）、条例・規則に関する事務、特別会計の設置・管理
国	制度全体の枠組みの設定、サービス基盤整備の推進（介護保険事業支援計画に関する基本指針の作成、介護サービス基盤のための財政措置等）、財政の負担（介護給付費に対する国庫負担、財政安定化基金に対する国庫負担等）、保険者、事業者、施設等に対する指導監督、報告徴収　等
都道府県	市町村の支援、事業者、介護保険施設の指定・指導等（居宅介護サービス事業者の指定、介護保険施設等の指定（許可）、指導・監督、改善命令、指定の取り消し等）、財政支援（介護給付費に対する都道府県負担、財政安定化基金の設置・運営等）、人材育成（介護支援専門員の養成・研修・登録等）、介護保険事業支援計画の策定、介護保険審査会の設置・運営、都道府県国民健康保険団体連合会の指導・監督等

出典：増田雅暢『逐条解説介護保険法 2016 改訂版』法研、2016、p.73-77 を基に筆者作成。

2）介護保険の費用

　介護保険は、利用者負担分を除き、その財源の 50% は保険料、50% は公費で支えている。さらに公費のうち、居宅給付費では国 25%、都道府県 12.5%、市町村 12.5% の割合で負担する。施設等給付費では、国 20%、都道府県 17.5%、市町村 12.5% の割合で負担する（図6-2）。

　保険料は、第1号被保険者と第2号被保険者総数の割合によって定められ、2018～2020 年度は第1号被保険者が費用全体の 23%、第2号被保険者が 27% を負担している。

3）利用手続き

　介護サービスを利用するためには、被保険者として介護保険料を納め、要介護・要支援認定（以下、要介護認定）を受け、介護サービス計画（ケアプラン）を作成し、指定介護サービス事業者と契約を締結し、利用者負担を支払うことが必要である。

図6-2 介護保険制度の仕組み

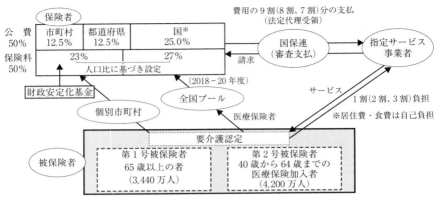

※施設等給付費では国20%、都道府県17.5%。
出典:厚生労働省資料を基に筆者加筆修正作成。

(1) 介護保険の被保険者

　40歳以上が被保険者となる。被保険者は「第1号被保険者」(65歳以上)、「第2号被保険者」(40歳以上65歳未満)に区分され、介護給付の対象となる条件や保険料の徴収方法などが異なる(表6-4)。

　被保護者であっても65歳以上の者と40歳以上65歳未満の医療保険加入者は介護保険の被保険者となり、利用者負担分は生活保護(介護扶助)が負担する。介護保険の被保険者以外の者(医療保険未加入の40歳以上65歳未満の被保護者)の場合は、介護扶助が10割全額を負担する。被保護者の大多数は医療保険の未

表6-4 介護保険の被保険者

	第1号被保険者	第2号被保険者
被保険者資格者	65歳以上の者	40歳以上65歳未満の医療保険加入者
資格者数	3,440万人	4,200万人
介護保険給付の対象者	要介護・要支援状態と認定された者	16種類の特定疾病に起因する要介護・要支援状態と認定された者
対象者数（認定率）	619万人（18.0%）	13万人（0.3%）
保険料徴収方法	特別徴収（年金額18万以上は天引き）、普通徴収	医療保険者が医療保険料に上乗せして徴収

出典:「平成28年度介護保険事業状況報告」を参考に筆者作成。

加入者のため、介護保険の被保険者とならない（みなし2号）。

（2）保険料

　第1号被保険者の保険料は所得段階別定額保険料である。政令で定める基準に従い、各保険者が、介護保険事業計画による保険給付費の見込み額に応じて算定する。被保険者の市町村民税の課税状況や年金収入、所得に応じて、原則9段階に分けられる。保険料の徴収方法には、年金額が年間18万円以上に達する場合に年金から保険料を天引きする「特別徴収」と市町村が発行する納付書により納める「普通徴収」がある。被保険者が特別徴収か普通徴収かを選択することはできない。

　第2号被保険者の保険料は、医療保険の保険者が医療保険料と合わせて徴収する。保険料は保険者ごとに加入者数に応じた「人数割」で算出していたが、2017年改正で標準報酬月額に保険料率を乗じて保険料額を算出する「総報酬割」に変更された。

（3）要介護認定

　被保険者が介護保険給付を受けるためには要介護認定を受ける必要がある。医療保険は健康保険証を提示すればいつでも医療保険給付（療養の給付）を受けることができるが、介護サービス事業所で介護保険被保険者証を提示しても、要介護認定がなければサービスを受けることはできない。また、第2号被保険者に対する介護保険給付は要介護・要支援状態が特定疾病（介護保険法施行令第2条による16疾病）に起因する場合に限定されている。特定疾病以外に起因する要支援・要介護者や40歳未満の若年障害者は介護保険給付の対象外となり、障害者福祉施策で対応することになる。

　要介護認定手続きは、①市町村へ申請、②訪問調査（基本調査74項目）と主治医の意見書の作成、③コンピュータ判定（一次判定）、④介護認定審査会の審査・判定（二次判定）、⑤市町村の認定と本人への通知という手順で行われる。

　判定は、自立（非該当）、要支援1〜2、要介護1〜5に区分され、市町村は原則として申請を受けてから30日以内に認定結果を通知することになっている。認定結果に不服がある場合は、都道府県が設置する介護保険審査会に審査請求

（不服申し立て）することができる。

2018 年 4 月より、保険者の事務負担軽減のため要介護認定の更新認定期間の上限を 36 ヵ月に延長した。また、長期にわたり状態が変化していない認定者（状態安定者）についての二次判定の手続きが簡素化された。

（4）ケアプラン

介護サービスの利用時には、ケアプラン（介護サービス計画、介護予防サービス計画）が必要である。ケアプランは自分で作成することも、居宅介護支援事業所または地域包括支援センター（介護予防サービス計画のみ）に作成を依頼することも可能で、作成費用は全額保険給付される（利用者負担はない）。

4）保険給付と利用者負担

（1）保険給付の種類

介護保険で受けられる給付は、要介護者に対する介護給付と要支援者に対する予防給付に分けられる。サービスの種類は居宅サービス、地域密着型サービス、施設サービス、居宅介護支援である（表 6 - 5）。

2017 年改正で長期療養・生活施設として介護医療院が創設された。介護療養病床が転換するほか、医療保険適用の医療療養病床、一般病院や診療所の参入が見込まれる。介護療養病床の転換は 2024 年 3 月までの猶予期間があるため、施設サービスは一時的に 4 種類になっている。

また、同法改正により共生型サービスが創設された。児童福祉法における障害児通所支援、障害者総合支援法における障害福祉サービスの指定事業者であれば、介護保険（共生型）の指定を受けられる。介護保険優先の原則の下で、障害福祉から介護保険への移行を「65 歳の壁」と称することがあるが、共生型サービスの創設により、障害者は同じ事業所を継続利用することが可能になった。

（2）利用者負担

介護保険の給付は、サービス費用の給付（現金給付）である。利用者にとっては、医療保険の「療養の給付」（現物給付）と同じように見えるかもしれない。介護保険法上は、保険者がサービス費用の 9 割（8 割、7 割）を利用者に支給し、

第 6 章　介護保険制度

表 6-5　介護サービスの種類

サービス名			介護給付	予防給付
都道府県が指定・監督	居宅	訪問介護(*)	○	―
		訪問入浴介護	○	○
		訪問看護	○	○
		訪問リハビリテーション	○	○
		居宅療養管理指導	○	○
		通所介護(*)	○	―
		通所リハビリテーション	○	○
		短期入所生活介護(*)	○	○
		短期入所療養介護	○	○
		特定施設入居者生活介護	○	○
		福祉用具貸与	○	○
		住宅改修	○	○
		特定福祉用具販売	○	○
	施設	介護老人福祉施設	○	―
		介護老人保健施設	○	―
		介護療養型医療施設・介護医療院	○	―
市町村が指定・監督	地域密着型	定期巡回・随時対応型訪問介護看護	○	
		夜間対応型訪問介護	○	
		地域密着型通所介護(*)	○	
		認知症対応型通所介護	○	○
		小規模多機能型居宅介護	○	○
		認知症対応型共同生活介護	○	○
		地域密着型特定施設入居者生活介護	○	―
		地域密着型介護老人福祉施設入所者生活介護	○	―
		看護小規模多機能型居宅介護	○	―
	居宅介護支援		○	○

注）（＊）2018 年より共生型サービス創設。
出典：筆者作成。

利用者負担分1割（2割、3割）を合わせて事業者に支払うことが基本となっている。

　在宅で利用するサービスには要介護度ごとに区分支給限度基準額が設定されており、限度額を超える部分は全額自己負担（10割負担）となる。

利用者の負担軽減を図るために、利用者負担が一定額を超えた場合、申請により超えた分が償還される「高額介護サービス費」「高額介護予防サービス費」「高額医療合算介護サービス費」が設けられている。

4）サービス提供機関

（1）指定事業者

　介護保険のサービスは、指定サービス事業者から提供を受けることで保険給付の対象となる。指定サービス事業者とは、都道府県知事（指定都市・中核市長）の指定（または許可）を受けた「指定居宅サービス事業者」「介護保険施設」[3]「指定介護予防サービス事業者」、そして市町村長の指定を受けた「指定地域密着型サービス事業者」「指定地域密着型介護予防サービス事業者」「指定居宅介護支援事業者」「指定介護予防支援事業者」を指す。指定を受けるには指定権者が条例で定める人員、設備及び運営基準を満たす必要がある[4]。

　介護保険制度の実施に伴い、介護サービスの提供主体は、従来の市町村、社会福祉法人から営利法人、NPO法人などの民間事業者に大きく拡大した。介護サービス事業所の種類ごとに開設（経営）主体別事業所数の構成割合をみると、多くのサービスで「営利法人（会社）」が最も多くなっている。

　介護保険制度の施行後、介護サービス事業者は急増する一方で、事業者の不正行為（架空請求、水増し請求、人員基準違反等）も発生している。そこで、2005年改正では、①指定の欠格事由、指定取り消し要件の追加、②指定更新制の導入（6年）、③都道府県知事等による業務改善勧告、改善命令等の権限の追加が講じられた。

　2008年改正では、①法令遵守等のための業務管理体制の整備及び届け出、②国、都道府県、市町村に事業者の本部等への立入権限が付与、③不正事業者の処分逃れ対策として事業所の廃止・休止届の提出が1ヵ月前までの事前届け出制に改められた。

　2011年の改正では、労働法規を遵守しない場合は事業者指定の拒否等を行うことができるようにした。

第6章　介護保険制度

（2）介護報酬

　介護報酬とは、指定サービス事業者が利用者に介護サービスを提供した場合にその対価として支払われるサービス費用をいう。「介護給付費単位数表に定める単位数」に「1単位の単価」を乗じて算定される。

　介護報酬の9割は、保険者から要介護者の代わりに事業者へ支給され（法定代理受領）、残りの1割は利用者負担として利用者が事業者へ支払う（前掲図6-2）。介護報酬の請求と支払いについては、国民健康保険団体連合会が保険者からの委託を受けて介護給付費の請求に関する審査及び支払いを行っている。

　介護報酬は、厚生労働大臣が社会保障審議会介護給付費分科会の意見を聴いて定める。改定頻度は明確に定められていないが、介護保険事業計画を見直す3年ごとに改定されている（改定率の推移は**表6-2**参照）。2年ごとに改定される診療報酬と同時改定となる年は、医療と介護の連携を進展させるために大幅な改定がなされることが多い。近年の改定では基本報酬は上げずに、加算報酬の種類のみを増やす傾向がある。加算を算定できる事業所は、介護報酬がマイナス改定であっても、収入を維持できる場合もあるが、小規模事業所は加算要件を満たすことは厳しいという実情もある。

　また、国は、介護報酬の改定により、期待する介護保険サービス提供やより適切なサービスに介護報酬が支払われるようインセンティブを働かせている。たとえば、2006年4月の改定で「看取り介護加算」が創設され、介護保険施設や在宅での看取りの考えが広まった。

3. 地域支援事業

1）地域支援事業

　地域支援事業は、①介護予防・日常生活支援総合事業、②包括的支援事業、③任意事業から構成されている。

　2014年改正では、「介護予防・日常生活支援総合事業」を再構築し、介護予防給付から「訪問介護」「通所介護」を移行させた（2017年4月までに実施）。また、包括的支援事業の充実も図られ、市町村は「在宅医療・介護連携推進事業」「認

図6-3 新しい地域支援事業の全体像

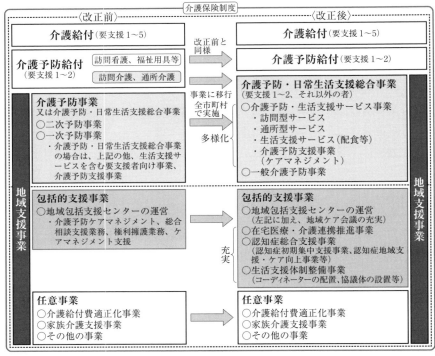

出典：厚生労働省ホームページより作成。

知症総合支援事業」「生活支援体制整備事業」に取り組むことになった（2018年4月までに実施）（図6-3）。

「介護予防・日常生活支援総合事業」は第1号保険料23％、第2号保険料27％と公費50％（国25％、都道府県・市町村各12.5％）、「包括的支援事業」は第1号保険料23.0％と公費（国38.5％、都道府県19.25％、市町村19.25％）を財源に実施される。介護保険給付と同じように見えるが、事業にかかる上限額が規定されている点が大きな違いである。

2）地域包括支援センター

地域包括支援センターは、市町村が設置主体となり、保健師・社会福祉士・

主任介護支援専門員等を配置して、3職種のチームアプローチにより、住民の健康の保持及び生活の安定のために必要な援助を行うことにより、その保健医療の向上及び福祉の増進を包括的に支援することを目的とする施設である（介護保険法第115条の46第1項）。設置主体は市町村であるが、包括的支援事業の実施を社会福祉法人等に委託することができる。

要介護状態となっても住み慣れた地域で自分らしい暮らしを人生の最後まで続けることができるよう、住まい・医療・介護・予防・生活支援が一体的に提供される地域包括ケアシステムの構築の実現が目指されている。その中心的な役割を担うのが地域包括支援センターである。

また、地域共生社会の実現に向けて、市町村における包括的な支援体制の構築、地域住民が主体的に地域課題を把握し「我が事」として解決を試みる土壌をつくることが求められている。

そのような中で地域包括支援センターは、分野や制度の縦割りを超えて、複合的課題や課題を抱える世帯を「丸ごと」受け止める場の一つとして、あるいは、包括的な相談支援体制の中核を担う機能として期待されている。

4．介護保険制度が直面している課題

1）負担増と給付抑制

介護保険制度の改正は、利用者からみると負担増と給付抑制の連続である。

保険料（平均）は第1期の2911円から第7期の5896円と2倍以上に上昇し（前掲、表6-2参照）、さらに2025年には8000円を超えると推計されている。

保険料は応能負担で低所得者への配慮がなされているが、実際には、介護保険料滞納者の資産の差押え処分、給付制限も発生している。2016年度、資産差押さえ処分を受けた高齢者は1万6161人と過去最多であった[5]。年金から天引きする特別徴収においては介護保険料の滞納はあり得ない。普通徴収の被保険者、つまり低所得者のところで滞納が発生している。

利用者負担は1割負担から始まり、2014年改正により第1号被保険者で一定以上の所得のあるものについては2割、2017年改正では、2割負担者のうち特

117

に所得の高い層は3割に引き上げられた。同時に高額介護サービス費の上限額の引き上げも行われている。利用者負担割合の引き上げが利用者の負担感や利用実績に及ぼす影響の評価はまだ十分に行われていないが[6]、すでに、制度の持続可能性と高齢者間の負担と給付のバランスをはかる観点から利用者負担を原則2割とする方向性も示されている[7]。また、2割負担の導入と同時に特定入所者介護サービス費（補足給付）の支給要件の見直しも行われた。補足給付とは、介護保険給付対象外の食費、居住費について、所得段階別に負担上限額を設け、これを超える費用（基準費用額との差額）を介護保険から給付するものである。見直しにより預貯金などの資産、世帯分離した配偶者の所得、非課税年金（遺族・障害）収入も支給要件として勘案されることになった。その結果、補足給付の対象外となり、その経済的負担から入所継続が困難になる利用者も出てきている[8]。

　一定程度の所得があれば、必要なサービスを利用することができるのが現状の介護保険制度といえよう。

2）介護離職ゼロと家族介護者支援

　「ニッポン一億総活躍プラン」（2016年6月2日）、「高齢社会対策大綱」（2018年2月16日）、「経済財政運営と改革の基本方針2018」（2018年6月15日）等、政府は、あらゆるところで「介護離職ゼロ」の達成を目標にしている。

　介護離職ゼロに向けた方向性として、介護の環境整備、具体的には介護の受け皿の大幅拡大、介護人材の処遇改善や多様な人材（外国人労働者）の受入れ・育成による人材確保、仕事と介護の両立などが掲げられている。

　また、育児・介護休業法の改正等により、介護休業の分割取得（通算93日まで3回に分割）と介護休暇の半日取得が可能になり、介護休業給付金の給付率が40％から67％に引き上げられた。仕事と生活の両立を支援する企業には「両立支援等助成金」が設けられ、介護離職防止と育児・介護等による離職者の再雇用が支援されている。

　現在、わが国の1年間の介護離職者数は約9万9000人（「2017年就業構造基本調査」）。前回調査（2012年）では約10万1000人であり、介護離職者数は微減、ほぼ横ばいという状況である。介護をしている女性の有業率の上昇はみられた

が、前述の政策の効果はまだこれからといえよう。

　介護を担う家族の仕事と介護の両立が着目されているが、わが国では、家族介護者支援の議論は本格化しておらず、介護保険制度の中では地域支援事業（任意事業）に家族支援事業がおかれているだけである。任意事業のため、未実施の保険者も多く、また、その多くは家族を個人としてとらえるのではなく、家族介護者を慰労し、介護技術の向上と負担軽減により家族介護を継続するための内容が多い。

　認知症施策推進総合戦略（新オレンジプラン）の7本柱の一つに「認知症の人の介護者への支援」が位置付けられたり、第7期介護保険事業計画の基本指針に「介護を行う家族への支援や虐待防止対策の推進」が新設されるなど、介護者を支援対象と捉えられるようになりはじめた。介護者を被介護者の従属的な関係に捉えるのではなく、介護者も一個人として捉え、必要な支援を受けられるようにすべきである。

3）高齢者の尊厳と有する能力に応じた自立

　高齢社会対策大綱が5年ぶりに改定された（2018年2月16日閣議決定）。基本的な考え方の一つとして、「(1) 年齢による画一化を見直し、全ての年代の人々が希望に応じて意欲・能力をいかして活躍できるエイジレス社会を目指す」ことが掲げられ、エイジレス（年を重ねて高齢者となった者が、年齢にとらわれることなく自らの責任と能力において自由で生き生きとした生活を送ろうという内閣府の提唱）に働ける社会の実現に向けた環境整備や年金の受給開始時期の選択肢の拡大（70歳以降）の検討が進められる見通しである。

　介護報酬の改定（2018年4月）では、心身機能の維持に係るアウトカム評価が創設され[9]、介護保険法の改正により、自立支援・重度化防止に向けた保険者の取り組みが評価されるようになった。

　高齢期の心身の状態は多様であり、年齢による画一的なとらえ方は不適切であるが、健康寿命を伸ばし、いつまでも元気でありたいというのは高齢者に共通の願いであろう。しかし、人は老化し、その先に死があることも事実である。

　介護保険法第1条の目的には、要介護状態となった者が「尊厳を保持し、その有する能力に応じ自立した日常生活を営むことができるよう必要なサービス

給付を行う」とある。要介護度の改善だけが自立ではなく、有する能力に応じて必要なサービスを利用しながら主体的に生きることも「自律」である。本書を手にしている社会福祉士を目指す人には、就労や要介護認定上での自立だけでなく、「尊厳の保持」「有する能力に応じた自立」を心に留め、制度改正に向けた議論に参加して欲しい。

〈注〉

1　2017年の死亡者数は134万397人、出生数は94万6065人であった（「平成29年人口動態統計（確定数）」）。今後、死亡者数は増加を続け、2025年には150万人を、2030年代には160万人を超える見通しである（「日本の将来推計人口」平成29年推計、出生中位、死亡中位推計）。

2　認知症施策に関する調査研究の推進から改正された。認知症施策推進総合戦略（新オレンジプラン）の基本的な考え方が介護保険法に明確に位置付けられた。

3　介護老人保健施設と介護医療院には「指定」とつかない。開設の根拠が介護保険法のなかで規定されているため、改めて指定をうける必要がないことによる。

4　「地域の自主性及び自立性を高めるための改革の推進を図るための関係法律の整備に関する法律」（2012年施行）により介護保険法が改正された。これまで国の法律や政省令で全国一律に定められていた介護サービス事業所・施設等の人員、設備及び運営に関する基準等について、指定権者が条例により定めることとなった。

5　滞納者に対する保険給付の制限として保険給付の償還払い化2559人、保険給付支払いの一時差し止め57人、保険給付の減額等1万715人（「平成29年度介護保険事務調査」）。

6　利用者負担の影響に関する調査研究として、三菱UFJリサーチ＆コンサルティング「介護保険における2割負担の導入による影響に関する調査研究事業報告書」2018年3月、杉原陽子「介護保険サービスの自己負担割合増額が利用者・家族に及ぼす影響」日本社会福祉学会第65回秋季大会ポスター発表、などがある。

7　財務省財政制度分科会（2018年4月25日開催）「資料4 社会保障②について」。

8　「制度改正　特養負担が倍」『朝日新聞』2018年6月19日、「介護保険改定で負担増深刻」『読売新聞』2016年8月31日など。

9　例えば通所介護に「ADL維持等加算」が新設された。

〈参考・引用文献〉

・厚生労働省「公的介護保険の現状と今後の役割」。
https://www.mhlw.go.jp/file/06-Seisakujouhou-12300000-Roukenkyoku/0000213177.pdf（2018年11月1日取得）。
・厚生労働省「介護報酬」。
https://www.mhlw.go.jp/stf/seisakunitsuite/bunya/hukushi_kaigo/kaigo_koureisha/housyu/index.html（2018年11月1日取得）。
・厚生労働省「平成28年度介護保険事業報告（年報）」。
https://www.mhlw.go.jp/topics/kaigo/osirase/jigyo/16/index.html（2018年11月1日取得）。
・厚生労働省「平成29年度介護保険事務調査」（介護保険最新情報Vol.668）。

第 6 章　介護保険制度

・厚生労働省「平成 29 年介護サービス施設・事業所調査の概況」。
　https://www.mhlw.go.jp/toukei/saikin/hw/kaigo/service17/index.html（2018 年 11 月 1 日取得）。
・増田雅暢『逐条解説介護保険法 2016 改訂版』法研、2016 年、pp.73-77。
・内閣府「高齢社会対策大綱（平成 30 年 2 月 16 日閣議決定）」。
　https://www8.cao.go.jp/kourei/measure/taikou/h29/hon-index.html（2018 年 11 月 1 日取得）。
・シルバー産業新聞社『2018 年版介護報酬ハンドブック第 2 版』シルバー産業新聞社、2018 年。
・総務省「平成 29 年就業構造基本調査の結果」。
　https://www.stat.go.jp/data/shugyou/2017/index2.html（2018 年 11 月 1 日取得）。
・老健局老人保健課長事務連絡「平成 30 年 4 月 1 日以降の要介護認定制度等について」2017 年 12 月 20 日。
・財政制度分科会（平成 30 年 4 月 25 日開催）「資料 4 社会保障について②」。
　https://www.mof.go.jp/about_mof/councils/fiscal_system_council/sub-of_fiscal_system/proceedings/material/zaiseia300425/04.pdf（2018 年 11 月 1 日取得）。

〈推薦図書〉

○内閣府『高齢社会白書』各年度版。
　──高齢社会対策基本法に基づき、政府が国会に提出している年次報告書。高齢化の状況や政府が講じた高齢社会対策の実施の状況がまとめられている。
○社会保険研究所編『介護保険制度の解説（解説編＋法令編）』社会保険研究所、2018 年。
　──法令・資料にもとづいて、介護保険の内容を丁寧に解説しており、介護保険制度を体系的に理解することができる。
○池上直己『日本の医療と介護──歴史と構造、そして改革の方向性』医学書院、2017 年。
　──医療保険と介護保険の複雑な成り立ちを解説し、各章の終わりで論点を整理し改革案を提示している。

【学習課題】

①介護保険制度と医療保険制度の仕組みや考え方の違いを整理してみよう。
②あなた自身が同居家族の在宅介護を進める上でのキーパーソンになったとする。離職することなく、在宅介護を継続するためにどのようなサービスがあると良いか考えてみよう（フォーマル、インフォーマル問わない）。
③保険者は 3 年を 1 期として介護保険事業計画を作成する。身近な地域の介護保険事業計画を閲覧し、理念と今後の方向性を確認してみよう。

第7章

労働保険制度

濱畑　芳和

本章のねらい

　労働者は働いて賃金を得て、それを原資に生計を営んでいる。働き続けられることが自らの、そして家族の生計維持のためには不可欠であるのだが、なんらかの理由により働くことを中断せざるを得なくなると、その時点から賃金を得られなくなり、生計を維持することが困難となるおそれがある。

　また、働いているときに負傷したり、仕事が原因となって病気を発症したりすることもあるだろう。その傷病により休業せざるを得ず、離職を余儀なくされることもあるだろう。

　このように、労働の中断や労働による傷病を理由として賃金が得られなくなることは、働いている中で当然起こりうるものである。こうしたリスクに備えるのが労働保険である。労働保険は、労働の中断によって生じる賃金の喪失を保障するとともに、労働を理由とする傷病に対しその補償を行うことにより、労働者が長期にわたって健康で働き生活できることを保障しようとするものである。日本においては、労働者災害補償保険（労災保険）制度と雇用保険制度がある。

　労働者の人生の大半を占める労働生活を、労働保険がいかに保障してきたのか。本章では、労災保険制度と雇用保険制度を概観しながら、労働をめぐる現代の課題にも考えを深めていきたい。

1．労災保険

1）労災補償の必要性と保険での対応

　労働災害とは、労働者がその業務中に負う傷病のことである。かつては、炭鉱労働などがその典型であるが、労働者が危険な業務に従事し、その業務中に生じた事故により負傷したり、命を落とすことも珍しくなかった。こうした危険な業務から労働者を保護する必要性は高く、イギリスやドイツから労災補償が制度化されていく。イギリスでは 1897 年に労働者災害補償法を、ドイツでは 1884 年に労災保険をそれぞれ制定した。日本においても 1875 年に特定の官業労働者を対象とした官役人夫死傷手当規則が、1890 年に鉱夫の保護を盛り込んだ鉱業条例が、また 1911 年には工場法がそれぞれ制定され、労働災害に対する補償を行ってきた。

　産業革命以降、第二次産業の隆盛により工場労働が一般的なものとなり、これに伴って業務上の事故も頻発した。労災補償が確立していない当時は、こうした事故の補償を求めて労働者が使用者に対して民事訴訟（損害賠償請求訴訟、「労災民訴」という）を提起し補償を求めることになるが、被災労働者が大挙して裁判所に押しかける事態を招いたといわれる。

　被災労働者にとっては、労災民訴を提起する手間はもとより、過失責任の原則（過失なくして賠償なし）に基づき、その災害が使用者の故意または過失により生じたことを立証しなければ賠償請求が認められない。このため、使用者側に明らかに過失が認められるようなケースはともかく、使用者側の過失を立証するための証拠を労働者側が揃えることができない場合や、自然災害などの不可抗力による事故、労働者側の過失による事故などでは責任を使用者に負わせることができず、その結果、労働者が補償を受けられないというデメリットもあった。使用者側にとっても、労災事故が生じるたびに裁判に訴えられていたのでは、本来の業務とは別に訴訟への対応に時間的にも金銭的にも負担を負うことになる。

　こうした誰も幸せにならない状況を改善するため、国が「労働災害」という概念を定め、使用者の過失の有無にかかわらず、一律・定型的に補償を行うこ

とにして、労働者を保護することにしたのである。

そして、補償の枠組みには保険の原理を用いることとし、その財源は報償責任（利益の帰するところに損失もまた帰するとする考え方）に基づき、労働者を使用することにより利益を得る使用者に拠出させることにした。また同時に、事業主に対する労働災害を防止するための労働基準の設定や労働安全衛生上のさまざまな規制を行うことにより、労働災害の未然防止と労働者の安全な労働環境づくりにも取り組んだのである。

労災補償を制度化することは、労使双方にメリットがある。労働者側にとっては、業務上の傷病であれば、労災民訴を提起することなく、また使用者側の過失を立証することなく、簡易な手続で補償を受けることができるようになる。使用者にとっては、労災保険に加入し保険料を拠出しさえすれば、賠償責任が生じたとしても労災補償が保険給付されるため、仮に損害額が大きくなったとしても、巨額の賠償責任から免れることができる。

2）労災保険の概要

(1) 労災補償の法的枠組み

労働災害に対する補償は、労働基準法に基づき使用者が行うのが原則であるが、労働者災害補償保険法（以下「労災保険法」という）に定める災害補償に関する給付が行われるときは、労災保険法に基づく給付が優先され、使用者は補償の責を免れる。なお、労災補償では「保障」（security）ではなく「補償」（compensation）の文字を当てるのも、本来は使用者がなすべき災害に対する補償を、労災保険により行うからである。

(2) 労災保険の目的、保険者、適用事業と適用労働者

労災保険は、労働者の業務災害および通勤災害について必要な保険給付を行い、併せて、被災労働者の社会復帰、労働者の安全・衛生の確保、保護の充実など労働者の福祉の増進に寄与することを目的としている。

労災保険の保険者は、政府である。

労災保険の適用事業は、「労働者を使用する事業」であり、労働者を1人以上雇用するすべての事業である。なお、農林水産業の個人事業の一部は暫定任意

図7-1 労災保険給付の概要

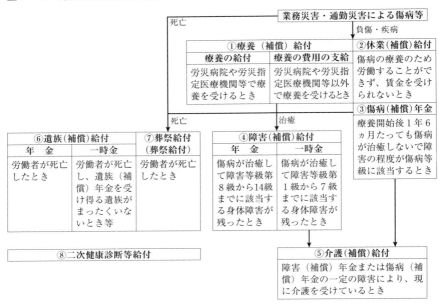

出典：末﨑比呂義「労働保険」芝田英昭編著『増補改訂 基礎からわかる社会保障』自治体研究社、2016年を一部修正の上引用。

適用事業とされている。国の直営事業および官公署の事業は、他の法律（国家公務員災害補償法、地方公務員災害補償法）により補償が行われるため適用除外とされている。

　適用労働者は、正社員のみに限られるものではなく、日雇労働者、パート・アルバイト、契約社員などの雇用形態にかかわりなく、適用事業に使用され、賃金を支払われるすべての労働者が対象である。

　このほか、その業務の実態や災害の発生状況その他からみて労働者に準じて保護することが適当である者に対し、労災保険へ任意加入できる特別加入制度が設けられている。労働者を使用しないで特定の事業を行う一人親方その他の自営業者とその事業に従事する者が特別加入の対象であり、個人タクシー業者、大工、左官、とび職人などがこれにあたる。

（3）保険給付

労災補償における保険給付は、業務災害（労働者の業務上の負傷、疾病、障害または死亡）に関する保険給付と通勤災害（労働者の通勤による負傷、疾病、障害または死亡）に関する保険給付、二次健康診断等給付である（**図7−1**）。

①**療養（補償）給付**は、業務災害・通勤災害による傷病により療養するとき、労災病院や労災指定医療機関・薬局等であれば、無料で治療や薬剤の支給を受けられる（療養の給付、現物支給）。指定医療機関等以外の医療機関・薬局等で療養を受けるときには、労働者が必要な療養の費用をいったん立替払いし、その後「療養（補償）給付たる療養の費用請求書」を所轄の労働基準監督署長に提出すると、その費用が全額支払われる（療養の費用の支給、償還払い）。

なお、通勤災害の場合、第三者の行為によって生じた事故の場合、療養の開始後3日以内に死亡した場合、後述の休業給付を受けない場合を除いて、一部負担金（200円。健康保険日雇特例被保険者は100円）を、休業給付から控除して徴収する。

②**休業（補償）給付**は、業務災害・通勤災害により休業した場合、休業4日目から給付基礎日額の80％（本則60％＋特別支給金20％）相当額が支給される。なお、業務災害の場合、休業3日目までは労働基準法に基づき、事業主が休業補償をしなければならない。

給付基礎日額とは、原則として労働基準法の平均賃金に相当する額であり、事故が発生した日の直前の3ヵ月間にその労働者に支払われた賃金の総額を、その期間の総日数で割った、1日あたりの賃金額である。

③**傷病（補償）年金**は、業務災害・通勤災害による傷病が療養開始後1年6ヵ月を経過した日または同日後に傷病が治癒（症状固定）しておらず、傷病による障害の程度が労働者災害補償保険法施行規則別表第2に掲げる傷病等級の1級から3級に該当する場合、障害の程度に応じ、給付基礎日額の313日分（1級）〜245日分（3級）の傷病（補償）年金が支給される。なお、傷病特別支給金（1年に114万円（1級）〜100万円（3級）、傷病特別年金（1年に算定基礎日額の313日分（1級）〜245日分（3級））、算定基礎日額は事故が発生した日以前1年間にその労働者が事業主から受けた特別給与の総額（算定基礎年額）を365で割った額）もあわせて支給される。

④**障害（補償）給付**は、業務災害・通勤災害による傷病が治癒（症状固定）した後に、労働者災害補償保険法施行規則別表第1に掲げる障害等級に該当する障害が残ったときに支給される。障害等級が1級から7級までは障害（補償）年金が、8級から14級までは障害（補償）一時金が、それぞれ支給される。また、障害特別支給金（1級から14級まで、一時金）、障害特別年金（1級から7級まで）、障害特別一時金（8級から14級）もあわせて支給される。

支給額は、障害（補償）年金は1年に給付基礎日額の313日分（1級）〜131日分（7級）、障害（補償）一時金は給付基礎日額の503日分（8級）〜56日分（14級）、障害特別支給金は342万円（1級）〜8万円（14級）、障害特別年金は1年に算定基礎日額の313日分（1級）〜131日分（7級）、障害特別一時金は算定基礎日額の503日分（8級）〜56日分（14級）である。

⑤**介護（補償）給付**は、障害（補償）年金または傷病（補償）年金受給者のうち1級・2級の精神・神経の障害および胸腹部臓器の障害の者であって、現に介護を受けているとき、常時介護の場合は介護の費用として支出した額（上限10万5290円）、親族等により介護を受けており介護費用を支出していない場合、または支出した額が5万7190円を下回る場合は5万7190円が支給される。随時介護の場合は、介護の費用として支出した額（上限5万2650円）、親族等により介護を受けており介護費用を支出していない場合または支出した額が2万8600円を下回る場合は2万8600円が支給される（いずれも2018年度）。

⑥**遺族（補償）給付**のうち、遺族（補償）年金は、業務災害・通勤災害により死亡したとき、遺族の数等に応じ、給付基礎日額の245日分（4人以上）〜153日分（1人）の年金が支給される。遺族（補償）年金を受けることができる遺族は、労働者の配偶者、子、父母、祖父母及び兄弟姉妹であって、労働者の死亡の当時その収入によって生計を維持していたものである。あわせて、遺族特別支給金（一律300万円）、遺族特別年金（遺族の数等に応じ、算定基礎日額の245日分〜153日分）が支給される。

なお遺族（補償）年金を受け得る遺族がないとき、または遺族（補償）年金を受けている人が失権し、他に受け得る遺族がおらず、すでに支給された年金の合計額が給付基礎日額の1000日分に満たないときは、遺族（補償）一時金として、給付基礎日額の1000日分（すでに支給した年金額がある場合はこれを控除

第7章　労働保険制度

する）の一時金が支給される。あわせて、遺族特別支給金（一律300万円）、遺族特別一時金（算定基礎日額の1000日分、すでに支給した年金額がある場合はこれを控除する）が支給される。

⑦**葬祭料（葬祭給付）** は、業務災害・通勤災害により死亡した人の葬祭を行うとき、31万5000円に給付基礎日額の30日分を加えた額（その額が給付基礎日額の60日分に満たないときは給付基礎日額の60日分）が支給される。

⑧**二次健康診断等給付** は、労働安全衛生法に基づく健康診断のうち、直近のもの（一次健康診断）において、脳血管疾患および心臓疾患にかかわる項目について異常の所見があると診断されたときに、労働者からの請求に基づいて、二次健康診断と特定保健指導を行う。

なお業務災害は、本来は使用者がなすべき補償を保険給付で行うため、それぞれに「補償」の文字が入るが（⑦は葬祭料）、次に述べる通勤災害の場合は、直接的には使用者の責任ではないが被災労働者を救済する必要性が高いことからなされる給付であるため、「補償」の文字が入らない。

（4）通勤災害

通勤災害は、業務に密接な関連性のある通勤という行為に着目し、通勤途上における災害についても給付を行うことにしたものである。

「通勤」とは、労働者が、就業に関し、合理的な経路および方法により行う移動であり、業務の性質を有するものを除く。具体的には、①住居と就業の場所との間の往復のほか、②労働者が複数就業している場合、就業の場所から他の就業の場所への移動、③単身赴任など①の往復に先行し、または後続する住居間の移動をさす。

「合理的な経路および方法」とは、使用者にあらかじめ届け出た通勤経路および方法に限られない。通勤のために通常利用する経路が複数ある場合、それらの経路はいずれも合理的な経路となる。また、鉄道、バスなどの公共交通機関の利用、自動車、自転車、徒歩など、平常用いているかどうかにかかわらず、合理的な方法となる。

ただし、移動の経路を逸脱（通勤の途中で就業や通勤と関係のない目的で合理的な経路をそれること）、または中断（通勤の経路上で通勤と関係のない行為を行うこ

129

と）した場合には、逸脱または中断の間およびその後の移動は「通勤」の対象外となる。たとえば、通勤の途中で映画館に入る場合、飲酒する場合などは逸脱、中断となるが、経路近くの公衆トイレを使用する場合や経路上の店でタバコやジュースを購入する場合などのささいな行為を行う場合には、逸脱、中断とはならない。

なお、日常生活上必要な行為をやむを得ない事由により必要最小限度で行う場合には、逸脱および中断の間を除き、合理的な経路に復した後は再び通勤となる。日用品の購入その他これに準ずる行為、職業訓練や教育訓練、選挙権の行使、通院、要介護状態にある配偶者、子、父母、孫、祖父母、兄弟姉妹、配偶者の父母の介護であって継続してまたは反復して行われるものがこれにあたる。

(5) 認定手続と不服申立て手続

労働災害の認定は、被災労働者の申請に基づき、労働基準監督署長が行う。

業務災害と認められるためには、業務遂行性（労働者が労働契約に基づいて事業主の支配下にある状態で起きた災害であること）と、業務起因性（業務と疾病との間に一定の因果関係にある災害であること）が必要である。

労働基準監督署長が行った保険給付の支給・不支給の決定に不服があるときは、決定があったことを知った日の翌日から起算して3ヵ月以内に、所轄労働基準監督署を管轄する都道府県労働局におかれている労働者災害補償保険審査官に対して審査請求を行うことができる。また、審査請求に対する決定に対し不服があるときは、決定書の謄本が送付された日の翌日から起算して2ヵ月以内に、厚生労働省におかれている労働保険審査会に再審査請求することができる。

なお、審査請求に対する決定がなければ、行政不服審査法に基づく処分取消訴訟を提起することはできない（審査請求前置主義）。ただし、審査請求をした日から3ヵ月を経過しても審査請求についての決定がないときは、処分取消訴訟を提起することができる。

(6) 脳・心臓疾患、精神障害に関する労災認定基準の設定

脳梗塞などの脳血管疾患、心筋梗塞などの心疾患は、その発症の基礎となる

第 7 章　労働保険制度

血管病変等が、主に加齢や食生活、生活環境などの要因や遺伝等による要因により徐々に憎悪して、突然発症するものであるが、業務が主な原因で発症し死に至る場合もある（過労死）。また、業務による心理的負荷（ストレス）が関係した精神障害についても労災請求事例が増加しており、これにより自殺する事例（過労自殺）も増加している。

　こうした過労死および過労自殺の増加を受け、厚生労働省は「脳血管疾患及び虚血性心疾患等（負傷に起因するものを除く。）の認定基準」と「心理的負荷による精神障害の認定基準」をそれぞれ定め、これらに基づいて労災認定を行っている。

　前者は、「業務による明らかな過重業務を受けたことにより発症した脳・心臓疾患」を業務上の疾病として取り扱う旨を定め、①発症直前から前日までの間に、発生状態を時間的・場所的に明確にし得る異常な出来事に遭遇したこと、②発症に近接した時期において、特に過重な業務に就労したこと、③発症前の長期間にわたって著しい疲労の蓄積をもたらす特に過重な業務に就労したこと、が認定要件である。このうち、③の過重業務の評価基準の一つに労働時間をあげており、具体的には発症前 1 ヵ月におおむね 100 時間、または発症前 2〜6 ヵ月にわたって、1 ヵ月あたりおおむね 80 時間を超える時間外労働が認められることと示している。

　後者は、①認定基準の対象となる精神障害を発病していること、②認定基準の対象となる精神障害の発病前おおむね 6 ヵ月の間に業務による強い心理的負荷が認められること、③業務以外の心理的負荷や個体側要因により発病したとは認められないこと、が認定要件である。

（7）財源構成と労災保険率

　労災保険は、本来使用者が負うべき労災補償責任を保険によってカバーするものであるので、労災保険料はすべて事業主および特別加入者が負担し、労働者負担はない。なお、政府は労災保険事業に要する費用の一部を補助することができる。

　労災保険率は、その業務における業務災害の発生度合いに応じ、業種ごとに定められている。2018 年現在 0.25 ％（金融業、保険業又は不動産業など）〜8.8 ％

131

（金属鉱業、非金属鉱業又は石炭鉱業）であり、3年に1度見直される。

　また、事業の種類が同じでも、作業工程、機械設備、作業環境、事業主の災害防止努力の違いにより、個々の事業場の災害率に差が生じる。そこで、事業主の保険料負担の公平性の確保と、労働災害防止の一層の促進を目的として、その事業場の労働災害の多寡に応じて、一定の範囲内で労災保険率を増減させるメリット制を採用している。一般の工場、商店、事務所などでは、±40%の範囲内で増減させる。

(8) 未加入・労災かくしに対する制裁

　労災保険未手続事業主が、加入手続について行政機関から指導等を受けたにもかかわらず、事業主がこれを行わない期間中に労災事故が発生した場合、故意に手続を行わないものと認定して保険給付額の100%を、行政機関等から指導を受けていないが、事業主が事業開始の日から1年を経過してなお加入手続を行わない期間中に労災事故が発生した場合、重大な過失により手続を行わないものと認定し、保険給付額の40%を、都道府県労働局が事業主より徴収する。

　また事業主が、労災事故が発生したにもかかわらず、労働基準監督署に「労働者死傷病報告」を提出しなかった場合は（いわゆる「労災かくし」）、労働安全衛生法違反の罪に問われ、50万円以下の罰金に処せられる。また、メリット制の適用を受けている事業主の場合、保険料が再計算され徴収されるほか、再発防止策を講じることが求められる。

2. 雇用保険

1）失業保障の必要性

　資本主義経済は市場経済であり、景気変動がつきものである。景気変動に連動して、雇用も拡大したり縮小したりする。好景気であれば求人も増え、雇用も増え、賃金も引き上げられていくが、不景気になると求人は減少し、賃金も引き下げられ、余剰となった労働力は切り捨てられるため、失業者が発生する。

　このように、失業は資本主義経済をとる以上、避けようのない現象であり、個

第 7 章　労働保険制度

人の資質とは関わりなく生じるものであるが、個々の労働者にとっては明日生きていくための糧を失う重大な生活問題である。

こうした失業問題を個人の資質の問題に帰し、放置することは非常に多くの問題をはらむ。労働者が失業すれば、たちまちに賃金収入に依存していた家族もろとも路頭に迷う。住居を失った貧民たちが市街地にあふれる。歴史の示すところでは、労働者が団結し結成された労働組合が一定の要求を貫徹するべく資本家との間での厳しい労使紛争が生じたり、一部は暴徒化、また社会主義革命に至らしめることも経験してきた。資本主義国家にあって政府や資本家が失業問題に正面から向き合い労働者を保護することは、資本主義国家体制を維持するためにも不可欠なのである。

失業者に対する保障は、イギリスにおいて国民保険法（1911 年）第 2 章に「失業保険」の章が設けられ、租税による保障を行ったことに始まる。ドイツでは失業保護のための命令（1918 年）に始まり、職業紹介及び失業保険に関する法律（1927 年）で労使の拠出による財源によって失業者に対する給付を行った。

2）日本における失業保障の展開

しかし日本では当初、失業者に対する直接給付を行うことにはきわめて消極的であった。というのも失業は、倒産や解雇など自らの意思にかかわらず生じるものだけでなく、労働者の退職によっても生じうるものであり、失業給付の給付原因を労働者の意思に基づき誘発できるからである。失業給付は意図的に就職と退職をくり返す者に対しても給付を行わざるを得ず、労働者全般にこうしたモラルハザードを惹起するのではないかと危惧された。

だが、失業保障を退職金および退職手当を支給する方法により行えば、就業期間が長いほど退職金や退職手当が増え、故意に就職と退職をくり返すメリットはほとんどなくなる。こうした認識の下、日本では失業者に対する保障について退職積立金及退職手当法（1936 年）を制定し、労使の拠出により退職積立金を、また事業主が退職手当をそれぞれ積み立て、解雇、退職、死亡時に一時金として給付することにより、失業者に対する一定の生活保障を行うことにした。

その後、日本は戦後大量の復員軍人と海外引揚者の帰還を引き受けることとなり、これらの失業者対策が喫緊の課題となった。GHQ による強力な指導もあ

り、職業安定法（1947年）、失業保険法（1947年）および緊急失業対策法（1949年）という「職業安定三法」が制定されるに至り、戦後ようやく失業保険制度が整備され、失業者に対する直接給付による生活保障に乗り出したのである。

その後、高度経済成長期を経て完全雇用が現実のものとなるにつれ、失業者に対する保障だけでなく、雇用を継続させ、労働者の能力開発を行うことにより労働者の福祉の増進を図ることが重視され、保険料の掛け捨てへの批判もあいまって、失業の予防や雇用機会の増大、労働者の能力開発など、雇用の安定をも目的に追加した雇用保険法が制定されるに至った（1975年）。

3）雇用保険の概要

（1）雇用保険の目的、保険者、適用事業、被保険者

雇用保険は、労働者（被保険者）が失業した場合、雇用の継続が困難となる事由が生じた場合、労働者が自ら職業に関する教育訓練を受けた場合に必要な給付を行って、労働者の生活及び雇用の安定を図ることを目的としている。

雇用保険の保険者は、政府である。

雇用保険の適用事業は、労災保険と同じく、労働者が雇用されるすべての事業である。暫定任意適用事業も労災保険と同じである。

被保険者は、適用事業に雇用される労働者であり、1週間の所定労働時間が20時間以上であること、同一の事業主の適用事業に継続して31日以上雇用されることが見込まれることが必要である。法人・各種団体の代表者・役員、官公署等に雇用される者、昼間学生は雇用保険の適用から除外される。

被保険者の種類は、①一般被保険者（②〜④以外の者）、②高年齢被保険者（65歳以上の者）、③短期雇用特例被保険者（季節的に雇用される者で、4ヵ月を超えた期間を定めて雇用される者、あるいは1週間の所定労働時間が30時間以上の者）、④日雇労働被保険者（日々雇用される者、または30日以内の期間を定めて雇用される者）がある。

（2）保険給付の種類

雇用保険の給付には、失業等給付と、事業主の拠出により運営される雇用保険二事業がある（図7-2）。

第7章 労働保険制度

図7-2 雇用保険制度の体系

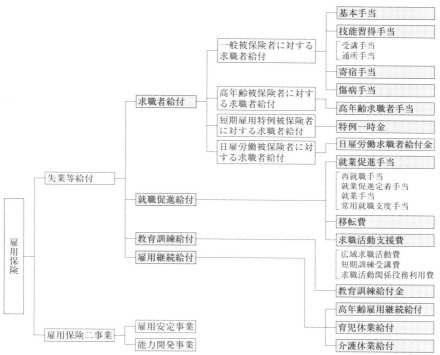

出典：ハローワークインターネットサービスより作成。

(3) 求職者給付（基本手当）の概要

　求職者給付（基本手当）は、一般に「失業手当」と呼ばれるものに相当する。

　基本手当の受給資格は、被保険者が失業し、離職の日以前2年間（傷病等の期間があるときは最長4年間）の間に、賃金支払の基礎となった日数が11日以上ある雇用保険に加入していた月が通算して12ヵ月以上の被保険者期間がある場合に認められる。

　なお、特定受給資格者（倒産・解雇等により再就職の準備をする時間的余裕がなく離職を余儀なくされた受給資格者）と特定理由離職者（期間の定めのある労働契約が更新されなかったことその他やむを得ない理由により離職した者）に関しては、離職の日以前1年間の間に、賃金支払の基礎となった日数が11日以上ある雇用

表7-1　基本手当の所定給付日数

区　　分	被保険者であった期間	1年未満	1年以上5年未満	5年以上10年未満	10年以上20年未満	20年以上
1．特定受給資格者及び特定理由離職者（3を除く）	30歳未満	90日	90日	120日	180日	—
	30歳以上35歳未満		120日(*90日)	180日	210日	240日
	35歳以上45歳未満		150日(*90日)		240日	270日
	45歳以上60歳未満		180日	240日	270日	330日
	60歳以上65歳未満		150日	180日	210日	240日
2．1及び3以外の離職者	全年齢	—	90日		120日	150日
3．就職困難者	45歳未満	150日	300日			
	45歳以上65歳未満		360日			

＊受給資格に係る離職日が2017年3月31日以前の場合の日数。
出典：ハローワークインターネットサービスより筆者作成。

保険に加入していた月が通算して6ヵ月以上の被保険者期間がある場合に、受給資格が認められる。

　基本手当の所定給付日数は、表7-1の通りである。

　基本手当の受給期間は、原則として離職した日の翌日から1年間（所定給付日数が330日の場合は1年と30日、360日の場合は1年と60日）であるが、その間に病気、けが、妊娠、出産、育児等の理由により引き続き30日以上働くことができなくなったときは、その働くことのできなくなった日数だけ、受給期間を延長することができる（最大3年～3年と60日）。

　雇用保険で受給できる1日あたりの金額を基本手当日額という。基本手当日額は、賃金日額（離職した日の直前の6ヵ月に毎月決まって支払われた賃金（賞与等を除く）の合計を180で割って算出した金額）に、給付率（50～80％、60歳～64歳については45～80％）を乗じて算出される。給付率は、賃金水準が低いほど高くなる。基本手当日額には年齢区分ごとにその上限額が定められており、30歳未満で6750円、30歳以上45歳未満で7495円、45歳以上60歳未満で8250円、60歳以上65歳未満で7083円となっている（2018年8月1日現在）。

第7章　労働保険制度

（4）求職者給付（基本手当）の受給手続き

基本手当を受給するためには、失業の状態にあることと、上述の受給資格を満たしていることが必要である。

ここで「失業」とは、被保険者が①離職し、②労働の意思および能力があるにもかかわらず、③職業に就くことができない状態であることをさす。受給資格者は、公共職業安定所（ハローワーク）に出頭し、求職申込みを行うことによって、失業の認定を受ける。この失業の認定は、受給資格者が離職後最初に公共職業安定所に出頭した日から起算して4週間に1回ずつ公共職業安定所に出頭し求職の申込をすると、直前の28日について失業の認定がなされる。病気やけが、妊娠、出産、育児など、すぐに就職することができないときは、基本手当を受けることはできない。

離職者が離職したとき、事業主が事業所を管轄する公共職業安定所に離職証明書を提出すると、事業主が記載している離職理由を確認し、事業主に対し離職票を交付する。離職者は事業主から離職票を受け取り、住所または居所を管轄する公共職業安定所（船員が離職し引き続き船員の求人を希望する場合は地方運輸局）に提出すると、公共職業安定所長（地方運輸局長）が離職理由を判断し、受給資格を決定する。

離職者が公共職業安定所に離職票の提出と求職の申込みを行った日（受給資格決定日）から通算して7日間は待期期間となり、その期間が満了するまでは雇用保険の基本手当は支給されない。さらに、待期期間の満了後に一定の期間、基本手当の支給が行われない場合がある（給付制限）。この給付制限の理由としては、①離職理由について、正当な理由なく自己都合により退職した場合（いわゆる自己都合退職）及び自己の責めに帰すべき重大な理由によって解雇された（いわゆる重責解雇）場合は、待期期間終了後、さらに3ヵ月の給付制限がある。また、受給資格者が、公共職業安定所からの職業の紹介や指示された公共職業訓練等を正当な理由なく拒んだ場合、その拒んだ日から起算して1ヵ月の給付制限がある。

実際に基本手当が振り込まれるのは、給付制限がない場合でも、公共職業安定所で求職の申込みをしてから約1ヵ月後（初回認定日の約1週間後）になる。自己都合退職の場合は、さらに3ヵ月間の給付制限があるため、初回の基本手当

137

の振り込みは約4ヵ月後となる。

(5) 雇用継続給付（育児休業給付・介護休業給付）

育児休業給付は、被保険者の1歳に満たない子を養育するための休業をした場合において、所定の要件を満たす場合に支給される。当該被保険者の配偶者（婚姻の届出をしていないが、事実上婚姻関係と同様の事情にある者を含む。以下同じ。）が当該子の1歳に達する日以前のいずれかの日において当該子を養育するための休業をしている場合、1歳2ヵ月に到達するまで支給される（パパママ育休プラス）。

支給要件は、①休業開始前の2年間に賃金支払基礎日数が11日以上ある完全月が12ヵ月以上あること、②休業開始前の1ヵ月当たりの賃金の8割以上の賃金が支払われていないこと、③就業している日数が各支給単位期間ごとに10日以下であることである。支給額は、支給対象期間（1ヵ月）当たり、休業開始時賃金日額×支給日数（通常は30日）×67%（育児休業の開始から6ヵ月経過後は50%）相当額である。

介護休業給付は、被保険者が、対象家族である当該被保険者の配偶者、父母および子ならびに配偶者の父母、被保険者の祖父母、兄弟姉妹および孫を介護するための休業をした場合に、93日を限度に3回まで支給される。支給要件は、育児休業給付の①②③と同様である。支給額は、支給対象期間（1ヵ月）当たり、休業開始時賃金日額×支給日数×67%相当額である。

(6) 雇用保険二事業

雇用保険二事業には、雇用安定事業と能力開発事業があり、事業主の拠出により運営される。

雇用安定事業は、失業の予防、雇用状態の是正、雇用機会の増大その他雇用の安定を図るため、雇用調整助成金、労働移動や地域雇用開発を支援する助成金等の支給が行われる。

能力開発事業は、職業生活の全期間を通じて、被保険者等の能力を開発し、及び向上させることを促進するため、職業能力開発施設の設置運営、事業主による能力開発に対する助成金等の支給が行われる。

（7）財源構成・雇用保険料率の推移

　雇用保険の保険料負担は、失業等給付に関するものは労使折半であり、本則では1000分の12と定められているが、年度末の積立金等を勘案して保険料率を1000分の6から1000分の14までの範囲内で上下することが可能となっている（表7-2）。雇用保険二事業については事業主負担となっており、本則では1000分の3.5であるが、年度末の雇用安定資金の残額を勘案して1000分の3まで引き下げることができる（弾力条項）。

　なお、求職者給付および雇用継続給付に要する費用の一部を国庫が負担することになっており、2017年以降2.5％となっている。

　また雇用保険料率と国庫負担率の推移は、図7-3の通りである。

表7-2　雇用保険料率（2018年度）

事業の種類 \ 負担者	①労働者負担（失業等給付の保険料率のみ）	②事業主負担			①＋②
			失業等給付の保険料率	雇用保険二事業の保険料率	雇用保険料率
一般の事業	3/1000	6/1000	3/1000	3/1000	9/1000
農林水産・清酒製造の事業	4/1000	7/1000	4/1000	3/1000	11/1000
建設の事業	4/1000	8/1000	4/1000	4/1000	12/1000

出典：厚生労働省ホームページ「雇用保険料率について」より筆者作成。

図7-3　雇用保険料率及び国庫負担の推移

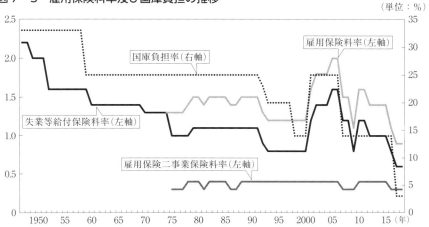

出典：労働政策審議会職業安定分科会雇用保険部会第125回資料（2017年12月8日）を基に筆者作成。

3．労働保険制度の課題

　これまで労災保険と雇用保険について概観してきたが、これらの制度は果たしてわたしたち労働者がよりよく働き生活するために必要な保障を十分に行えているのだろうか。労働保険に関連するいくつかの課題点を指摘しておきたい。

1）過労死・過労自殺は未然防止を優先させよ

　過労死・過労自殺は、長時間労働を前提とした働き方が大きな要因の一つである。いわゆる「ブラック企業」と呼ばれる企業の多くは長時間労働が常態化しており、こうした反人間的な働き方を規制することが急務である。

　長時間労働を抑制するとりくみとして、政府は働き方改革を推進しており、時間外労働の上限を法律で設定するなどの対策をようやくとり始めた。だが、時間外労働を1ヵ月100時間、複数月平均80時間を臨時的な特別の事情のある場合の上限に定めており、これはそのまま「脳血管疾患及び虚血性心疾患等（負傷に起因するものを除く。）の認定基準」で過重労働と認定される時間数に等しく、規制をしないよりましだが、この基準では到底過労死を防止できないとの批判が強い。

　過労死や過労自殺が生じ、労災保険で補償されたとしても、亡くなった被災労働者はかえってこない。過労死等防止対策推進法が2014年に制定され、これに基づき「過労死等の防止のための対策に関する大綱」が閣議決定され、政府としても調査研究、啓発や相談体制の整備等の対策を行うこととされている。事業主の自発的なとりくみによるもののほか、政府としても労働法規を遵守させ、違反する事業主への取り締まりを強化することが求められるとともに、労災保険においても、過労死や過労自殺をくり返す悪質な事業主に対しては、未加入事業主への費用徴収制度と同様に、保険給付の100％を費用徴収するなどの罰則を新たに設ける等の対策が求められる。

2）雇用保険受給は失業者の2割。対象者の拡大を

　雇用保険では、日本における雇用保険の失業等給付（基本手当）の支給要件がきわめて厳しく、失業者の2割程度の者しか給付を受けられておらず、本来果

第7章　労働保険制度

表7-3　雇用保険受給率の推移

年度	割合	年度	割合	年度	割合	年度	割合	年度	割合
1993年	42.1%	1998年	37.7%	2003年	24.0%	2008年	22.9%	2013年	19.9%
1994年	40.6%	1999年	33.7%	2004年	21.8%	2009年	25.4%	2014年	19.8%
1995年	39.8%	2000年	32.2%	2005年	21.4%	2010年	19.6%	2015年	19.6%
1996年	37.5%	2001年	32.5%	2006年	21.2%	2011年	20.7%	2016年	19.3%
1997年	39.1%	2002年	29.2%	2007年	22.0%	2012年	20.2%	2017年	19.9%

出典：厚生労働省「雇用保険事業統計」長期時系列表、「労働力調査　長期時系列データ」年平均結果
　　　—全国「年齢階級、求職理由別完全失業者数」を基に筆者作成。

たすべき失業者の所得保障の機能を果たし得ていない（表7-3）。

　自己都合退職では基本手当の受給開始は給付制限も含め4ヵ月後となり、4ヵ月分の生活費を保有していないことには基本手当を受けられないため、ほとんどの失業者は目先の生活費稼ぎのために基本手当の受給まで待てず、従前賃金より多少下がったとしてもアルバイト等の就労をせざるを得ない。また、自己都合退職には実際にはセクハラ・パワハラや職場内でのいじめ、長時間労働等に嫌気がさして退職を余儀なくされた場合も多分に含まれる実態がある。これらの失業者にとっては、雇用保険は事実上掛け捨てになっており、雇用保険の存在意義が問われる。また、セクハラ・パワハラ等を放置し、退職者を増やす事業主に対しては、制裁的に雇用保険料を引き上げる措置の導入なども一考に値しよう。

　他方で、雇用保険料率は年々減少しており、とりわけリーマンショック直後にあって失業者が増大した2009年でさえも、財源が潤沢であることを理由に保険料率を引き下げた。とりわけ2000年改正により特定受給資格者制度の創設、24ヵ月中雇用保険加入月が12ヵ月を要するという給付要件の厳格化を行って以降、雇用保険積立金が急激に積み上がり（図7-4）、雇用保険料率が引き下げられている。特定受給資格者制度の廃止により離職理由による給付制限をやめること、12ヵ月中雇用保険加入月が6ヵ月以上という以前の要件に戻すこと、給付日数も2000年改正前の水準に戻すことが必要である。

　このほか、失業者に対する職業訓練の充実も課題である。失業を契機に他業種への転職をスムーズに行うために、失業等給付で生活保障を行いつつ、新たな技能を修得し再就職することが望ましい。そうすれば、有期雇用、派遣など

図7-4 雇用保険積立金残高と受給実人員の推移

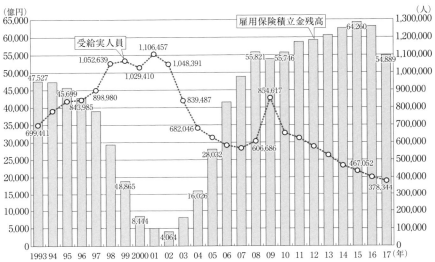

出典：労働政策審議会職業安定分科会雇用保険部会第125回資料（2017年12月8日）を基に筆者作成。

の非正規雇用、低賃金・劣悪な条件での不本意な再就職を食い止めることができ、こうした半失業（underemployment）を克服することにつながるだろう。また、正社員を非正規雇用に置き換え、内部留保を積み上げる企業に対し、雇用保険料を割増するメリット制の導入も考えられよう。

3）「新たな働き方」に対応した労働保険改革も

近年、兼業・副業の解禁や、委託・請負などによる「雇用によらない働き方」など、「新たな働き方」による働き手が増えてきている。IT化が進むにつれ、自動車配車サービスのUberに代表されるプラットホーム労働も徐々に広がりを見せつつある。

労災保険や雇用保険は雇用されることが前提となっているため、請負で働いている場合、働いている間に事故が生じ傷病を負ったとしても労災認定されることがない。また、たとえ仕事の発注がなくなったとしても失業とは認定されないため、失業等給付（基本手当）の給付を受けることもない。

こうした「新たな働き方」は往々にして労働者に一方的に不利益であること

第 7 章　労働保険制度

が多く、労働保険もこれらの働き方に対応した制度改革が急務である。

〈引用・参考文献〉

・木下秀雄『ビスマルク労働者保険法成立史』有斐閣、1997 年。
・脇田滋『労働法を考える』新日本出版社、2007 年。
・西谷敏『労働法［第 2 版］』日本評論社、2013 年。
・後藤道夫・布川日佐史・福祉国家構想研究会編『失業・半失業者が暮らせる制度の構築』大月書店、2013 年。
・脇田滋・矢野昌浩・木下秀雄編『常態化する失業と労働・社会保障——危機下における法規制の課題』日本評論社、2014 年。

〈推薦図書〉

○川人博著『過労自殺　第二版』岩波新書、2014 年。
　——弁護士である筆者が担当した若者の過労自殺事案に関する概要と、労災認定の手続、過労自殺をなくすための対策についての記述があり、この 1 冊で過労自殺に関する全体像が把握できる。
○後藤道夫・布川日佐史・福祉国家構想研究会編『失業・半失業者が暮らせる制度の構築』大月書店、2013 年。
　——今日の失業問題は、劣悪な条件であっても眼前の仕事に飛びつかざるを得ない「半失業者」や、働く意思や能力をもちながら、労働市場の状況や求人状況の厳しさゆえに求職活動を断念した「潜在的失業者」などの「みえない失業」に対する対応が求められるとし、その現状と対策について詳述されている。
○脇田滋・矢野昌浩・木下秀雄編『常態化する失業と労働・社会保障——危機下における法規制の課題』日本評論社、2014 年。
　——非正規雇用の拡大により半失業が常態化しているが、これを改善するためのまともな労働政策と社会保険制度を構想している。第Ⅲ部「雇用保険法の運用と課題」では雇用保険法をとりあげ、その現状と改革の方向性を示している。

【学習課題】

①労災保険の保険料はなぜ全額事業主負担となっているのか、その歴史的経緯や労災事故の責任の所在も踏まえて説明してみよう。
②通勤災害はどのような場合に給付を受けられるのか、説明してみよう。
③雇用保険の失業者給付（基本手当）は、どのような場合に受給できるのか、説明してみよう。

第8章

障害者福祉

山﨑　光弘

本章のねらい

　日本において障害者福祉制度が本格的に発展したのは、1946年の日本国憲法の制定を契機としている。それまでは障害者対策と救貧対策は未分化であり、傷痍軍人対策だけが充実していた。しかし新憲法制定によって、1947年に児童福祉法、1949年に身体障害者福祉法など、すべての国民を対象とした障害者福祉制度が確立されてきた。

　本章では、障害者福祉制度の歴史、障害者の権利に関する条約のポイント、障害者の人権を享受するための障害者の日常生活及び社会生活を総合的に支援するための法律（主として障害者総合支援法）等の障害福祉制度の内容の理解を深め、今後の課題を考える。

1．障害者福祉制度のあゆみ

　障害者福祉制度は、1946年の新憲法制定を踏まえ、児童福祉法（1947年）、身体障害者福祉法（1949年）、精神衛生法（1950年）、精神薄弱者福祉法（1960年）の各法が成立し、すべての国民を対象とした障害者福祉制度が確立した。

1）障害者総合支援法へ

　障害者福祉に関する諸法の成立以降、障害者対策は障害種別ごとに発展して

いく。

　1960 年には障害者の雇用の促進等に関する法律（以下、障害者雇用促進法）の前進である身体障害者雇用促進法が創設された。しかしこれは傷痍軍人対策であり、1964 年以降に進められた障害者施策の中心は、管理型大規模施設への障害者収容であった。地域生活に向けた政策転換が図られたのは、1981 年の「国際障害者年」を経て、1993 年障害者基本法に「完全参加と平等」の基本理念が定められてからである。

　障害者福祉制度は 1990 年代後半の社会福祉基礎構造改革を受けて大きな転機を迎える。

　2003 年には、支援費制度の創設により措置制度に代わって契約制度が導入された。そして、利用者の増に伴う財政的問題に対応する等の名目で、2005 年 10 月に障害者自立支援法が創設された（2006 年施行）。

　障害者自立支援法によって、障害種別ごとのサービス体系の見直し、サービスの実施主体の市町村への移管等が行われるとともに、利用者負担（応益負担）が導入された。

　応益負担は、サービス利用に応じて利用料が高くなる仕組みである。このため、多くの支援を要する重度障害者やその家族等が強く反発、2008 年 10 月以降、全国で障害者自立支援法違憲訴訟（以下、自立支援法違憲訴訟）が起こった。2010 年 1 月、国は同訴訟団と和解、市町村民税非課税世帯（以下、非課税世帯）の利用料の無料化や新法の制定等を確約した「基本合意」を締結した。これにより、2010 年 4 月以降、障害者の約 9 割を占める非課税世帯の利用料は無料となった。

　国際的には 2006 年、国際連合において障害者の権利に関する条約（以下、障害者権利条約）が採択された。翌 2007 年 9 月には日本も同条約に署名、2009 年 3 月には批准の閣議決定が予定されていた。しかし、当時は自立支援法違憲訴訟の最中であり、障害者団体からの強い反対によって批准には至らなかった。

　政府は 2010 年 1 月「基本合意」の締結後、障害者権利条約やこの合意を受けて設置された障がい者制度改革推進会議総合福祉部会の骨格提言等を踏まえて、2011 年に障害者基本法を改正、障害者虐待の防止・障害者の養護者に対する支援等に関する法律（以下、障害者虐待防止法）を新設した。

第8章　障害者福祉

　2012 年には、地域社会における共生の実現に向けて新たな障害保健福祉施策を講ずるための関係法律の整備に関する法律によって、障害者自立支援法を一部改正し、障害者総合支援法へと改称等をするとともに、2013 年に障害を理由とする差別の解消の推進に関する法律（以下、障害者差別解消法）の新設、障害者雇用促進法の改正等が行われた。

　この上で、日本は 2014 年に障害者条約に批准、締約国となり、主要な障害者福祉制度は障害者の基本的人権の享受を目的とするものとなった。

２）障害者権利条約の批准

　障害者権利条約は、国際連合が定めた国際人権条約の一つである。

　国際人権条約とは、第二次世界大戦の反省を踏まえてつくられた 1948 年の世界人権宣言に法的効力を持たせ、自由権と社会権を確立することを目指したものである。

　国際条約は、国連などの国際機関が国に課すルールであり、国内法上では、国際条約は憲法と一般法の間に位置づけられている。そのため、同条約の締約国には、法律や条例などを条約の趣旨に沿ったものに変更する義務が課されている。2011 年以降の法改正等はこれに対応するために行われた。

　障害者権利条約の特徴としては、①当事者参加を位置づけたこと、②新たな障害概念の規定、③不当な差別的取扱だけでなく合理的配慮の不提供も差別と規定した点にある。

　新しい概念では、ディスアビリティ（障害）は心身機能の問題と社会的障壁の相互作用の帰結であるとされた。図式的に示すと下記の通りである。

> ディスアビリティ　＝　心身機能の問題　×　社会的障壁
> 　（障害）　　　　　　（impainment）　　（social barier）

　これに基づけば、障害に係る問題の是正には、リハビリテーション等による心身機能の改善、社会的障壁の解消、または、その双方を行うといった手段がある。

　障害者権利条約は社会モデルといわれるが、これは締約国に社会的障壁の解消責任を課したためである。

2．障害者総合支援法の体系

2013年4月に施行された障害者総合支援法は、障害者の人権の享受を目的としたサービス給付法である。その1条では、「障害者及び障害児が基本的人権を享有する個人としての尊厳にふさわしい日常生活又は社会生活を営むことができるよう、必要な障害福祉サービスに係る給付、地域生活支援事業その他の支援を総合的に」行うことを規定している。

「第1条（目的） この法律は、障害者基本法の基本的な理念にのっとり、身体障害者福祉法、知的障害者福祉法、精神保健及び精神障害者福祉に関する法律、児童福祉法その他障害者及び障害児の福祉に関する法律と相まって、障害者及び障害児が<u>基本的人権を享有する個人としての尊厳にふさわしい日常生活又は社会生活</u>を営むことができるよう、必要な<u>障害福祉サービス</u>に係る給付、<u>地域生活支援事業</u>その他の支援を<u>総合的</u>に行い、もって障害者及び障害児の福祉の増進を図るとともに、障害の有無にかかわらず国民が相互に人格と個性を尊重し安心して暮らすことのできる地域社会の実現に寄与することを目的とする。」（下線筆者）

この目的に基づく障害者総合支援法のサービス内容は次のようになっている。

1）サービス体系

障害者総合支援法に基づくサービスは、大きく自立支援給付と地域生活支援

図 8-1　障害者総合支援法のサービス体系

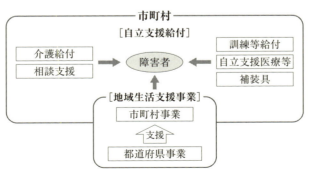

出典：厚生労働省ホームページ「新たな障害福祉サービスの体系」を基に筆者作成。

事業によって構成されている。

　自立支援給付とは、障害者の障害程度や勘案すべき事項（社会活動や介護者、居住等の状況）をふまえて個別に支給決定されるサービスであり、介護給付・訓練等給付等からなる。これに対し、地域生活支援事業は、市町村・都道府県が裁量的経費で地域の実情等に応じて提供するサービスである（図8-1）。

　サービスの利用にあたって、身体障害者以外は障害者手帳の所持は必須ではない。また、2013年4月の障害者総合支援法の施行にあたって、難病等の者も対象となり、2018年4月から対象疾患は359となった。

2）支給決定

　障害者が障害者総合支援法のサービスを利用する場合には、支給決定を受けなくてはならない。

　支給決定とは、障害者や障害児の保護者等から申請されたサービス利用について公費で助成するか否かを判断するものである。

　介護給付の利用希望者は、原則として、市町村に申請し障害支援区分認定を受け、特定相談支援事業所にサービス等利用計画案を策定してもらった上で、支給決定の審査を受ける。

　支給決定後は、関係事業所によるサービス等調整会議を経て、サービスが支給される。そして、サービス開始後、一定期間を置いて障害の変化等に係るモニタリングが継続的に実施される。

　ただし2018年4月から、①サービス等利用計画策定後3ヵ月を超えた、または障害の症状に大きな変動がない障害者であって居宅・通所等の自立支援給付を利用する場合、②65歳以上の障害者であって介護保険制度のケアマネジメントを受けていない場合は、モニタリングの間隔が6ヵ月から3ヵ月に短縮された。さらに、障害福祉支援施設等の入所者・重度訪問介護等の利用者もこの間隔が1年から6ヵ月に変更された。

　また、2018年4月から同行援護は事業所が支援区分3以上の加算をとらない場合、障害支援区分認定は不要となった。訓練等給付（身体介助を要する共同生活援助利用者を除く）を利用する場合も障害支援区分認定の必要はない。

　障害児の場合、居宅サービスの申請にあたっては、障害者総合支援法に基づ

く指定特定相談支援事業者がサービス等利用計画等を作成する。これに対し、通所サービスの申請にあたっては、児童福祉法に基づく指定障害児相談支援事業者が障害児支援利用計画等を作成する。この際、障害支援区分認定は行われない。入所サービスの申請の場合、障害児支援利用計画の作成は不要である。

また、サービス等利用計画は、障害者や障害児の保護者の希望等によりセルフプランを作成することもできる。この場合、モニタリングは行われない。

3）障害支援区分認定

障害支援区分は、非該当と支援区分1から6に分類され、認定調査の項目は80からなる。一次判定はコンピュータ判定が行われ、市町村の審査会（二次判定）で、この結果と医師の診断書、認定調査の特記事項等を踏まえて区分が決定される。

なお、障害者総合支援法の創設に際して難病等のある者への対象拡大が行われたことで、体調等で状態に変動がある場合、「頻回な状況」から「できない状況」で評価するなど基準が見直され、要介護認定との違いが明確となった。

4）利用者負担

①代理受領方式

2003年の支援費制度の導入以前、障害者福祉制度は行政が支援を給付する措置制度で実施されており、支援にかかる費用は行政が委託先に支払った。

支援費制度以降、障害者等が事業所を選択し、両者の契約によって支援が提供される仕組み（契約制度）となった。

この考え方に基づけば、利用料は障害者等が全額を事業所に支払い、後日、行政が公的負担額を返金する償還方式となるが、この方式は障害者等にとって負担が大きい。このため、厚生労働省は障害者等が事業所と契約の上、公費負担額が行政から事業所に直接支払われる代理受領方式を導入することで負担問題を回避し、事業所を選択できる仕組みとしたとされる。

しかし、社会資源は不十分であり、事業所を選択できるだけの情報も保障されていない。この結果、多くの障害者は事業所の主体的選択が困難である。

現在、契約制度の導入は、公の支配に属さない民間事業所への公金の支出規

第8章　障害者福祉

表 8-1　利用料負担と世帯の範囲

区分		生活保護世帯	市町村民税非課税	一般（市町村民税課税世帯）				世帯の範囲	
				16万円未満	28万円未満	46万円未満	46万円超	障害者	障害児
居宅・通所サービス	障害者	0円	0円	9,300円	372.00円			本人と配偶者*	住民基本台帳上の世帯*
	障害児	0円	0円	4,600円		37,200円			
入所施設等サービス	障害者	0円	0円	37,200円					
	障害児	0円	0円	9,300円		37,200円			
補装具		0円	0円	37,200円			全額自己負担		

注)「＊」施設に入所する20歳未満の障害者又は障害児については、利用者の保護者等が属する世帯とする。
出典：厚生労働省ホームページ「障害者福祉施策の見直し」を基に筆者作成。

制を定めた憲法89条に抵触しない形で、営利企業等への公費（報酬）の支出を可能にし、社会福祉事業への参入促進を図るという目的があったことが明らかにされている。

②利用者負担

利用者負担とは、サービスを利用した時、障害者が支払う費用である。

2010年4月から、市町村民税非課税世帯の障害者の利用料は無料化されたが、課税世帯の場合、利用料（応益負担）が課される。ただし、世帯の所得によって月額上限（段階的費用負担）がある（表8-1）。

③高額障害福祉サービス費

障害者の同一世帯に、障害福祉サービス・介護保険サービス・児童福祉法の障害児サービス・補装具といった福祉サービスを利用する者が複数おり、全員の利用料の合算額が利用者負担の月額限度額を超える場合、その額が月額上限まで減免される。

ただし、障害児の場合、1人の障害児が2枚以上の受給者証でサービスを利用している、または障害児のきょうだいが、それぞれ受給者証でサービスを利用している場合であって、受給者証の利用者負担上限月額がいずれも3万7200円未満の場合は、その中で高い方の額が基準額になるという特例がある。

なお、2016年の障害者総合支援法の改正で、高齢障害者の利用者負担軽減制度も高額障害福祉サービス費に位置づけられた。

④その他の利用料減免

上記のほかにも、障害児・者が入所支援を利用する場合、また障害児が通所支援を利用する場合の食費等の減免、グループホーム利用者の家賃助成、生活保護受給者・境界層対象者に対する負担軽減措置がある。

5）自立支援給付

自立支援給付は、介護給付、訓練等給付、自立支援医療、補装具等からなる。さらに、介護給付は訪問系、日中活動系、施設系サービスに分類され、訓練等給付は居住系、訓練・就労系サービスに分類される。

①介護給付・訓練等給付サービス

介護給付・訓練等給付には**表8-2**に示すサービスがある。

入所施設のサービスに関しては、昼夜分離の考え方に基づき、生活介護や就労継続支援B型等の日中支援と夜間支援に分かれており、サービスの組み合わせを選択できる。

②補装具

補装具とは、身体の欠損又は損なわれた身体機能を補完・代替するために、オーダーメイドで作成される義肢・装具・車イス等である。支給決定は、身体障害者更生相談所の判定、または医師作成の補装具費支給意見書に基づき市町村が行う。それぞれの補装具には購入基準額と耐用年数が定められている。

2018年4月から、①成長に伴い短期間での交換が必要な障害児、②障害の進行により短期間の利用が想定されるもの、③仮合わせ前の試用などにおいては、貸与（レンタル）方式も可能となった。

③自立支援医療

自立支援医療とは、障害や疾病に確実な治療効果が期待しうる医療を受ける際の医療費助成制度である。このため、障害や疾病に応じて対象医療が限定され、育成医療、更生医療、精神科通院医療に分類される。

育成医療は、18歳未満の身体障害児、および現存する疾患を放置すれば将来障害を残すと認められる18歳未満の児童を対象とする。

更生医療は、18歳以上の身体障害者手帳所持者を、精神科通院医療は継続的な精神科通院を要する精神障害者・知的障害者等を対象とする。

第8章　障害者福祉

表8-2　介護給付・訓練等給付サービス

分類		サービス名	者	児	サービス内容
介護給付	訪問系	居宅介護 （ホームヘルプ）	●	●	自宅で、入浴、排せつ、食事の介護等を行う。
		通院等介助	●	●	病院への通院等のための移動介助、官公署での公的手続もしくは障害者福祉サービスを受けるための相談に係る移動介助
		重度訪問介護	●		重度の肢体不自由者、重度の知的障害もしくは精神障害で行動上著しい困難を有する者であって常に介護を必要とする人に、自宅等で、入浴、排せつ、食事の介護、外出時における移動支援等を総合的に行う。
		同行援護	●	●	視覚障害により、移動に著しい困難を有する障害者等が外出する時、必要な情報提供や介護を行う。
		行動援護	●	●	自己判断能力が制限されている障害者が行動するときに、危険を回避するために必要な支援、外出支援を行う。
		重度障害者等包括支援	●	●	介護の必要性がとても高い人に、居宅介護等複数のサービスを包括的に行う。
	日中活動系	短期入所 （ショートステイ）	●	●	自宅で介護する人が病気の場合などに、短期間、夜間も含め施設で、入浴、排せつ、食事の介護等を行う。医療型と福祉型がある。
		療養介護	●		医療と常時介護を必要とする人に、医療機関で機能訓練、療養上の管理、看護、介護及び日常生活の世話を行う上の管理、看護、介護及び日常生活の世話を行う。
		生活介護	●		常に介護を必要とする人に、昼間、入浴、排せつ、食事の介護等を行うとともに、創作的活動又は生産活動の機会を提供する。
	施設系	施設入所支援	●		施設に入所する人に、夜間や休日、入浴、排せつ、食事の介護等を行う。
訓練等給付	居住系	共同生活援助 （グループホーム）	●		夜間や休日、共同生活を行う住居で、相談、入浴、排せつ、食事の介護、日常生活上の援助を行う。
	訓練系・就労系	自立訓練 （機能訓練）	●		自立した日常生活又は社会生活ができるよう、一定期間、身体機能の維持、向上のために必要な訓練を行う。
		自立訓練 （生活訓練）	●		自立した日常生活又は社会生活ができるよう、一定期間、生活能力の維持、向上のために必要な支援、訓練を行う。
		宿泊型自立訓練 （生活訓練）	●		居室その他の設備を利用させるとともに、家事等の日常生活能力を向上させるための支援、生活等に関する相談及び助言その他の必要な支援を行う。
		就労移行支援	●		一般就労を希望する人に、一定期間、就労に必要な知識及び能力の向上のために必要な訓練を行う。
		就労継続支援A型 （雇用型）	●		一般就労が困難な人に、雇用して就労する機会を提供するとともに、能力等の向上のために必要な支援を行う。
		就労継続支援B型 （非雇用型）	●		一般就労が困難な人に、就労する機会を提供するとともに、能力等の向上のために必要な訓練を行う。
	相談支援系	計画相談支援	●	●	サービス利用支援・継続サービス利用支援
		障害児相談支援		●	障害児支援利用援助・継続障害児支援利用援助（児童福祉法）
		地域移行支援	●		住居の確保等、地域での生活に移行するための活動に関する相談、各障害福祉サービス事業所への同行支援等を行う。
		地域定着支援	●		常時、連絡体制を確保し障害の特性に起因して生じた緊急事態等における相談、障害福祉サービス事業所等と連絡調整など、緊急時の各種支援を行う。

出典：厚生労働省「障害福祉サービス等について」（2017）を基に筆者作成。

153

表8-3 自立支援医療の患者自己負担の基本的な枠組み

所得区分（医療保険の世帯単位）		更 生 医 療 精神通院医療	育成医療	重度かつ継続
一定所得以上	市町村民税 235,000 円以上 （年収約 833 万円以上）[1]	対象外		20,000 円[2]
中間所得	中間所得 2	市町村民税 33,000 円以上 235,000 円未満 （年収約 400〜833 万円未満）[1]	総医療費の 1 割又は高額療 養費（医療保 険）の自己負 担限度額	10,000 円[2]	10,000 円
	中間所得 1	市町村民税 33,000 円未満 （年収約 290〜400 万円未満）[1]		5,000 円[2]	5,000 円
低所得者	低 所 得 1	市町村民税非課税 （低所得 2 を除く）			5,000 円
	低 所 得 2	市町村民税非課税 （本人又は障害児の保護者の年 収 80 万円以下）			2,500 円
生活保護		生活保護世帯			0 円

注1）年収については、夫婦＋障害者である子の 3 人世帯の粗い試算。
注2）負担上限月額の経過的特例措置——育成医療の中間所得 1,2 及び「重度かつ継続」の一定所得以上。
出典：下堂前亨他編『患者・障害者の福祉医療』（2018）。

　医療費は、生活保護受給世帯以外は 1 割負担となるが、前年度の所得に応じて非課税世帯（低所得1・2）には負担上限がある。また、育成医療に限っては、経過措置として「中間所得層」にも負担上限がある。さらに、「中間所得層」または「一定所得以上」であっても、医療保険の多数該当者、および腎臓機能障害・免疫機能障害・統合失調症やうつ病等の精神疾病などをもつ者は「重度かつ継続」に該当し、所得に応じた自己負担上限が適用される（表8-3）。

6）地域生活支援事業

　地域生活支援事業とは、都道府県・市町村が地域の特性等に応じて独自に実施する事業であり、必須事業と任意事業から成り立っている。

　市町村事業には移動支援事業、意思疎通支援事業、成年後見人後見支援事業、日常生活用具給付事業などがある。

　都道府県事業は市町村の支援事業が位置付けられており、専門性の高い相談支援事業、専門性の高い意思疎通支援者の養成研修・派遣事業、広域的な支援事業などがある（表8-4）。

表8-4 地域生活支援事業

	市町村事業	都道府県事業
必須事業	理解促進研修・啓発事業、自発的活動支援事業、相談支援事業、成年後見制度利用支援事業、成年後見制度法人後見支援事業、意思疎通支援事業、日常生活用具給付等事業、手話奉仕員養成研修事業、移動支援事業、地域活動支援センター。	専門性の高い相談支援事業、専門性の高い意思疎通支援者の養成研修事業、専門性の高い意思疎通支援者の派遣事業、広域的な支援事業、サービス・相談支援者および指導者育成事業。
任意事業	日常生活支援、社会参加支援、権利擁護支援、就労・就業支援、障害支援区分認定等事務(交付金)など。	日常生活支援、社会参加支援、権利擁護支援、就労・就業支援、重度障害者に係る市町村特別支援など。

出典:厚生労働省ホームページ「地域生活支援事業について」を基に作成。

7)相談支援

　相談支援は、サービス等利用計画の作成やモニタリング等を行う計画相談が中心となっているが、地域移行支援や地域定着支援の地域相談支援もある。

　地域移行支援は住居の確保等、地域での生活に移行するための活動に関する相談、各障害福祉サービス事業所への同行支援等を行う。

　地域定着支援は常時、連絡体制を確保し障害の特性に起因して生じた緊急事態等における相談、障害福祉サービス事業所等と連絡調整など、緊急時の各種支援を行う。

3．障害各法によるサービス

1)児童福祉法に基づく障害児向けサービス

　児童福祉法に基づく障害児向けサービスには表8-5に示すものがある。

　障害児向けサービスも障害種別ごとに発展してきたが、2012年の障害者総合支援法の創設・児童福祉法の改正にあたり種別ごとのサービス体系が見直された。

　これにより、障害者自立支援法の児童デイサービスが児童福祉法の児童通所支援に移管・再編され、障害児の通所・入所に係る支援は児童福祉法に一元化

表8-5　児童福祉法に基づく障害児向けサービス

実施主体	分類	サービス名	サービス内容
市町村	障害児通所系	児童発達支援	日常生活における基本的な動作の指導、知識技能の付与、集団生活への適応訓練などの支援を行う。
		医療型児童発達支援	日常生活における基本的な動作の指導、知識技能の付与、集団生活への適応訓練などの支援及び治療を行う。
		放課後等デイサービス	授業の終了後又は休校日に、児童発達支援センター等の施設に通わせ、生活能力向上のための必要な訓練、社会との交流促進などの支援を行う。
		保育所等訪問支援	保育所等を訪問し、障害児に対して、障害児以外の児童との集団生活への適応のための専門的な支援などを行う。
	相談系	障害児相談支援	障害児支援利用援助・継続障害児支援利用援助。
都道府県	障害児入所系	福祉型障害児入所施設	施設に入所している障害児に対して、保護、日常生活の指導及び知識技能の付与を行う。
		医療型障害児入所施設	施設に入所又は指定医療機関に入院している障害児に対して、保護、日常生活の指導及び知識技能の付与並びに治療を行う。

出典：厚生労働省「障害福祉サービス等について」（2017年）を基に筆者作成。

された。また、通所サービスの実施主体が都道府県から市町村へ移管された。

2）改正障害者総合支援法・児童福祉法等による新サービス

2016年と2017年、障害者総合支援法と児童福祉法が改正された（ともに2018年4月施行）。

これにより、障害者総合支援法に自立生活援助・就労定着支援・高齢障害者への負担軽減制度が新設され、重度訪問介護の提供場所が拡大された。

児童福祉法には、居宅訪問型児童発達支援が新設され、保育所等訪問支援の対象が拡大された。

また、介護保険法・障害者総合支援法・児童福祉法に共生型サービスが位置付けられるとともに、2018年の報酬改定により日中支援型共同生活援助の創設と医療的ケアに係る加算の強化等が行われた（表8-6）。

3）障害者差別解消法

障害者差別解消法は、障害者への差別解消を図るため、2013年に創設、2016

第8章　障害者福祉

表8-6　改正障害者総合支援法・児童福祉法による新サービス

根拠法	サービス名	対象とサービス内容
障害者総合支援法	自立生活援助	【対象】　障害者支援施設やグループホーム、精神科病院等を退所・退居・退院し、単身で居宅生活を始める障害者、居宅で単身生活をしている障害者、同居家族等が障害や疾病等のため居宅での自立生活を営むことが困難な障害者等。 【内容】　定期的な巡回訪問又は随時通報を受けて行う訪問、相談対応等により、日常生活を営む上での各般の問題を把握し、必要な情報提供および助言・相談、関係機関との連絡調整等を行う。
	就労定着支援	【対象】　生活介護、自立訓練、就労移行支援又は就労継続支援の利用者であって、一般就労後6カ月を経過した者。 【内容】　就労継続のために支援者が企業、障害福祉サービス事業者、医療機関等との連絡調整、および雇用に伴う生活上の諸問題に係る相談・指導・助言等を行う。
	高齢障害者への利用者負担軽減制度	【対象】　65歳等で介護保険制度に移行し、かつ次の要件をみたす者。 ①介護保険相当障害福祉サービス（居宅介護・重度訪問介護・生活介護・短期入所）の支給決定を65歳に達する前日まで原則5年にわたって受けていたこと ②非課税世帯または生活保護受給者 ③制度移行前の障害支援区分が2以上 ④65歳になるまでに介護保険サービスを利用していないこと ＊介護予防・日常生活支援事業（地域支援事業）利用者は対象外。ただし、後日要介護となり要件をみたす場合は対象となる。 【内容】　障害福祉相当介護保険サービス（訪問介護・通所介護・小規模多機能の通所・短期入所生活介護）の利用料が償還で無料化される。
	日中サービス支援型共同生活援助	【対象】　障害支援区分による入居要件はない。 【内容】　障害支援区分3以上の者に対する常時支援を基本報酬で評価する。入居者の日中活動も認められる。規模は10人×2ユニットが上限とされ、短期入所施設の併設が必須。
	重度訪問介護の提供場所の拡大	【対象】　障害支援区分6の重度訪問介護利用者。 【内容】　医療機関に入院・入所中の対象者に、重度訪問介護の意思疎通支援等を行う。
児童福祉法	居宅訪問型児童発達支援	【対象】　重度障害等で外出することが著しく困難なため、児童発達支援・利用型児童発達支援・放課後等デイサービスを受けられない障害児。 【内容】　児童発達支援センター等の支援員が居宅で日常生活における基本的な動作の指導、知識技能の付与等の支援を行い発達支援の機会を確保するとともに、通所支援への社会生活の移行を図る。
	保育所等訪問支援の対象拡大	【対象】　乳児院や児童養護施設に入所中の障害児。 【内容】　理学療法士・作業療法士・言語聴覚士等が障害児に対して他の児童との集団生活への適応のための専門的な支援、当該施設の職員に障害児の特性に応じた支援内容や関わり方について助言等を行う。
介護保険法・障害者総合支援法・児童福祉法	共生型サービス	【対象】　介護保険制度と障害福祉制度のホームヘルプ・デイサービス・ショートステイに相当するサービス（障害福祉制度の自立訓練を含む）、および障害児の児童発達支援、放課後等デイサービス等。 【内容】　両制度の指定基準を満たさなくても、介護保険・障害福祉サービスの提供を可能にした規制緩和型サービス。双方の指定基準を満たしている事業所を含め、基本型・加算型・二枚看板型に分類される。

出典：厚生労働省「障害福祉分野の最近の動向」（2018）等を基に筆者作成。

年に施行された。同法では、障害者への不当な差別的取扱い、合理的配慮の不提供が差別とされている。

2015年に政府は基本方針を閣議決定し、以降、省庁および地方公共団体において対応要領と対応指針が策定された。また、行政機関における相談窓口の設置とともに、自治体では障害者差別解消条例の創設も進められている。

不当な差別的取扱とは、正当な理由なしに、障害を理由に障害がない人と違った扱いをすることであり、障害を理由に入店拒否をすること等があげられる。

合理的配慮とは、障害者が困っていることを、過重な負担にならない範囲で解消するために図る便宜のことであり、知的障害者には分かりやすい言葉やルビをふった文章で情報提供をすること等があげられる。

不当な差別的取扱は、役所等の公的機関・会社等の民間組織の双方に禁止されている。これに対し、合理的配慮の提供は公的機関の場合は義務であるが、民間組織の場合は努力義務に留まっており、取り扱いが異なっている。

4）障害者虐待防止法

近年深刻化している障害者虐待を是正するため、2011年6月に障害者虐待の防止、障害者の養護者に対する支援等に関する法律が成立、2012年10月に施行された。同法は、障害者虐待の禁止、国等による問題解消の責務、虐待を受けた障害者の保護および自立支援、養護者への支援等を定めている。

障害者虐待とは、障害者の養護者・使用者（雇用者）、障害者福祉施設従事者等による虐待を指し、①身体的虐待、②放棄・放置、③心理的虐待、④性的虐待、⑤経済的虐待に分類される。

現在、虐待防止施策として、市町村・都道府県には障害者虐待に係る窓口としての障害者虐待防止センターが設置されており、虐待を受けたと思われる障害者の発見者には、市町村等への速やかな通報が義務付けられている。

通報等を受けた担当機関は事実確認を行い、虐待が判明した場合、一時保護等の措置・公表を行わなくてはならない（図8-2）。また、学校・保育所等の長と医療機関の管理者には、就学・入園中の障害者、医療機関を利用する障害者に対する虐待防止のための措置の実施が義務付けられている。

第8章　障害者福祉

図8-2　虐待防止策

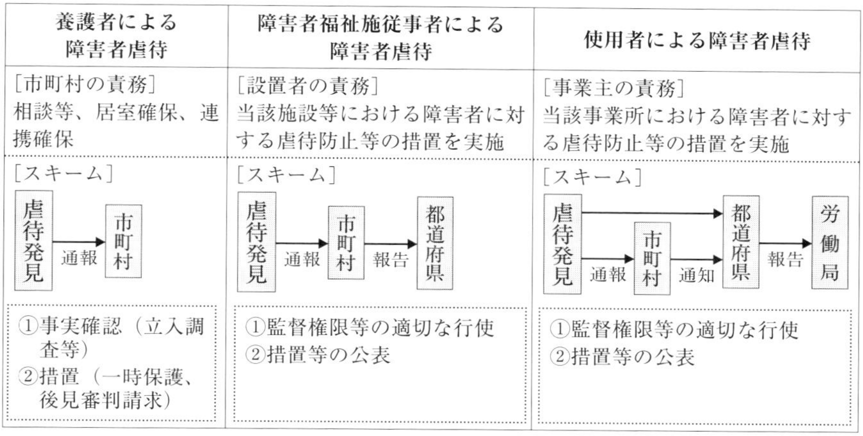

養護者による 障害者虐待	障害者福祉施従事者による 障害者虐待	使用者による障害者虐待
［市町村の責務］ 相談等、居室確保、連携確保	［設置者の責務］ 当該施設等における障害者に対する虐待防止等の措置を実施	［事業主の責務］ 当該事業所における障害者に対する虐待防止等の措置を実施
［スキーム］ 虐待発見 →通報→ 市町村	［スキーム］ 虐待発見 →通報→ 市町村 →報告→ 都道府県	［スキーム］ 虐待発見 →通報→ 市町村 →通知→ 都道府県 →報告→ 労働局
①事実確認（立入調査等） ②措置（一時保護、後見審判請求）	①監督権限等の適切な行使 ②措置等の公表	①監督権限等の適切な行使 ②措置等の公表

出典：厚生労働省「障害者虐待防止法の概要」より作成。

5）障害者雇用促進法

　障害者雇用促進法は、障害者雇用を促進するため、事業主への雇用義務、納付金制度、障害者への職業リハビリテーションの実施等を定めている。

　1976年の身体障害者雇用促進法の改正で法定雇用率が定められ、1987年の知的障害者への対象拡大（実雇用率への算定）にあたって、障害者雇用促進法へと改称された。また、精神障害者は2002年の改正で実雇用率の算定対象となったが、法定雇用率の対象となったのは2018年4月以降である。

　雇用義務とは、事業主に法定雇用率に相当する障害者の雇用を義務づける制度である。2016年4月の法改正に基づき、2018年4月からこの雇用率が引き上げられた。2021年4月からはさらに0.1％引き上げられることになっている（表8-7）。

　これに伴い、障害者を雇用しなければならない民間企業の事業主の範囲が、従業員50人以上から45.5人以上に変更された。

　100人を超えて常用労働者（正規職員・臨時職員・パートタイマー）を雇用する事業主が法定雇用率を満たしていない場合、原則1人当たり月額5万円の雇用納付金が課される。これに対し、事業主が法定雇用率を超えて障害者を雇用し

159

表 8-7 法定雇用率の推移

事業主区分	法定雇用率		
	2018 年 3 月 31 日以前	現　行	2021 年 4 月 1 日以降
民間企業	2.0%	2.2%	2.3%
国、地方公共団体等	2.3%	2.5%	2.6%
都道府県等の教育委員会	2.2%	2.4%	2.4%

出典：厚生労働省ホームページ「障害者雇用制度」より筆者作成。

ている場合、原則 1 人当たり月額 2 万 7 千円の雇用調整金が支給される。

　また、前年度に在宅就業障害者に仕事を発注した場合に支給される在宅就業障害者特例調整金や障害者や難病者を雇用した事業主に対する特定求職者雇用開発助成金等の助成制度もある。

4．障害者福祉制度をめぐる今日的課題

　2018 年度の厚生労働省障害保健福祉部の概算要求は 2 兆円を超え、障害福者祉制度は徐々に拡充している。例えば、2016 年と 2017 年の法改正で、厚生労働省は障害者総合支援法 7 条の介護保険優先原則に起因する諸問題、つまり、①非課税世帯障害者に係る利用料負担の発生、②サービスの量と質の低下、③環境変化等の問題への対応策として、高齢障害者の負担軽減制度と共生型サービスの創設等を行った。

　しかし、対象要件や報酬単価の問題、財務省からの財政縮減要請等を踏まえると、これらの対応策は介護保険優先問題の是正には十分に寄与しないだけでなく、介護保険優先原則を前提としているため問題を助長する可能性もある。また、ロングショートの問題（家族の死亡等で障害者が短期入所を長期利用せざるを得ない問題）も解決の糸口を見いだせていない。さらに、2018 年 5 月には障害基礎年金の打ち切り問題、8 月には公的機関における障害者雇用水増し（偽装）問題も明らかになった。

　このように、障害者権利条約が求める障害者の権利保障の実現には多くの課題が残されている。

　一方、国は社会保障費の増に伴う財政破たんを名目に、全世代型社会保障へ

の転換を図ろうとしている。

　全世代型社会保障とは、経済成長に資する子どもや若者への投資型社会保障を基礎とし、これに資さない高齢者・障害者等は「自助」と「互助」を前提とした「我が事・丸ごと」地域共生社会で対応させる社会保障システムであり、社会保障費のさらなる支出抑制・成長と分配の好循環の実現をねらったものであると考えられる。

　その布石として、2016年の社会福祉法の改正で社会福祉法人の資金・職員等をもちいて地域の福祉課題の解決を図る地域公益取組の積極的努力義務（24条2項）が新設された。また、2017年の同法の改正で、地域住民の助け合いにより、制度は使えないが支援を要する人たちを把握し、その福祉課題を解消する理念規定（4条2項）が創設された。

　たしかに、社会福祉法人や地域住民の自主的な地域活動や助け合いは重要である。しかしこれらを法律で規定することは、共生の強制と住民間の相互監視（助け合いの「互助」化）をもたらす危険性を孕んでいる。

　さらに、2018年の報酬改定において成功報酬方式が強化された。今後、社会福祉事業も営利事業に親和性が高い構造へと変質がすすめられ、障害福祉制度の支出抑制と対象の選別が強化されていくことは明白である。

　生産性で個人の価値を測り、障害や暮らしの問題等の課題解消を個人や地域住民、社会福祉法人の責任に帰そうとする方向は、障害の自己責任論の復権、障害者が米喰い虫といわれた戦前・戦中への時代回帰を招きかねない。2016年の津久井やまゆり園事件はその象徴的な出来事であり、障害者雇用水増し問題の根本にも同様の意識があったと考えられる。

　障害者権利条約にふさわしい社会保障・障害福祉のあり方とは何かを考えていくことが、いま求められている。

〈参考文献等〉

　・厚生労働省ホームページ、https://www.mhlw.go.jp。
　・内閣府ホームページ、http://www.cao.go.jp。
　・井上泰司『日本の福祉は当事者・家族を救えるのか』大阪障害者センター、2017年。
　・下堂前亨他編『患者・障害者の福祉医療』日本障害者センター、2018年。

〈推薦図書〉

○慎英弘『自立を混乱させるのは誰か』生活書院、2013 年。
　──障害者にとって自立は重要な概念である。本書は、自立概念を 6 つに整理し、立場や文脈に
　　よってこの概念の意味は異なってももちいられること、および自己決定の意味を明らかにして
　　おり、自立概念を考える上で有用である。
○藤井克徳『私たちのことを私たち抜きで決めないで』やどかり出版、2014 年。
　──日本の障害福祉制度にとって障害者権利条約は重要である。この意義を理解するには条文だ
　　けでなく、基本理念や歴史的経緯等を知る必要がある。本書はこれらを分かりやすく解説し
　　ており、入門書として最適である。
○栗田季佳『見えない偏見の科学』京都大学学術出版会、2015 年。
　──2016 年の津久井やまゆり園事件を考えるには、私たちにも障害者への差別意識や偏見がある
　　ことを自覚しなくてはならない。本書は、認知心理学の手法を用いて、多くの人が障害にマ
　　イナスの感覚を持っていること、この是正には多様性の理解が鍵になることを明らかにして
　　おり、障害者差別の解消を進める上で重要な提起をしている。

【学習課題】

①日本の障害福祉関係予算は OECD 34ヵ国のうち何番目かなど、世界の障害福祉施
　策と比較してみよう。

②障害者等を支える福祉職員の給与水準・労働環境、および定着率等について調べ、根
　本な問題について報酬体系等を踏まえて考えてみよう。

③介護保険優先原則問題への対応としての、高齢障害者の負担軽減制度および共生型
　サービスの有効性について、基準や障害者が介護保険制度に移行した場合の要介護
　度、報酬単価等を踏まえて考えてみよう。

第9章

子ども家庭福祉

武藤　敦士

本章のねらい

　子どもは「児童の権利に関する条約（子どもの権利条約）」（Convention on the Rights of the Child）に定める権利の主体であるだけでなく、将来の労働力の担い手として欠かせない存在である。社会保障にかかる所得保障や対人社会サービスは労働者とその家族の生命の保持と労働力の再生産のために必要な生活を保障するだけでなく、将来の労働力の担い手である子どもを保護し養育することにより、労働力の世代的再生産を実現していかなければならない。

　子どもが直面する貧困など生活問題の多くは、子どもを監護する親の労働問題と密接な関係をもっている。そのため、子どもの現在と未来を守るためには、子育て世帯を対象とした所得保障や対人社会サービスが不可欠である。

　本章では権利の主体として、そして将来の労働力の担い手として守られるべき子どもと、子どもを育てる世帯に対する社会保障制度の現状と課題についてみていきたい。

1．子ども家庭福祉のあゆみ

1）戦災孤児対策として

　戦後日本における子ども家庭福祉のあゆみは、戦争によって焼け出された孤

児・浮浪児対策から始まっている。1945年9月の「戦災孤児等保護対策要綱」に始まり、同年12月には「戦災・引揚孤児援護要綱」を閣議決定した。1946年9月には「主要地方浮浪児等保護要綱」によって主要都府県に浮浪児保護委員会が組織され、児童収容保護所、一時保護所、児童鑑別所が開設された[1]。保護所のみならず児童鑑別所が開設されていることから、当時の孤児・浮浪児対策が子どもの保護とともに治安対策を目的としていたことがうかがえる。その後、孤児・浮浪児対策に加え、乳幼児死亡率の高さを背景に、児童保護は予防と福祉の向上を目的とした児童福祉へと発展していった。

　1947年12月には戦前からの児童虐待防止法と少年救護法を廃止し、他法に定められていた母子寮などに関する規定を吸収するかたちで児童福祉法が成立し、翌年施行された。さらに、当時、要保護児童の収容保護が児童福祉の主要事業のひとつであったことから、1948年12月には児童福祉施設最低基準が制定された。

2）児童福祉から児童家庭福祉、子ども家庭福祉へ

　児童福祉はその後、1960年代に入り、1964年の母子福祉法、1965年の母子保健法と、子どもだけでなくその保護者も対象とした児童家庭福祉へと発展をみせ、厚生省児童局も1964年7月に児童家庭局へとその名称を変更している。社会的には高度経済成長とともに女性の社会進出が進み、それにともなって保育所の増設が進んだ。厚生省は1966年12月に「保育所緊急整備五カ年計画」を発表し、翌年度より実施している。さらに、1971年には「第二次保育所緊急整備五カ年計画」が策定されている。

　1989年には合計特殊出生率が1.57まで低下し、丙午（ひのえうま）によって一時的に1.58まで低下した1966年を下回ったことから、それ以降少子化が児童家庭福祉の主要な課題となっていった。

　また、1994年4月に「児童の権利に関する条約（子どもの権利条約）」を批准し、5月に発効したことから、この時期より子どもを権利の主体として、児童家庭福祉は子ども家庭福祉へと発展していった。特に、少子化を背景に計画行政の一環として発表された「今後の子育て支援のための施策の基本的方向について（エンゼルプラン）」（1994年）は、その後、5年ごとの見直しを繰り返し発

第9章　子ども家庭福祉

展してきた。近年は少子化対策の主要課題に待機児童問題を掲げ、「待機児童解消加速化プラン」（2013年）、その後の「子育て安心プラン」（2017年）にもとづいた施策が推し進められている。

3）社会的養護に求められる変化

　地域で生活する子育て世帯を対象とした施策が、子ども・子育て支援として発展する一方で、戦後の子ども家庭福祉の主要事業でもあった施設養護を中心とする社会的養護は、近年の児童虐待認知件数の増加を受けて、そのあり方自体の見直しが進められている。

　2011年7月に児童養護施設等の社会的養護の課題に関する検討委員会・社会保障審議会児童部会社会的養護専門委員会が発表した「社会的養護の課題と将来像」では、より家庭的な環境で子どもを養育することの必要性を訴え、各施設が取り組むべき具体的内容と数値目標を明らかにした。それを受けて、社会的養護を担う施設等はそれぞれ運営指針を策定するに至っている。

　2017年8月には、新たな社会的養育の在り方に関する検討会による「新しい社会的養育ビジョン」が、「社会的養護の課題と将来像」を全面的に見直すかたちで発表され、今後の社会的養護を里親や特別養子縁組の利用を促進することによって実現していく方針が打ち出されるなど、新たな局面を迎えている。

2．子ども家庭福祉の体系

1）児童福祉法の位置づけ

　戦後の子ども家庭福祉は児童福祉法の成立以後、同法を中心に体系化されてきた。

　子ども家庭福祉では近年、子どもの権利擁護が前面に押し出されており、児童福祉法においても2016年の改正で、「すべて国民は、児童が心身ともに健やかに生まれ、且つ、育成されるよう努めなければならない」とともに、「すべて児童は、ひとしくその生活を保障され、愛護されなければならない」と定めていた第1条を、「全て児童は、児童の権利に関する条約の精神にのっとり、適切

に養育されること、その生活を保障されること、愛され、保護されること、その心身の健やかな成長及び発達並びにその自立が図られることその他の福祉を等しく保障される権利を有する」と改めた。子どもを主体とすることで、子どもの権利を明確にしている。

　同時に第2条も改正され、児童の健全育成については児童の保護者が第一義的責任を負うとともに、国および地方公共団体も同様の責任を負うことを規定している。これらを第3条は「児童の福祉を保障するための原理」とし、これを「すべて児童に関する法令の施行にあたって、常に尊重されなければならない」と定めている。

　以上のことから、児童福祉法が子ども家庭福祉にかかる諸法の基礎になっていることがわかる。

2）国および地方自治体の役割

　児童福祉法では、市町村を児童の健全育成をおこなう基礎的な地方公共団体と定めており、具体的な支援拠点の整備は市町村の責務となっている。一般的な支援業務は市町村がおこない、市町村がおこなう業務に対して専門的な知識・技術にもとづく助言や援助が求められる場合や、市町村単位では補えない広域的な取り組みに対して都道府県がその責務を果たすことになる。国は、これらが適正かつ円滑におこなえるように、施策の整備や情報の提供などをおこなう機関に位置づけられている。

　具体的な実施機関をみると、市町村の子ども家庭福祉にかかる部署が一般的な支援業務をおこなうことになる。同時に、それを専門的な知識・技術にもとづいて支援する都道府県の機関として、児童福祉法第12条に児童相談所の設置を義務づけており、児童福祉法に定める都道府県の業務はこの児童相談所を中心に展開されている。ただし、児童の保健に関しては保健所の業務となる。

3）子ども家庭福祉に関する法律

　児童福祉法は社会福祉六法のひとつに位置づけられており、戦後の混乱期に身体障害者福祉法や生活保護法とともに制定された、日本の福祉の根幹をなす重要な法律である。

166

第 9 章　子ども家庭福祉

図 9 - 1　子ども家庭福祉関連諸法の体系

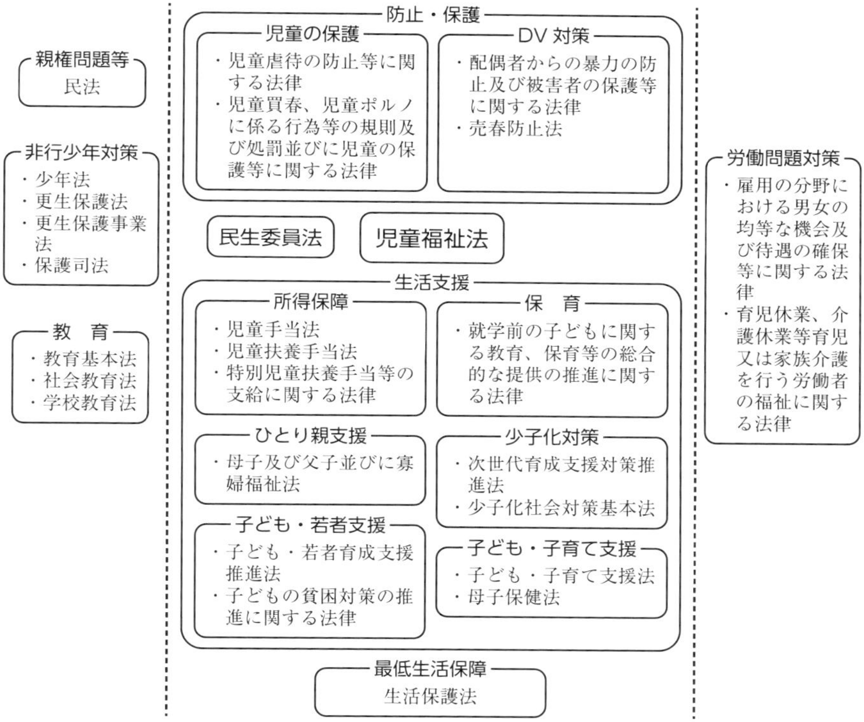

防止・保護

児童の保護
・児童虐待の防止等に関する法律
・児童買春、児童ポルノに係る行為等の規則及び処罰並びに児童の保護等に関する法律

DV 対策
・配偶者からの暴力の防止及び被害者の保護等に関する法律
・売春防止法

親権問題等
民法

非行少年対策
・少年法
・更生保護法
・更生保護事業法
・保護司法

労働問題対策
・雇用の分野における男女の均等な機会及び待遇の確保等に関する法律
・育児休業、介護休業等育児又は家族介護を行う労働者の福祉に関する法律

教　育
・教育基本法
・社会教育法
・学校教育法

民生委員法　　児童福祉法

生活支援

所得保障
・児童手当法
・児童扶養手当法
・特別児童扶養手当等の支給に関する法律

保　育
・就学前の子どもに関する教育、保育等の総合的な提供の推進に関する法律

ひとり親支援
・母子及び父子並びに寡婦福祉法

少子化対策
・次世代育成支援対策推進法
・少子化社会対策基本法

子ども・若者支援
・子ども・若者育成支援推進法
・子どもの貧困対策の推進に関する法律

子ども・子育て支援
・子ども・子育て支援法
・母子保健法

最低生活保障
生活保護法

出典：筆者作成。

　子ども家庭福祉は、児童福祉法を中心に、子どもやその保護者に対する暴力等の防止や被害からの保護に関する法律と、子どもやその保護者の生活を支援する法律によって構成されている。さらに、司法や教育、雇用・労働など関連領域の諸法が子ども家庭福祉に関する法律と密接な関係を持ちながら運用されている。主だった法律を整理すると**図 9 - 1**のようになる。

　例えば、労働問題に対応する法律は子育て世帯の生活困窮と密接な関係をもっている。子どもの保護者の多くが就労によって世帯の生計を維持するための賃金を得ているが、雇用・労働に関する制度の不備・不足による不安定雇用や低賃金などの問題は、それを子ども家庭福祉に関する諸法をはじめ、社会福祉が補充・代替することになる。

167

非行少年対策は司法の領域であるが、これもまた子ども家庭福祉と密接な関係をもっている。非行少年対策のひとつ少年法では、触法少年[2]や14歳に満たない虞犯(ぐはん)少年[3]について、「都道府県知事又は児童相談所長から送致を受けたときに限り、これを審判に付することができる」(第3条第2項)と定めている。また、虞犯少年については「先ず児童福祉法による措置にゆだねるのが適当であると認めるときは、その少年を直接児童相談所に通告することができる」(第6条第2項)と定めている。これらは、非行少年対策において、状況によっては少年法に先立ち児童福祉法が優先されることを示している。

　このように、子ども家庭福祉とそれに関連する諸法は、児童福祉法を中心に子どもの最善の利益を常に優先しながら、相互に密接な関係を持って運用されている。

3．子ども家庭福祉のしくみ

　子ども家庭福祉は子どもとその保護者、さらには妊産婦を支援対象にして、児童手当や児童扶養手当といった所得保障と、保育や子育て支援に関する施設・サービスによって構成されている。施設・サービスには、発生した問題に対する事後対策と、問題の発生を未然に防ぐ予防的対策がある。ここではその代表的なものをみていきたい。

1）所得保障

　子どもとその保護者を対象とした所得保障は、すでに発生している貧困・低所得問題への対策である。

　その主だったものとして、以下の社会手当があげられる。また、これ以外にも地方自治体が独自の手当てを設けていることがある。

（1）児童手当

　児童手当は子どもが育つ家庭等における生活の安定と、次代の社会を担う子どもの健やかな成長を保障することを目的とした児童手当法にもとづく所得保障制度である。児童福祉法と同様、「父母その他の保護者」を子育ての第一義

第 9 章　子ども家庭福祉

表 9 - 1　児童手当制度の概要

（単位：円）

支 給 対 象	中学校卒業まで（15歳の誕生日後の最初の3月31日まで）の児童を養育している者	
支 給 額	3歳未満	1人につき一律月額15,000
	3歳以上 小学校修了前	第1子・第2子：1人につき月額10,000 第3子以降：1人につき月額15,000
	中学生	1人につき一律月額10,000
財 源 （費用負担）	国庫（2/3）、都道府県（1/6）、市町村（1/6） ただし、3歳未満の児童を養育する被用者については、事業主負担（7/15）があり、残りを国庫（16/45）、都道府県（4/45）、市町村（4/45）が担っている。 なお、公務員については全額所属機関の負担となる。	

出典：筆者作成。

的責任者として位置づけ、子どもを養育している者に対する支給を定めており、児童養護施設等に入所している子どもについても施設の設置者に対し支給することとなっている[4]。

　児童手当制度の概要は**表 9 - 1**のとおりであり、支給は2月、6月、10月の3回に分け、それぞれ前月までの分が支給される。児童手当には所得制限限度額が設けられており、その限度額を超過する場合には、特例給付として月額一律5000円が支給される。なお、児童手当法では児童を、「十八歳に達する日以後の最初の三月三十一日までの間にある者」と定めているため、例えば第1子が18歳に達する日以後の4月に達した場合、それまでの第2子、第3子は制度上、第1子および第2子の扱いとなる。

（2）児童扶養手当

　児童扶養手当はひとり親世帯で生活する子どもの福祉の増進を目的に支給される、児童扶養手当法にもとづく所得保障制度である。「児童の心身の健やかな成長に寄与することを趣旨として」、「十八歳に達する日以後の最初の三月三十一日までの間にある者又は二十歳未満で政令で定める程度の障害の状態にある者」を監護する一定の所得以下にあるひとり親世帯に支給される。

　児童扶養手当は当初、母子世帯だけを対象として創設されたが、父子世帯も母子世帯と同様に経済的な問題を抱えやすいことから、2010年8月以降支給対象に含まれている。

169

支給要件に「父母が婚姻を解消した児童」と定められていることから、以前は父母が婚姻関係を解消せず別居した場合、一方の親が1年以上扶養・監護義務をまったく放棄していることが明らかになるまで支給されなかった。しかし、近年配偶者からの暴力（Domestic Violence、以下DVとする）によって避難する親子（その多くは母子）が増加していることから要件を見直し、2012年8月以降、裁判所からDV保護命令が出された場合すぐに受給できるようになった。さらに、2014年12月以降、これまで公的年金と併給できなかった要件を見直し、年金額が児童扶養手当額より低い場合、その差額分を受給できるようになった。

　最近では、社会問題化している子どもの貧困問題を背景に、特にその傾向が顕著なひとり親世帯対策として、児童扶養手当における第2子および第3子以降の加算額が2016年8月から増額（第1子は月額最大4万2330円のまま、第2子月額5000円から最大1万円へ、第3子以降月額3000円から最大6000円へ）されるとともに、子どもが2人以上の場合の加算額に対する物価スライド制[5]の適用が2017年4月から導入された。

　さらに、2018年8月支給分より全部支給となる所得制限限度額が引き上げられている（例えば子ども1人の場合、130万円→160万円）。また、2019年11月支給分からは、従来の年3回の支給（4月、8月、12月の3回に分け、それぞれ前月までの分を支給）を改め、年6回（奇数月）の支給にするなど、当事者のニーズに応えて改正されている。

（3）特別児童扶養手当、障害児福祉手当

　特別児童扶養手当、障害児福祉手当は障害児を対象とした社会手当であり、これらは特別児童扶養手当等の支給に関する法律に規定されている。

　特別児童扶養手当は「障害児」の福祉の増進を図ることを目的にしており、「障害児」を家庭で監護、養育している父母等に支給される。

　障害児福祉手当は「障害児」のなかでも特に重度の障害を抱えた「重度障害児」の福祉の向上を図ることを目的とし、その障害のため必要となる精神的、物質的特別の負担の軽減の一助として支給される（表9-2）。両者は併給が可能であるが、それぞれ所得制限限度額が設定されている。特別児童扶養手当等の支給に関する法律では「障害児」を20歳未満と定めており、20歳以降は障害

第9章　子ども家庭福祉

表9-2　障害児を対象とした社会手当（2018年4月現在）

手当の名称	対　象	金額（円）	支給方法
特別児童扶養手当	20歳未満で、精神又は身体に障害等級2級以上に該当する程度の障害を有する「障害児」	1級：月額51,700 2級：月額34,430	4月、8月、12月の年3回、前月分までを支給
障害児福祉手当	「障害児」のうち、精神又は身体に政令で定める程度の重度の障害を有する、日常生活において常時の介護を必要とする「重度障害児」	月額14,650	2月、5月、8月、11月の年4回、前月分までを支給

出典：筆者作成。

年金の支給対象となる。

　特別児童扶養手当等の支給に関する法律ではこのほかに特別障害者手当を規定しており、こちらは20歳以上で、政令で定める程度の著しく重度の障害の状態にあるため、日常生活において常時特別の介護を必要とする「特別障害者」の福祉の向上を図ることを目的に、精神的、物質的な特別の負担の軽減の一助として月額2万6940円（2018年4月現在）が支給される。著しく重度の障害を抱えた児童の、成人後の所得保障制度である。所得制限限度額や支給方法は障害児福祉手当と同様であり、障害年金との併給が可能である。

　障害児福祉手当や特別障害者手当には、地方公共団体が独自に上乗せ支給しているところもある[6]。

2）社会的養護

　戦後の孤児・浮浪児対策という社会問題化した児童問題対策から始まった今日の子ども家庭福祉において、社会的養護はいまもなお事後対策の代表的な事業である。

　児童養護施設等の社会的養護の課題に関する検討委員会・社会保障審議会児童部会社会的養護専門委員会（2011）「社会的養護の課題と将来像」は社会的養護を、「保護者のない児童や、保護者に監護させることが適当でない児童を、公的責任で社会的に養育し、保護するとともに、養育に大きな困難を抱える家庭への支援を行うこと」と定義している。

　社会的養護は、子どもの最善の利益のために、社会全体で子どもを育むことを理念としており、家庭での適切な養育を受けられない子どもを養育する機能

171

図 9-2 社会的養護の体系

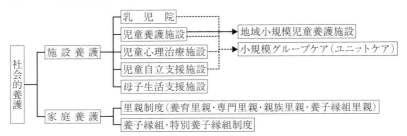

出典：2007年2月2日開催、第1回「今後目指すべき児童の社会的養護体制に関する構想検討会」資料6「社会的養護の概要と実施状況等」における「要保護児童の社会的養護システムの体系」を一部改変。

だけでなく、虐待等さまざまな背景のもとで、適切な養育が受けられなかったこと等により生じる発達のゆがみや心の傷（心の成長の阻害と心理的不調等）を癒し、回復させ、適切な発達を図る心理的ケア等の機能、親子関係の再構築等の家庭環境の調整、地域における子どもの養育と保護者への支援、自立支援、施設退所後の相談支援（アフターケア）などの地域支援等の機能をもっている。

今日の社会的養護は、図9-2のような体系をとっている。戦後の社会的養護は乳児院や児童養護施設といった児童福祉施設への入所による施設養護が中心であった。ところが今日では、より家庭的な環境で児童を養育することが望ましいという観点から、施設の生活単位をより家庭的な規模に縮小するとともに、里親や特別養子縁組といった家庭養護[7]によって、保護が必要な子どもの地域での生活を推進しようとしている。

「社会的養護の課題と将来像」は、2016年の児童福祉法改正にともない、全面的に見直された。新たな社会的養育の在り方に関する検討会（2017）「新しい社会的養育ビジョン」は、社会的養護を担う中心の施設として位置づけられている児童養護施設と乳児院、さらに児童福祉の中核を担う児童相談所の役割・機能を限定的なものとする一方で、家庭養護の中心であった里親制度をこれまで以上に充実させるとともに、特別養子縁組制度の利用を促進し、新たな家庭による養育を実現していくという方向性を打ち出している。

第9章　子ども家庭福祉

3）母子保健

（1）母子保健の概要

社会保障は当初、社会問題化した生活問題に対する事後対策として整備・拡充されてきたが、高度経済成長期以降、制度の発展と社会の変化にともない予防的な性格をあわせ持つようになってきた。母子保健はその一例である。

母子保健は第二次世界大戦後、当時の妊産婦や乳児・新生児の死亡率の高さを背景に児童福祉法および保健所法（1994年に地域保健法に改正）にもとづいて実施されていた。

その後、1965年に母子保健法が制定されると、この法律にもとづいて、「母性並びに乳児及び幼児の健康の保持及び増進を図る」（第1条）ことを目的に、保健指導や健康診査が実施され、妊産婦や乳児・新生児の死亡率は大幅に低下した。母子保健法の対象は乳児および幼児とその保護者であるが、実際には妊産婦を対象とした妊娠の届け出や母子健康手帳の交付、訪問指導等についても規定されているため、子どもは胎児の段階からすでに子ども家庭福祉の対象であるといえる。

現在の母子保健は、思春期から出産に至るまでの女性や出産後の母子に対する訪問指導や健康診査など、さまざまな施策によって成り立っている。近年では、地域における児童虐待の予防や早期発見など、児童虐待のリスクを逓減させることを目的に、母子保健法（第22条）において「子育て世代包括支援センター」（法律上の名称は「母子健康包括支援センター」）も法定化されている。

子育て世代包括支援センターは、妊娠期から子育て期までの子育てに関する地域のワンストップ窓口として、当事者の立場に立った切れ目のない専門的支援と、地域との連携、社会資源の開発等を目的として、2020年度末までに全国展開することを目指している[8]。

母子保健は子育て世代包括支援センターと、児童相談所、保健所、保育所、医療機関等関係機関が連携することで、妊娠期から子育て期にわたるまでの切れ目のない支援の実施に努めている。

4．子ども家庭福祉の課題と展望

　近年、子ども家庭福祉の主要な課題となっている少子化や、社会的養護において増加している虐待の背景には、世帯の貧困・低所得問題が存在している。救貧対策は社会保障の最も本質的な部分であり、所得保障だけでなく施設・サービスにおいてもさまざまな取り組みがおこなわれている。子ども家庭福祉領域における「子どもの貧困」問題対策もそのひとつである。

　「子どもの貧困」は、2000年代に入って注目を集めるようになった貧困・低所得問題をとらえる研究の視角である。ともすると自己責任論に陥りがちな大人の貧困・低所得問題に対し、稼働能力のない子どもに焦点化したことにより、貧困・低所得問題に対する社会的な責任を明らかにしてきた。

　「子どもの貧困」問題に関する調査・研究は、貧困状態におかれた児童の実態を明らかにし、機会の不平等、貧困の連鎖などをどのように解決・改善していくかを取りあげてきた。それに対し国は、2013年に「子どもの貧困対策の推進

図9-3　子どもの貧困率の推移

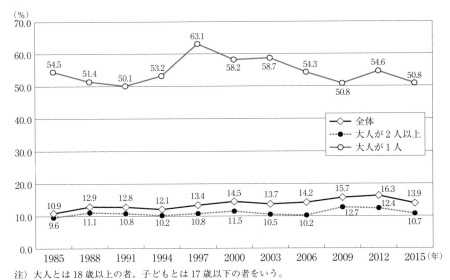

注）大人とは18歳以上の者、子どもとは17歳以下の者をいう。
出典：厚生労働省「平成28年国民生活基礎調査の概況」より筆者作成。

に関する法律」を整備し、2014年1月に施行されると、同法第8条にもとづいて「子供の貧困対策に関する大綱について」を8月に閣議決定した。「子供の貧困対策に関する大綱について」では、機会の不平等や貧困の連鎖を解決・改善するための方策として、教育の支援を第一に取りあげている。

　子どもの意欲と能力に応じて学ぶ機会を保障し、進学や資格取得を支援するこの取り組みは、一見、合目的的であるようにみえる。ところが、大学等への進学にかかる費用を貸与型の奨学金に頼っている現状は、貧困世帯の子どもに多額の借金を背負わせて労働市場に送り出すシステムとして成立している。しかも、卒業後の雇用が保障されているわけではない。仮に就職に成功しても、そこから長い年月をかけて奨学金を返済していくことになる。その過程において失敗は許されない。世帯の貧困問題が解決・改善したわけではないため、就労後は子どもが親の生活を支えていく可能性もある。何らかの理由で仕事を辞めた場合も、奨学金の返済義務を容易に免れることはできない。次の仕事が早期に見つかる保証もない。就職先がブラック企業であっても容易に辞められない現実が待っている。また、奨学金は借金であるため、若年世代にとっては非婚化、晩婚化、少子化の原因にもなるだろう。

　「子どもの貧困」問題対策として、貧困世帯の子どもたちの学力を向上させることにより進学や資格取得を実現し、より質の高い労働力として労働市場へ送り出すことを目的とした取り組みは、大人を対象に就労を支援することによって経済的自立（就労自立）を促すワークフェア政策と同じ方向性をもつ。このワークフェアが大人の貧困・低所得問題を十分に解決・改善していないことは、すでに多くの研究で明らかにされている。その要因として、労働市場における雇用や賃金に関する課題が十分に解決されていないことがあげられる。就労支援をどれだけ充実したとしても、労働政策による雇用・労働問題の解決・改善が図られていなければ、世帯の安定した生活は見込めない。

　さらに、子ども家庭福祉領域においては教育政策による教育の無償化など、子育て世帯の経済的負担を軽減する取り組みも検討する必要があるだろう。それらの対策が十分にとられていない現状では、まずもってすべての子育て世帯の生活の安定を目指した所得保障の充実が急務である。

〈注〉

1　木村武夫「児童福祉の史的発達」木村武夫編『現代日本の児童福祉』ミネルヴァ書房、1970年、p.16。

2　触法少年とは、少年法第3条第1項第2号に定める「14歳に満たないで刑罰法令に触れる行為をした少年」をいう。

3　虞犯少年とは、少年法第3条第1項第3号に定める事由があり、「性格又は環境に照して、将来、罪を犯し、又は刑罰法令に触れる行為をする虞のある少年」をいう。

4　支給対象となる施設種別等については、児童手当法を参照のこと。

5　物価スライド制とは、物の価格の上がり下がりを表した「全国消費者物価指数」に合わせて、支給する額を変える仕組みをいう。

6　例えば愛知県では、身体障害1級又は2級の障害を有し、尚且つIQ35以下の者には月額6850円を、身体障害1級又は2級の障害を有する者、又はIQ35以下の者に対しては月額1050円を、国が定める制度分に加算して支給している。（愛知県：https://www.pref.aichi.jp/soshiki/shogai/0000044563.html、2018.11.11）

7　「社会的養護の課題と将来像」では、乳児院や児童養護施設など入所施設でおこなう「施設養護」に対し、里親等による養護を「家庭的養護」としていた。しかし、今日的には里親等による地域での養護を「家庭養護」とし、施設における小規模化された養護を含む社会的養護が目指すより家庭的な養護全般を「家庭的養護」としている。

8　子育て世代包括支援センターの中核となる事業には、①市町村保健センター等母子保健に関する相談機関で保健師等の専門性を生かしておこなう利用者支援事業（母子保健型）、②子育て支援にかかる施設等利用者が日常的に利用できる身近な場所でおこなう利用者支援事業（基本型）、③地域保健法に基づいて市町村が設置していることから、他の行政事務との連携が容易な市町村保健センター事業がある。

〈引用・参考文献〉

・児童養護施設等の社会的養護の課題に関する検討委員会・社会保障審議会児童部会社会的養護専門委員会『社会的養護の課題と将来像』、2011年。
・池田敬正著『日本における社会福祉のあゆみ』法律文化社、1994年。
・木村武夫編『現代日本の児童福祉』ミネルヴァ書房、1970年。
・三塚武男『生活問題と地域福祉［ライフの視点から］』ミネルヴァ書房、1997年。

〈推薦図書〉

○松本伊智朗編『「子どもの貧困」を問いなおす―家族・ジェンダーの視点から』法律文化社、2017年。
　　――「子どもの貧困」問題だけでなく女性の貧困問題にも着目し、さまざまな角度から貧困問題の特徴や、貧困が当事者に与える影響を検証することにより、貧困問題が生み出される要因と構造、対策の課題を明らかにした。
○浅井春夫・黒田邦夫編著『〈施設養護か里親制度か〉の対立軸を超えて―「新しい社会的養育ビジョン」とこれからの社会的養護を展望する』明石書店、2018年。
　　――今後の社会的養護のあり方を示した「新しい社会的養育ビジョン」の内容を確認しながらその課題を明らかにし、社会的養護はどうあるべきかを論じた。

第 9 章　子ども家庭福祉

○増淵千保美著『児童養護問題の構造とその対策体系―児童福祉の位置と役割―』高菅出版、2008
　年。
　　――子ども家庭福祉のなかでも主要な課題のひとつである児童養護問題を社会科学的にとらえ構
　　　造的に分析することにより、労働者とその家族の問題であることを明らかにし、社会的対策
　　　の必要性を指摘した。

【学習課題】

①児童福祉法成立の背景について、調べてみよう。

②どのような世帯で子どもの貧困問題が発生しやすいのか、その原因と背景も含めて
　調べてみよう。

③少子化の原因と少子化対策の課題について、考えてみよう。

第 10 章

生活保護と生活困窮者支援制度

村田　隆史

本章のねらい〜セーフティネットの構造

　今日の日本で貧困と不平等が深化・拡大していることは、各種の統計調査や実態調査で明らかである。自由競争を基本とする資本主義社会においてはあらゆる場面で「自助」が強調されるが、実際には生活保障を実現するためのセーフティネットが用意されてきた。

　まず、①「人間らしく働ける」ための雇用・労働政策のネット、②標準的な働き方が成り立つことを前提に設定された社会保険のネット、③「最後のセーフティネット」として公的扶助（生活保護制度）が存在する。1990 年代に入ってからの「構造改革」により、雇用・労働政策のネット、社会保険のネットには綻びが生まれてきている。2008 年末にリーマンショックが発生すると、雇用・労働政策と社会保険のネットは機能しなくなり、「最後のセーフティネット」である生活保護制度が貧困の増加への対応に迫られた。

　今日（2018 年）の生活保護利用者数は約 210 万人である。2015 年 3 月を期に減少傾向にあるが、1995 年に約 88 万人であったのに比べると、大幅に増加している（表 10 - 1）。制度利用者の増加はセーフティネットの構造的課題もあり必然であったが、生活保護制度への批判を招くことになった。そのため、社会保険と公的扶助の狭間を埋める新たなセーフティネットとして求職者支援制度と生活困窮者自立支援制度がつくられた。

　本章では、生活保護制度とともに、近年新たにつくられた求職者支援制度と

表 10 - 1　生活保護受給者数と生活保護費支給総額の推移　　（単位：千人、億円）

	1980 年	1985 年	1990 年	1995 年	2000 年	2005 年	2010 年	2014 年
生活保護受給者数	1,427	1,431	1,015	882	1,072	1,476	1,952	2,166
生活保護費支給総額	11,710	15,233	13,181	15,157	19,734	26,289	33,296	36,810

注1）生活保護受給者数（千人）は百の位で四捨五入をしている。
注2）生活保護受給者数（千人）は各年度の1ヵ月平均である。
注3）元データは厚生労働省が編集・発表している資料である。
出典：国立社会保障・人口問題研究所ホームページ「『生活保護』に関する公的統計データ一覧」より
　　　筆者作成。

生活困窮者自立支援制度について学ぶ。各制度のセーフティネットとしての意義と、共通する課題についても考えていく[1]。

1．生活保護制度の概要

1）生活保護法の目的と実施体制

本節では生活保護制度の概要についてみていく。

生活保護法1条（目的）では、「この法律は、日本国憲法第二十五条に規定する理念に基き、国が生活に困窮するすべての国民に対し、その困窮の程度に応じ、必要な保護を行い、その最低限度の生活を保障するとともに、その自立を助長することを目的とする」と書かれており、国家責任を前面に押し出している。

生活保護法は、所得保障（最低生活保障）のみならず、対人援助（自立助長）としての機能も持ち合わせている。公的扶助といえば所得保障（最低生活保障）の意味として使われることが一般的であるが、その点では日本の生活保護制度は特異といえる。

生活保護制度では国家責任を具現化するため、公的機関が制度運営をすることになっている。1951年に制定された社会福祉事業法（現在の社会福祉法）の14条では、都道府県と市に対して「福祉に関する事務所」の設置を義務付けている。一般的には福祉事務所と呼ばれているので、本稿でもその名称を用いるが、自治体によって呼称は異なっている。福祉事務所は、主に福祉六法（生活

第10章　生活保護と生活困窮者支援制度

保護法、児童福祉法、母子及び父子並びに寡婦福祉法、老人福祉法、身体障害者福祉法、知的障害者福祉法）に定められた援護・育成・更生の措置に関する事務を担う機関である。福祉事務所には、所長、査察指導員（スーパーヴァイザー）、現業員（ケースワーカー）、事務員が配置されている。

　生活保護制度は対人援助（自立助長）も目的としているため、査察指導員（スーパーヴァイザー）と現業員（ケースワーカー）は、社会福祉主事を有していなければならない。社会福祉主事の取得方法はさまざまあるが、社会福祉の業務を行う際の基礎的資格として位置づけられてきた。社会福祉法では現業員（ケースワーカー）が担当する標準数について、市町村設置の福祉事務所では80世帯、都道府県設置の福祉事務所では65世帯と示されている。

　今日、社会福祉士などの国家資格が創設されているため、社会福祉主事が福祉事務所の主要業務を行うのが適切なのかという指摘も存在する。また、生活保護業務については、80世帯を担当した上で、対人援助（自立助長）を行うのは困難であるという意見もある（実際には多くの自治体では80世帯を超えている）。しかし、ここで確認しておきたいのは、現時点では不十分かもしれないが、生活保護法が制定された1950年時点で社会福祉の専門性が認識され、福祉事務所の設置と社会福祉主事の創設が実現したということである。

2）生活保護法の基本原理・基本原則

　生活保護法には4つの基本原理が明記されている。

　具体的には、①最低生活保障、②国家責任、③無差別平等、④補足性であるが、前節で国家責任と最低生活保障については確認した。4つの基本原理は戦前の救貧制度の反省点から導き出されたものであるが、憲法25条（生存権・生活権）の理念を具体化したことに意義がある。

　また、生活保護制度は「最低生活保障」ということが強調されるが、憲法25条（生存権・生活権）と生活保護法3条（最低生活保障）には「健康で文化的」という文言が含まれていることを忘れてはならない。単に生活ができれば良いというものではないのである。

　生活保護法2条（無差別平等）には、「すべて国民は、この法律の定める要件を満たす限り、この法律による保護（以下「保護」という）を、無差別平等に受

けることができる」と定めている。後述する戦前の救貧制度（恤 救 規則や救護
法）が制限扶助主義をとっていたのとは大きく異なっている。

　現在の生活保護制度は無差別平等を全面的に出した一般扶助主義となってい
る。もちろん、「法律の定める要件を満たす限り」と書かれているように、無条
件で生活保護制度を利用できるわけではない。制度利用を申請した人（世帯）
が、制度の要件を満たすか否かは調査によって判断される。日本の生活保護制
度は資産調査（ミーンズテスト）によって、あらゆる機関に照会を行うことにな
っているため、生活保護を申請する人にとって恥辱感（スティグマ）を与えるこ
とになり、利用抑制につながる危険性もある。

　生活保護法４条（補足性）には、「保護は、生活に困窮する者が、その利用し
得る資産、能力その他あらゆるものを、その最低限度の生活の維持のために活
用することを要件として行われる」と定められている。実際の生活保護行政で
は、「あらゆるものを活用する」という部分が強調されることが多い。争点にな
るのは、働く能力、貯蓄、住宅、私保険などであるが、時代に応じた制度運用
が求められている。

　ここまで４つの基本原理をみてきたが、生活保護法には制度運用の４つの基
本原則も存在する。具体的には、７条で「申請保護」、８条で「基準及び程度」、
９条で「必要即応」、10条で「世帯単位」の原則が定められている。

　生活保護制度は申請主義をとっており（一部に職権保護がある）、生活保護を
必要とする人の申請から制度利用が始まる。そして、最低生活費は個人ではな
く世帯で計算され、その基準は厚生労働大臣が定めるということである。生活
保護の利用内容については、年齢、世帯構成、所在地域、健康状態で異なって
くる。厚生労働大臣が定めた基準以下で生活をする要保護者の需要を基に、金
銭又は物品で不足分を補うことになっている。

3）生活保護制度で保障される内容──8 つの扶助と生活扶助基準

　生活保護制度は8つの扶助から構成されている。

　具体的には、世帯の基本的な生活費として支給される「生活扶助（各種加算
を含む）」、住居費が支給される「住宅扶助」、医療費が支給される「医療扶助」、
義務教育に関する費用が支給される「教育扶助」、出産費用が支給される「出

第10章　生活保護と生活困窮者支援制度

産扶助」、葬祭費用が支給される「葬祭扶助」、就労に向けた費用が支給される「生業扶助」、介護保険制度の自己負担分が支給される「介護扶助」からなっている。

　日本の生活保護制度は、「揺りかごから墓場まで」を対象とした包括的な生活保障体系となっている。公的扶助の内容は国によって異なっているが、ここまで包括的な制度となっているのは国際的に珍しい。貧困問題が生活保護制度に集中しているということは先述したが、制度の成り立ちとも関係している。この点については、生活保護制度によって多くの人々の最低生活保障が実現できているという肯定的な評価と、構造的に恥辱感（スティグマ）を伴う制度にすべての最低生活保障を負わせるべきでないという否定的な評価が存在する。

　生活保護基準については、マスコミなどでも「○万円もらえる」と紹介されることが多い。しかし、それらの記載は正確ではない時がある。例えば、生活扶助基準と混同されていることがある。生活扶助基準が決められていても、実際の額は世帯構成によって異なっているし、給与を得ることや年金を受給していれば基準額との差額が支払われる仕組みになっている。さらに、各種加算やその他の扶助費が支給されるし、医療扶助に関しては1ヵ月にどの程度利用するかがあらかじめわかるものではない。そのため、生活保護基準を正確に論じることは困難だといえる。

　生活扶助基準は**表10-2**に示したとおりである。生活扶助基準は地方自治体を1～3級地にわけて、それをさらに二分している。生活扶助基準をみると、「最低生活費にしては高すぎる」という批判があり、生活保護バッシングにつなが

表10-2　各世帯の生活扶助基準額（2017年4月現在）

月額（単位：円）

	1級地-1	1級地-2	2級地-1	2級地-2	3級地-1	3級地-2
3人世帯（33歳、29歳、4歳）	160,110	153,760	146,730	142,730	136,910	131,640
母子2人世帯（30歳、4歳）	145,040	140,300	132,810	130,500	124,570	120,630
高齢者単身世帯（68歳）	80,870	77,450	73,190	71,530	68,390	65,560

注1）世帯によって異なるが、この額に各種加算（例えば、母子加算など）が加えて支給される。
注2）あくまで生活扶助基準額であり、残りの7つの扶助から必要額が支給される。
注3）就労した場合は、勤労控除が適用される。
出典：社会福祉の動向編集委員会編『社会福祉の動向2018』中央法規出版、2017年、83ページより筆者作成。

183

っている。しかし、「健康で文化的」な生活が保障されているのが、生活保護制度である。生活保護利用者の立場になって、制度を考えることが必要である。

2．生活保護制度の発展と運用過程──稼働能力者への厳格な対応

1）生活保護制度と一般扶助主義

　前節で生活保護制度の概要をみてきたが、本節では制度運用からわかる特徴を分析していく。日本の生活保護制度の特徴は一般扶助主義をとりながら、稼働能力者に厳格な対応をとってきたということである。

　日本の救貧制度では、1874年に恤救規則が初めて制定されている。恤救規則は「人民相互の情誼」を基本とし、「無告の窮民」を救済対象としていた。つまり、親族や地域共同体の助け合いを基本とし、それでも生活を維持できない人を保護するという方針であった。恤救規則は法律ではなく規則であったこともあり、自治体によって運用方法はバラバラであった。

　1929年には新たに救護法が制定される。救護法では救護機関として市町村長を明記し、業務を行う補助として救護事務のための委員が配置されることになった。また、救護の種類も生活扶助、医療扶助、助産扶助、生業扶助が設けられた。制度の不十分さはありながらも、運用体制は整えられた。

　恤救規則と救護法に共通していたのは、制限扶助主義をとって、あらかじめ制度の対象者を限定していたことである。具体的には、身寄りがいないことを前提とした、高齢者、児童、障害者、妊産婦などである。救貧制度といわれるのは、制限扶助主義をとり続けたことにある。

　日本で一般扶助主義の制度が定着するのは、第二次世界大戦以降である。GHQ/SCAP（連合国軍最高司令官総司令部）から社会保障改革のための基本原理が示され、戦前の制度とは異なる抜本的な改革が必要となった。

　1946年には生活保護法（1950年に制定された同名の法律と区別するため旧法とも呼ばれる）が制定される。法律の1条では、「この法律は、生活の保護を要する状態にある者の生活を、国が差別的又は優先的な取扱をなすことなく平等に保護して、社会の福祉を増進することを目的とする」と規定し、国家責任や無差

別平等の原理が導入され、一般扶助主義の制度となった。しかし、旧法の最大の問題点は、2条で「欠格条項」を設けていたことにある。「怠惰な者」や「素行不良な者」は制度の対象外とされた。また、親族による扶養義務を優先したことも戦前の救貧制度と共通している。

　旧法は上記の問題点もあり、十分に機能しなかった。社会保障制度審議会の公的扶助小委員会から、1949年に「生活保護制度の改善強化に関する勧告」が出されたこともあり、制度の見直しが迫られ、1950年に生活保護法（1946年の法律と区別するため新法とも呼ばれる）が制定され、現在にいたっている。

2）生活保護制度の機能縮小──1960年代における転換[2]

　生活保護制度は「最後のセーフティネット」という位置づけであるため、時代の経済状況や他の社会保障制度の整備状況に影響を受け、求められる機能が変わってくる。特に稼働能力者への対応は顕著である。

　世帯業態別被保護世帯数の推移を**表10-3**にまとめているが、1960年代半ば

表10-3　世帯業態別被保護世帯数の推移

(単位：世帯、%)

	実　　　数									構　成　比		
	総　数	稼　働　世　帯							非稼働世帯	総数	稼働世帯	非稼働世帯
		総　数	世帯主が働いている世帯					世帯員が働いている世帯	働いている者のいない世帯			
			総　数	常　用	日　雇	内　職	その他					
1958年	585,014	341,684	250,948	34,057	81,644	45,416	89,831	90,736	243,330	100.0	58.4	41.6
1960年	604,752	333,744	236,713	32,171	81,477	37,063	86,002	97,031	271,008	100.0	55.2	44.8
1965年	639,164	302,707	213,004	36,547	71,546	25,804	79,108	89,703	336,457	100.0	47.4	52.6
1970年	654,550	220,130	151,021	33,709	42,506	19,131	55,675	69,109	434,420	100.0	33.6	66.4
1975年	704,785	160,767	109,542	29,936	27,637	15,230	36,740	51,226	544,017	100.0	22.8	77.2
1980年	744,724	161,217	113,254	43,476	25,768	14,459	29,552	47,962	583,509	100.0	21.6	78.4
1985年	778,797	166,190	122,909	62,486	21,761	14,168	24,494	43,281	612,607	100.0	21.3	78.7
1990年	622,235	116,970	90,200	51,065	13,144	10,226	15,765	26,769	505,266	100.0	18.8	81.2
1995年	600,980	81,604	63,705	37,546	8,788	7,076	10,294	17,899	519,376	100.0	13.6	86.4
2000年	750,181	89,660	71,151	45,552	9,318	6,360	9,921	18,509	660,522	100.0	12.0	88.0
2005年	1,039,570	130,544	105,505	71,493	15,302	6,526	12,184	25,039	909,026	100.0	12.6	87.4
2010年	1,405,281	186,748	152,427	106,684	22,996	7,553	15,194	34,321	1,218,533	100.0	13.3	86.7
2014年	1,604,083	252,878	211,952	154,526	28,640	9,165	19,621	40,926	1,351,205	100.0	15.8	84.2

資料）厚生労働省大臣官房統計情報部『社会福祉行政業務報告（福祉行政報告例）』
注1）　1ヵ月平均である。
注2）　保護停止中の世帯を含まない。
出典：国立社会保障・人口問題研究所「『生活保護』に関する公的統計データ一覧」より筆者作成。

までは稼働世帯が約半数を占めていた。当時は社会保障制度も十分に整備されていなかったし、高度経済成長期にあったとはいえ、その成果が反映されない地域がある中で、働く人々の貧困問題が一般扶助主義の生活保護制度に集中した。稼働世帯といっても第二次世界大戦で主な稼ぎ主を失った母子世帯が多くを占めているというのが実態であったし、不安定な雇用形態で働く人々が多数存在していたから、当然のことでもあった。

1950 年代に厚生省は「漏救^{ろうきゅう}」に言及をするなど、生活保護制度を利用できるのに利用していない人の問題を取り上げることもあった。しかし、制度を運用する福祉事務所の職員や地域住民から「働ける人が生活保護制度を利用している」ことへの批判は強まっていった。厚生省も制度に対する批判の声を受けて、「濫救^{らんきゅう}」対策に重点を置くことになる。1964 年〜65 年には、稼働能力者に対してより厳格な対応をとることを指示し、監査によって行政運営が徹底されることになった。

1960 年代半ば以降、稼働世帯の割合は著しく減少していく。生活保護行政の変化も関係しているが、実際には社会保障制度が整備され、経済成長による雇用・労働環境の改善が大きく影響している。しかし、生活保護制度が稼働能力者に対して厳格な対応をとるための枠組みがつくられ、非稼働能力者を主な対象とした制度へと転換していった。このことは生活保護制度が一般扶助主義を徹底することがいかに困難であるかを物語っている。

3）稼働能力者の増加と新たなセーフティネットの形成
——2000 年代後半以降の動向

1990 年代に入ると、生活保護世帯に占める稼働世帯は 20% 以下となり、非稼働能力者を対象とした制度として定着していく。しかし、2000 年代後半には稼働能力者が増加していき、稼働能力者への対応が再び議論の対象となった。

稼働能力者が増加した要因は 2 つある。

1 つ目は、生活保護行政の改善である。生活保護行政においては、福祉事務所の窓口でさまざまな理由により申請に至らない「水際作戦」が横行していた。特に 65 歳未満は稼働年齢層とみなされ、厳格な対応がとられていた。しかし、2008 年度からの生活保護の実施要領では「第 9　保護の開始申請等」とし

て、「生活保護申請に基づき開始することを原則としており、保護の相談に当たっては、相談者の申請権を侵害しないことはもとより、申請権を侵害していると疑われるような行為も厳に慎むこと」が新設された。

2つ目は、2008年末のリーマンショックの影響である。リーマンショックによって、日本国内においても不安定な雇用・労働環境にある労働者の生活状況が悪化した。仕事を失った労働者の生活保障として社会保険は十分に機能せず、生活保護制度を利用せざるを得ない状況であった。

2008年以降に生活保護利用者は急増する。稼働世帯の割合は、2000年の12.0％から2014年の15.8％となった。制度の利用者数が大幅に増加したこともあり、3.8％とはいえ実数が増加した。さらに、利用時点で働いておらず稼働世帯には含まれていなくても、年齢や心身状況から「働ける」とみなされた稼働能力者も一定数存在している。この時期には、「働ける人が生活保護制度を利用している」ことへの批判が再び強まっている。

生活保護制度は最低生活保障と自立助長を基本原理にしているため、制度の枠内での支援は可能である。しかし、厚生労働省は生活保護利用者に占める稼働能力者の増加を強調し、生活保護制度改革を進めるとともに、新たな制度創設の検討を開始した。社会保険と公的扶助の間に狭間が存在することは、多くの実践者や研究者によって指摘されていた。

新たなセーフティネットとして、その狭間を埋めることを期待されているのが、求職者支援制度と生活困窮者支援制度である。

3．新たなセーフティネットの概要
──求職者支援制度と生活困窮者自立支援制度

1）求職者支援制度の概要

求職者支援制度は2011年10月から実施されている。雇用保険制度を受給できない求職者に対して訓練を受講する機会を提供し、訓練受講などの一定要件を満たすと給付金（職業訓練受講給付金）が支給され、ハローワークが中心となって支援を行うことにより、早期就職の実現を目指す制度である。職業訓練受

表 10-4　求職者支援制度の実施状況

(単位：人)

	2011 年度	2012 年度	2013 年度	2014 年度	2015 年度	2016 年度	2017 年度
基礎コース	13,883	26,256	22,997	16,458	11,653	10,447	8,126
実践コース	36,875	72,285	51,936	38,544	28,934	21,859	18,696
合　計	50,758	98,541	74,933	55,002	40,587	32,306	26,822

出典：厚生労働省ホームページ「求職者支援制度のご案内」より筆者作成。

講給付金は、職業訓練受講手当（月 10 万円）、通所手当、寄宿手当からなっている。

　対象者は特定求職者と呼ばれ、①ハローワークに求職の申込みをしていること、②雇用保険被保険者や雇用保険受給資格者でないこと、③労働の意思と能力があること、④職業訓練などの支援を行う必要があるとハローワークが認めたこと、のすべての状況を満たす必要がある。

　職業訓練は、民間教育訓練機関が実施する事業を厚生労働大臣が認定することとなっている。具体的には、社会人としての基礎的能力及び短時間で習得できる技能などを身につける「基礎コース」と、就職希望職種における職務遂行のための実践的な技能などを身につける「実践コース」に分かれている。「実践コース」では、IT、営業・販売・事務、医療事務、介護福祉、デザイン、その他のコースが用意されている。

　求職者訓練終了後の就職率はともに 60％ 程度であり、介護福祉分野は 70％ を超えている[3]。厚生労働省の審議会に提出された調査結果によると、制度利用者の就職率が高く、なおかつ早期に就職できている、制度自体の満足度も高いということになっている[4]。

　制度の利用実績は表 10-4 のとおりである。2012 年度をピークとして、受講者数は減少している。これは経済状況の変化に伴う雇用状況の改善（求人増）が関連している。また、求職者支援制度の利用者が就職につながっていることから、制度を必要とする人が減少するのも当然といえる。

2）生活困窮者自立支援制度の概要

　生活困窮者自立支援制度は 2015 年 4 月から実施されている。制度の目標として、生活困窮者の自立と尊厳の確保とともに、生活困窮者支援を通じた地域づ

くりを掲げていることに特徴がある。

　求職者支援制度が早期就職を目指しているのに対して、生活困窮者自立支援制度は就労支援も行っているが、早期就職が難しい者を対象とした生活支援に重点が置かれている。福祉事務所設置自治体ごとに相談窓口が設けられ、自治体が直接運営する場合もあるが、実際には社会福祉法人やNPO法人に運営が委託されていることも多い。

　支援対象者は、法律では「現に経済的に困窮し、最低限度の生活を維持することができなくなるおそれのある者」となっているが、行政の各種資料では「現在は生活保護を受給していないが、生活保護に至るおそれがある人で、自立が見込まれる人」と紹介されることが多い。基本的には対象者を限定していないが、厚生労働省は福祉事務所来訪者のうち生活保護にいたらない者、ホームレス、離職期間1年以上の長期失業者、ひきこもり状態にある人、スクールソーシャルワーカーが支援している子ども、税や各種保険料の滞納者、多重債務者などと例示している。

　生活困窮者自立支援制度では、必須事業として自立相談支援事業、住宅確保給付金支給、努力義務として就労準備支援事業、家計改善支援事業、任意事業として一時生活支援事業、学習支援事業、が行われている。制度創設の当初から新しい生活困窮者支援の形として、包括的な支援、個別的な支援、早期的な支援、継続的な支援、分権的・創造的な支援、を掲げていたこともあり、総合的な事業体制が整えられている。

　制度の利用実績は**表10-5**のとおりである。1年間で約22〜23万人が相談窓口を訪れており、プラン作成件数も増加傾向にあり、2017年度には約7万件のプランが作成されている。生活困窮者自立支援制度は制度の特性から必ずしも、就労や増収を主目的としていない。しかし、厚生労働省の資料では、就労・増

表10-5　生活困窮者自立支援制度の実施状況

	新規相談受付件数	プラン作成件数	就労支援対象者数	就労者数	増収者数
2015年度	226,411件	55,570件	28,207人	21,465人	6,946人
2016年度	222,426件	66,892件	31,970人	25,588人	4,878人
2017年度	229,685件	71,293件	31,912人	25,332人	4,414人

出典：厚生労働省ホームページ「生活困窮者自立支援状況調査の結果について」より筆者作成。

収を実現した実践を成果として紹介することが多い。

3）新たなセーフティネットの制度的課題

　生活保護制度をめぐる課題は次節で分析するが、本項では新たなセーフティネットである求職者支援制度と生活困窮者自立支援制度の課題をみていく。
　具体的には、以下の3つである。
　1つ目は、両制度ともに最低生活保障機能を持っていないということである。求職者支援制度には現金給付があるが、最低生活保障を目的としていない。例えば、職業訓練受講手当は毎月10万円が支給されるが、多くの世帯で生活保護基準以下である可能性が高い。また、生活困窮者自立支援制度については、他制度との連携を前提にしているため、制度自体に生活費名目での現金支給は存在しない。
　2つ目は、現金給付が就労支援（職業訓練）と一体となっていることである。求職者支援制度は職業訓練に参加することを条件に現金が支給される。それだけではなく、職業訓練への参加状況はハローワークに来所して報告する必要があり、不正受給については不正受給額の納付・返還のペナルティまで設けられている。就労支援と現金給付を直接関連付けることについては、評価の分かれるところである。「職業訓練への参加を条件にすることが適切な現金給付や早期の就職につながる」という高い評価がある一方、「利用抑制につながる」、「職業訓練に参加できなくなった人の生活保障はどうするのか」といった批判も存在する。
　3つ目は、制度の成果を何で測るのかということである。求職者支援制度については、就職することが成果とされている。もちろん大事な成果であるが、これだけ労働環境が厳しくなっていると、職場に定着できるかもみていく必要がある。また、生活困窮者自立支援制度については、就労支援の対象とならないプラン作成をどのように位置づけるかが課題となるし、就労・増収を強調することによって対象者の選別が行われる危険性もある。

第10章　生活保護と生活困窮者支援制度

4．生活保護制度をめぐる課題——今日の生活保護制度改革の問題点

1）2018年の法律改正の問題点

　生活保護制度をめぐる課題は多岐にわたっているが、本節では、①2018年の法律改正の問題点、②基準引下げと社会保障水準、③自立支援と自己決定、④劣等処遇思想の克服、に焦点を当てて論じる。

　2018年6月に生活保護法を含む関連4法（生活保護法、生活困窮者自立支援法、社会福祉法、児童福祉法）が改正された。2000年以降、生活保護制度改革は連続して行われているが、大幅な法律改正となると2013年12月以来である。2013年12月の法律改正では、就労による自立促進、健康・生活面などに着目した支援、不正・不適正受給対策の強化、医療扶助の適正化が実施され、生活保護制度の運用は厳格化された。

　2018年6月の法律改正の内容は表10－6のとおりである。日常生活支援住居施設の創設と進学支援準備金の創設は、課題はありつつも制度改善といえる。しかし、残りの3つは制度運用を厳格化するものである。

　生活保護利用者に対する後発医薬品（ジェネリック医薬品）使用の原則化と被保護者健康管理支援事業の創設は、医療扶助費の削減を目的としていると考えられる。現在の生活保護費の約50％を医療扶助費が占めている。そのため、医療扶助は「適正化」の対象とされてきた。後発医薬品（ジェネリック医薬品）の効能・効果については、議論が多岐にわたっており良し悪しの判断はできない。ただ、費用削減の視点から生活保護利用者のみが、利用を義務付けられること

表10－6　2018年の生活保護法改正の内容

○生活保護利用者に対する後発医薬品（ジェネリック医薬品）の使用を原則化
○被保護者健康管理支援事業の創設
○日常生活支援住居施設の創設
○返還債務（生活保護法63条）の非免責債権化と天引き徴収を可能に
○進学支援準備金の創設

出典：『朝日新聞（Web版）』2018年2月9日、『共同通信配信記事（web版）』2018年6月1日、大西連（認定NPO法人自立生活サポートセンターもやい理事長）の論考を基に筆者作成。

は問題である。また、健康管理支援事業については、文字通り「管理」につながる可能性がある。現在でも、「病院に行く際は担当のケースワーカーに連絡する」ことが必要な自治体も存在する。受診抑制につながらないようにしなくてはならない。

返還債務（生活保護法 63 条）の非免責化と天引き徴収は、払い過ぎた生活保護費（必ずしも生活保護利用者の過失ではない）の返還のために、支給される生活保護費からの天引きを可能にすることであり、最低生活費を割り込む危険性がある。

2）基準引下げと社会保障水準

2018 年 10 月には、約 70% の世帯に影響がある生活扶助基準の引下げが行われた。2017 年 1 月から 12 月にかけて、社会保障審議会の生活保護基準部会で議論が行われ、同年 12 月に報告書が出された。生活保護基準部会の議論では、必ずしも基準引下げを容認したわけではないが、「一般低所得世帯との均衡」を根拠に基準引下げが実施された。

「均衡」が引下げを意味するものではないが、日本の生活保護制度では、制度を利用できるにもかかわらず、何らかの理由で利用に至っていない「漏救」が存在することはよく知られている。そのため、「一般低所得世帯との均衡」は基準引下げに直結することが多い。

生活保護基準が引下げられれば、生活保護を利用できる人々が減少する。同時に、以前までの基準であれば利用できた人々や、基準ギリギリのボーダーライン層を増加させる。そして、ボーダーライン層の増加は、生活保護利用者に対して厳しい目を向けさせることになり、「一般低所得世帯との均衡」がより厳密に議論されると考えられる。さらなる基準引下げの圧力が生まれることが予想される。

生活保護基準の引下げは、制度利用者やボーダーライン層の生活に影響するだけではない。生活保護基準は、就学援助制度、生活福祉資金貸付制度、社会保険の保険料や利用料、住民税の非課税限度額、などに利用されている。生活保護基準引下げは、結果的に社会保障水準を低下させることになる[5]。

また、最低賃金法では生計費原則として「労働者が健康で文化的な最低限度

第 10 章　生活保護と生活困窮者支援制度

の生活を営むことができるよう、生活保護に係る施策との整合性に配慮するものとする」とされており、生活保護基準と最低賃金が関連していることを表している。

この条文は、「最低賃金で働く人が生活保護受給者よりも低い水準で働いていること」を問題として、最低賃金が引上げられることを期待して条文化されたが、実際には「生活保護利用者が最低賃金で働く人よりも高い水準で生活していること」を問題視し、基準引下げに利用されている。生活保護基準の問題は労働者の生活とも関連しているのである。

3）自立支援と自己決定

生活保護制度は自立助長を基本原理とすることは前述したが、今日の生活保護制度改革でも重要視されている。社会保障審議会の生活困窮者自立支援及び生活保護部会では、2017年5月から12月にかけて議論が行われ、同年12月に報告書が出された。議論の過程や報告書では、「地域共生社会の実現」、「早期の予防的な支援」、「貧困の連鎖を防ぐ」、「高齢の生活困窮者に着目した支援」、「信頼による支え合い」がキーワードとなっている。

本稿で紹介した生活保護制度、求職者支援制度、生活困窮者自立支援制度では、個別支援がより重要になっている。

個別支援が重視されることは意義があるが、その中で利用者の意思（自己決定）がどの程度尊重されるのか、利用者を支える職員体制は整っているのか、ということをみておかなくてはならない。就労支援を例にとると、利用者が希望しない職場へ就職を勧めることは許容されるのであろうか。一部の制度ではすでにシステム化されているが、就労支援を受けることやプログラムに参加することを金銭給付の対象とすることは、自立支援に相応しいのであろうか。制度の実態をふまえつつ、検討する必要がある。

自立支援のためのシステムを整えても職員体制が不十分であったら、機能しないことは明らかである[6]。生活保護制度では、2005年度から自立支援プログラムが導入されているが、現在では有効活用されていない。そもそも、現業員（ケースワーカー）は80世帯あるいは65世帯を標準数として担当している。生活に困難を抱える人々の支援には、一般世帯以上に時間がかかることもある。自

193

立支援プログラムが有効活用されなかったのは、制度の枠組みに問題があったといわざるを得ない。

今後、自立支援を重視していくのであれば、職員体制を整えていくとともに、社会福祉士や精神保健福祉士などのソーシャルワーカーの活用も必要になってくるのではないだろうか。

4）劣等処遇思想の克服

ここまで生活保護と生活困窮者支援制度の課題をみてきた。

制度の厳格な運用や基準引下げは一部の研究者、専門職、運動団体からは厳しく批判されているが、その批判は残念ながら多くの国民に支持されていない。むしろ「不正受給は許さない」、「生活保護利用者が自分よりも良い生活をしているのは許せない」と、さらなる制度運用の厳格化や基準引下げを後押しする意見の方が多い。インターネット上での意図的で悪質な書き込みは別としても、生活保護制度の話をして良いイメージを持っている人に出会うことは少ない。

生活保護と生活困窮者支援制度にはさまざまな課題が存在するが、劣等処遇思想の克服こそ早急に取り組むべき課題である。現行の生活保護法には、憲法25条の理念を具体化したことと、4つの基本原理（国家責任、最低生活保障、無差別平等、補足性）が明記されている。生活保護法の内容を「適正実施」することが求められている。

〈注〉

1　各種扶助の内容については、「低所得者に対する支援と生活保護制度（公的扶助論）」のテキストなどにまとめられているので、参照してほしい。

2　1960年代の生活保護行政の転換については、村田隆史「生活保護制度の制限扶助主義への転換と『第二次適正化政策』―1960年代『生活と福祉』の分析を通じて―」日本福祉図書文献学会『福祉図書文献研究（第10号）』2011年、pp.33-45にまとめている。

3　就職率に関する数値は2016年度のものである。厚生労働省ホームページ「求職者支援制度のご案内」を参照。

4　第13回中央訓練協議会「資料5　求職者支援制度利用調査―訓練前調査・訓練後調査・追跡調査の結果より〈労働政策研究研修機構〉」2015年、を参照。

5　吉永純『生活保護「改革」と生存権の保障―基準引き下げ、法改正、生活困窮者自立支援法』明石書店、2015年、pp.8-32。

6　生活保護行政における職員体制と職員の専門性については、自身も現業員（ケースワーカー）

第 10 章　生活保護と生活困窮者支援制度

の経験がある田川英信の論考を参考にした。『朝日新聞』2017 年 3 月 29 日付。

〈推薦図書〉

○吉永純・布川日佐史・加美嘉史編『現代の貧困と公的扶助―低所得者に対する支援と生活保護制度』高菅出版、2016 年。
　　──生活保護制度に携わる実践者と研究者が協働して書いた書籍。生活保護制度運用の実態と、その根拠がわかる一冊であり、実践にも研究にも役立つ。
○金子充『入門　貧困論』明石書店、2017 年。
　　──貧困問題に関する歴史、理論、実践、実態がまとめられている書籍。「入門」と書かれているように、貧困問題をわかりやすく記述している。
○村田隆史『生活保護法成立過程の研究』自治体研究社、2018 年。
　　──生活保護法の基本原理を成立過程から分析している書籍。内容は決して易しくないが、生活保護制度の基本原理ができた背景を学びたい人にとっては必読。

【学習課題】

①低所得者を専門職として支援する時に、支援者として求められる基本的態度についてまとめてみよう。
②人間が暮らす上で貧困に陥る原因については、「自己責任」という考え方と「社会構造の問題」という考え方が存在する。どちらかの立場に立ち、貧困問題が発生する要因に関するあなたの考えをまとめてみよう。
③生活保護制度を利用することを恥ずかしいと感じる人は多い。スティグマの問題を解決するために、あなたが必要だと考えることをまとめてみよう。

第11章

アメリカの社会保障

木下　武徳

本章のねらい

　アメリカ社会は、自助・自立を強調し、企業がお金もうけのために社会福祉や社会保障の分野に参入し、慈善活動が補完する民間まかせで、社会保障は不十分だというイメージがある。

　では、アメリカでは具体的にどのような社会保障制度を構築しているのだろうか。また、実際にどの程度民間まかせなのだろうか。

　アメリカは留学やビジネス、芸術、観光、移民など世界中から多くの人が夢や希望を持って集まる国でもある。本書の読者のなかにもアメリカに行ったことがある人、これから行く人もいるだろう。そのアメリカでの暮らしを支える制度がどうなっているのか学んでいこう。

1．アメリカ社会保障の特質

1）アメリカ社会保障の特質

（1）人口、面積、経済

　アメリカは経済、政治、軍事、科学等の面で世界のリーダー的な位置を占めており、日本にとっても歴史的にとても関係の深い国の一つである。

　アメリカの人口は 3 億 2775 万人（2018 年 5 月、日本の約 3 倍）、面積は 962.8

万平方 km（日本の約 25 倍）と広大で、豊富な天然資源がある。一国の経済規模を表す指標である GDP（国内総生産：2016 年名目）をみると、世界一が 18 兆 6244 億 7500 万ドルのアメリカであり、次いで、中国の 11 兆 2182 億 8100 万ドル、日本の 4 兆 9473 億 5900 万ドルと続く。アメリカの経済規模は日本の 4 倍以上であり、アメリカの経済力の強さが理解できよう[1]。

次に、アメリカの社会保障を考える上で重要な要因として、連邦制国家、移民国家であることを説明したうえで、アメリカ型福祉国家の特徴を指摘しておきたい。

（2）連邦制国家

アメリカは 50 州とコロンビア特別区（ワシントン DC）から成る連邦制をとっている。「連邦制」とは自治権をもつ多数の国家が共通の政治理念のもとに結合して構成する国家である[2]。

アメリカは正式には「アメリカ合衆国」（United States of America）である。アメリカはヨーロッパの植民地として発展してきたが、植民地支配を強めるイギリス政府に対して独立と自由を求め、1775 年独立戦争を起こした。その後、それらの植民地（州）が集まり、1787 年に連邦制国家をつくり上げた。つまり、住民自治に裏打ちされた地方政府、州政府、連邦政府の 3 層構造の行政システムを構築してきた。

したがって、アメリカの州政府の自治権はきわめて大きく、社会保障についても州政府の権限がとても大きい。

（3）移民国家

アメリカは移民により形成された国である。アメリカには元々ネイティブ・アメリカンが暮らしていたが、16 世紀ごろから徐々にイギリス等のヨーロッパ諸国からの植民地化が進められ、多くの白人がアメリカを形成していった。

20 世紀初めごろまではヨーロッパからの移民、第二次大戦後からはメキシコやアジアからの移民を中心に人口が急増し、「人種のるつぼ」等といわれるほど、多様な移民による社会になった[3]。しかし、仕事を求めてアメリカにきた移民には自助が求められ、それを前提とした社会保障の仕組みがつくられてきた。

第 11 章　アメリカの社会保障

同時に、それを補完する移民同士の助け合いが広まり、活発なコミュニティ活動や NPO 活動にもつながっている。ここから、社会保障の前提として「自助」が求められ、特に貧困対策が厳しいものになってきているが、他方で NPO 等の助け合いの仕組みも活発になっているという特徴がある。

（4）アメリカ型福祉国家

アメリカの社会保障の性格をみるために、エスピン゠アンデルセンの福祉国家の国際比較が参考になる。彼は、病気などで労働しなくても生活が維持できるかという「脱商品化」、職種に応じた給付が行われ階層格差が固定化するかという「階層化」の指標を用いて、各国の福祉国家の特徴を整理した[4]。

それによると、脱商品化が弱く、階層化の強いアメリカは「自由主義レジーム」に位置付けられた。つまり、働かなければ生きていけない「自助」が強く、貧富の格差が大きく、固定化しているという特徴があった。他方、脱商品化が強く、階層化の弱い、つまり社会保障給付が手厚く、平等志向の強いスウェーデン等は「社会民主主義レジーム」とされ、ドイツやフランス等は脱商品化と階層化とも強い「保守主義レジーム」とされた。こうした国際比較のなかで、アメリカの福祉国家は、自助が強調され、貧富の格差が大きい特徴を持つことが明らかになった。

（5）「隠れた福祉国家」

アメリカは自助を強調した社会保障の仕組みをつくってきたため、公的年金は最低限で、企業年金の加入が促進され、公的医療も貧困者や高齢者・障害者に限定され、多くの人は民間医療保険に加入しなければならない。貧困対策も就労要件や期間制限が課されるなど厳しい条件であり、給付も不十分である。

他方、アメリカでは企業年金や民間医療保険への加入をできるだけ保証しようとする仕組みがあったり、貧困対策でも勤労税額控除といって税制を通じたワーキングプア層への給付の仕組みがある。また、NPO 等が行う福祉サービスの提供や食料の無料提供のような活動も普及している。さらに、それにも政府の支援が行われていることが多い。

これらは国が実施する社会保障や社会福祉としては見えにくいため、アメリ

199

カは「隠れた福祉国家」（Hidden Welfare State）ともいわれる[5]。

2）本章の構成

　以上のような特徴を持つ自助を前提としたアメリカの社会保障の内容を概説していきたい。次の第2節で、社会保障の発展の主な経緯を概観し、現在のアメリカの社会保障の体系を説明する。第3節で年金、第4節で医療・介護、第5節で公的扶助と社会福祉サービスについて説明し、最後にアメリカの社会保障を取り巻く課題について述べたい。

2．アメリカ社会保障の発展と体系

1）社会保障の発展

　最初に、アメリカ社会保障の発展の経緯をみておきたい。

　17世紀の植民地時代にはイギリス領が多かったため、イギリスの救貧法により自分で生活ができない児童や障害者等は、救貧税を支給されて世話をしてくれる人の家に預けられることによって救済が図られた。その後、移民が急増し、また、産業化が急速に進んだため、貧困問題が深刻化し、19世紀後半には「社会改良運動」のなかで救貧対策の整備が図られ、特に州政府による母子や障害者、高齢者向けの対策がとられるようになった。

　その後、1929年の世界恐慌による大量失業を踏まえ、フランクリン・ローズベルト大統領によるニューディール改革と呼ばれる公共事業を通して失業者の救済策が実施された。

　一方、1935年に成立した社会保障法は大きく以下の3つにより構成されている。①連邦政府直営の老齢年金制度、②州政府の失業保険への連邦補助金、③州政府の老人扶助、母子扶助、視覚障害者扶助、社会福祉サービスへの連邦補助金である。

　こうして、連邦政府レベルで社会保険や公的扶助の制度的基盤ができたのである。ただし、失業保険も公的扶助も州政府への補助金の制度であり、州政府が主体となっていることに注意されたい。なお、社会保障（Social Security）と

200

いう言葉が世界で初めて使われたのが、この1935年社会保障法であった。

第二次世界大戦が終わったが、1950年代後半から60年代にかけて戦争中に活躍した黒人らのマイノリティの人たちの権利を求めた公民権運動が高まった。他方、ハリントンの『もう一つのアメリカ』を契機とした「貧困の再発見」があり、1963年に大統領になったジョンソン大統領による「偉大な社会」の建設や「貧困との闘い」を通じて、社会保障の拡充が図られた。

1964年には人種差別撤廃のための公民権法、貧困問題を克服するための職業訓練や地域活動を推進する「経済機会法」、また、食料扶助法（Food Stamp）が成立し、1965年には高齢者・障害者の公的医療保険であるメディケア、医療扶助であるメディケイド、高齢者福祉サービス等を提供する「高齢アメリカ人法」（Older Americans Act）が成立した。

1972年には、高齢者や障害者の扶助を統合した「補足的保障所得」（Supplemental Security Income: SSI）が成立した。1972年の社会保障法の「タイトルXX」により公的扶助と福祉サービスの分離が行われ、福祉サービスの拡大につながった。こうして、現在のアメリカの社会保障の基本的な体系ができあがってきたのである。

2）社会保障の体系

現在のアメリカの代表的な社会保障制度としては、公的年金制度の「老齢・遺族・障害年金」（Old-Age, Survivors and Disability Insurance: OASDI）、公的医療制度として、高齢者や障害者の医療を保障する「メディケア」（Medicare）と、低所得者への医療扶助である「メディケイド」（Medicaid）がある。加えて、労災保険・失業保険がある。

また、公的扶助として、高齢者と障害者への所得保障である「補足的保障所得」（Supplement Security Income: SSI）、子どものいる貧困世帯への公的扶助である「貧困家庭一時扶助」（Temporary Assistance for Needy Families: TANF）、低所得層への食料支援である「補足的栄養支援」（Supplemental Nutrition Assistance Program: SNAP）などがある。

以下、年金制度、医療制度、公的扶助制度をとりあげ、具体的に見ていきたい[6]。

3．年金制度

老齢・遺族・障害年金（OASDI）は、連邦政府の社会保障庁（Social Security Administration）が運用する、全国で統一された公的年金制度である。アメリカでは、「社会保障」（Social Security）というと、一般にはこの年金制度をさす。

年金制度には基本原則があり、①年金額は就労履歴に基づくこと、②受給にあたって資力調査をしないこと、③年金受給は拠出に基づくこと、④普遍的・強制的に年金加入がなされること、⑤年金受給は法に基づく権利であることである[7]。

1）被保険者資格と保険料

被保険者資格は、被用者と年間所得 400 ドル以上の自営業者である。無職の者は適用除外とされており、学生や専業主婦は被保険者にならない。なお、一部の州・地方公務員、鉄道職員は適用対象外とされている。全被用者および全自営業者の 94％ の 1 億 6890 万人が加入している（2015 年）。

保険料は「社会保障税」（Social Security Tax）と給与に応じて税方式で徴収される。年 12 万 8400 ドルまでの所得に対して、被用者は 12.4％（労使折半で事業主・労働者とも 6.2％）、自営業者は 12.4％ を乗じた保険料が課される（2018 年）[8]。なお、国庫負担は原則なく、保険料で運営されている。

2）年金の給付

アメリカの公的年金制度は稼得収入の喪失に対応する「基礎的保障」をするものである。その給付水準は、およそ所得比例となっており、賃金を平均賃金の伸びに応じて修正（スライド）した平均賃金月額に基づいて決まる。

まず、「老齢年金」については、受給前に必要な保険料納付期間が、最低加入期間の 10 年以上ある場合に、支給開始年齢である 66 歳になった場合に支給される。ただし、支給開始年齢は 2027 年までに段階的に 67 歳に引き上げられる。

次に、「障害年金」については、保険料を一定期間、一定額を支払った者が障害を持つ場合に支給される。そして、「遺族年金」については、年金受給者や被保険者が亡くなった場合に 60 歳以上の配偶者や、16 歳未満の子どもを持つ配

第 11 章　アメリカの社会保障

偶者等に対して支給される。

　これら 3 つの年金支給について、まず平均給付月額をみると、老齢・遺族年金では 1369 ドル、障害年金では 1172 ドルであった（2017 年 6 月）。日本円にしてもおよそ 10 万円ほどであり、年金だけだと生活はかなり厳しいことがわかる。

　次に、受給者数をみると老齢年金では 4549 万 7828 人、遺族年金では 599 万 4280 人、障害年金では 1041 万 1252 人であった（2017 年 12 月）。さらに、2016 年の支給総額は老齢・遺族年金 7686 億ドル、障害年金 1437 億ドルであった。

　このように、公的年金は人数、支出額から見ても、アメリカ社会保障において最大のプログラムになっている。

3）企業年金

　さて、アメリカの公的年金は国民生活の「基礎的保障」をするものであるが、その給付額は生活に十分なものにはなっていない。多くの被用者は公的年金のいわば 2 階にあたる雇用主提供年金、つまり企業年金に加入している。

　企業年金を提供している事業所は全米で 48% でしかないが、その規模が 100 人以上では 89% である[9]。企業年金は大きく分ければ、給付が確約された「確定給付年金」と、給付が保険料を株式等に投資しその相場によって変動する「確定拠出年金」の 2 つの形態がある。「確定拠出年金」は日本でも、そのアメリカの法律の条項から「401（k）プラン」として知られている。

　重要なことは、アメリカでは 1974 年のエリサ法により企業年金の給付も賃金の一部として個人の権利として保護する「受給権保護」が確立していることである。企業年金は私的年金ではあるが、政府の強制力によってその受給権が保護されているのである[10]。そのため、企業年金が大きく発展したのである。

　しかし、2008 年の大手自動車会社のジェネラル・モーターズ（GM）の経営破綻の原因の一つに企業年金の債務があったが、破綻により企業年金も減額された[11]。企業年金は企業にとっても、年金受給者にとっても不安定な面があることは否めないだろう。

203

4．医療制度

　これまで述べてきたように、アメリカの医療制度には国民全体を対象にした公的医療制度はなく、主に65歳以上の高齢者や障害者を対象としたメディケア（Medicare）、低所得層を対象としたメディケイド（Medicaid）があるのみである。

　そのため、高齢者や障害者ではない、また、低所得ではない人々は民間医療保険に加入することになる。以下、具体的にみてみよう。

1）メディケア

　メディケアについては、連邦政府の保健福祉省が運営している。ただし、民間保険会社も一部運営をしている。メディケアの受給資格がある被保険者は、10年分の社会保障税を納付した65歳以上の高齢者、障害年金受給者などである。

　メディケアには、強制保険である「パートA」の「入院保険」があり、入院医療、在宅医療、専門介護サービス、ホスピスの医療費を給付する。保険料は社会保障税で2.9%であり、被用者はそれを労使折半し、自営業者は全額負担となる。なお、65歳になった利用者は保険料負担は求められない。

　任意加入である「パートB」の「補足的医療保険」は、通院時の医療費など、パートAの給付対象になっていない医療費を給付する。パートAの加入者が加入でき、約9割が加入している。

　「パートC」の「メディケア・アドバンテージ」は、任意加入で、民間医療保険を通じてパートAとパートBと同等の医療サービスが受けられる。「パートD」の「メディケア処方箋薬プラン」も、任意加入で、民間医療保険を通じて加入し、外来患者に係る処方せん薬代を給付する。このパートCとDについては、民間保険会社が運用している。つまり、民間保険会社によって公的医療保険を補完する仕組みをつくっている。

2）メディケイド

　メディケイドは低所得者向けの医療扶助であり、連邦政府の保健福祉省が必要額の半分以上を財源提供し、監督するが、実際には州政府で運営されている。2016年度の負担額をみると、連邦政府が3634億ドル、州政府が2125億ドルを

負担し、合計 5579 億ドルを支出していた。

州政府により運営が行われているため、州政府によって利用できる条件が異なるが、連邦政府からメディケイドの補助金を受けるには、次のような者を加入対象者としなければならない。①子どものいる低所得者の家庭、②世帯所得が連邦貧困ガイドラインの 133% 未満の 6 歳未満の子ども、③100% 未満の 6 歳から 19 歳の子ども、④補足的所得保障の受給者、などである。

さらに、後述のオバマケアによる 2014 年以降のメディケイド拡大によって、33 州とワシントン DC では、a）世帯所得が貧困ガイドラインの 133% 未満の成人、b）133% 未満の 6 歳以上 19 歳未満の子どもも対象になった。

なお、メディケイドの受給要件に満たないが、民間医療保険の保険料も支払うことが困難な低所得世帯の子どもに医療保険に入るよう支援する「児童医療保険プログラム」（Children's Health Insurance Program: CHIP）が 1997 年に成立した。メディケイド同様、連邦保健福祉省の財源提供と監督の下、州政府が運用している。

3）オバマケア

以上のメディケア、メディケイドに加入していない人は民間医療保険を購入して医療に備えなければならない。特徴的なことは、アメリカでは、企業年金同様、雇用主が民間医療保険会社と手を組んで医療保険を提供している。そのため、仕事を持っている人の多くは雇用主提供医療保険に加入している。

また、民間医療保険とはいえ、連邦政府の 1996 年「医療保険携行・執行責任法」（Health Insurance Portability and Accountability Act of 1996）などにより、保険の契約更新保証や保険料増大を防ぐ「料率規制」などを通して、州政府が民間医療保険に社会的な役割を担うように働きかけてきたのである[12]。

しかしそれでも、民間医療保険に加入できない人が増加し、2010 年当時 5000 万人ほどの医療保険の無保険者がいたことが大きな問題であった。そこで、2010 年にオバマ政権は、「患者保護・医療費負担適正化法」（Patient Protection and Affordable Care Act）、いわゆる「オバマケア」を成立させた。

こうして無保険者を解消するために、第 1 に、民間医療保険の購入のために助成をすると共に義務化し、医療保険に加入していない人には罰金を課した。第

図11−1 アメリカにおける医療制度の加入状況の概要（2015年）

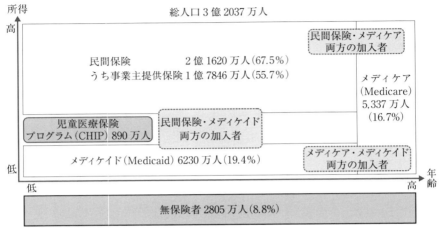

出典：厚生労働省『2017年海外情勢報告』2018年、p.94。

2に、医療保険取引所（エクスチェンジ）を公的に設置し、民間医療保険の加入を促した。第3に、既往症等の理由で民間医療保険の購入を保険会社が拒否できなくした。第4に、メディケイドの受給対象者を拡大した[13]。

これらのために、近年アメリカの医療支出が急増している。特にメディケイドの増加が著しく、2010年の連邦支出は2904億ドルから2016年の3982億ドルになった[14]。

図11−1は、2015年の医療制度の加入状況をみたものである。これによると、民間医療保険加入者は2億1620万人（67.5％）、メディケアは5337万人（16.7％）、メディケイドは6230万人（19.4％）、児童医療保険プログラムは890万人（2.8％）となり、無保険者は2805万人（8.8％）にまで減少した。オバマケアの一定の成果といえよう。

他方、既往症のある人なども保険に加入することになり、保険リスクが高まったため、保険料が高騰する問題も生じている。これは公的医療保険制度を創設することなく、医療保障をするのに民間医療保険を活用することの副作用だといえよう。また、2017年に、オバマケアを廃止すると主張していたトランプ氏が大統領となり、2017年12月の法改正により、2019年度より医療保険加入

第11章 アメリカの社会保障

の義務が削除されることになった。そのため、それ以降は再び無保険者数は増えると予測されている。

5．公的扶助

すべての国民のあらゆる生活課題に対応した包括的な日本の生活保護とは異なり、アメリカの公的扶助は多くの制度に分立した形で実施されている。ここでは、代表的な公的扶助制度を以下に取り上げて紹介しよう。

1）貧困家庭一時扶助

まず、子どものいる貧困世帯を対象とした「貧困家庭一時扶助」（Temporary Assistance for Needy Families: TANF）である。これ以前の制度である「要扶養児童家庭扶助」（AFDC）の受給者が、1995年に487万世帯、1366万人にまで増大し、その改革が叫ばれ、1996年の「個人責任及び就労機会調整法」（Personal Responsibility and Work Opportunity Reconciliation Act）に結実した。その目玉となった制度がこの貧困家庭一時扶助であった。

この制度の特徴は、1つ目に、扶助は一時的なものであり、生涯で60ヵ月（5年分）しか受給できない「期間制限」が導入された。2つ目に、受給の条件として就職活動やボランティア活動、職業訓練等の「労働要件」が課されることになった。3つ目に、その労働要件が達成できなかった場合、扶助を廃止または減額する「制裁措置」が導入された。このように、貧困家庭一時扶助は、扶助の引き換えに労働を要求する、いわゆる「ワークフェア」の典型的な制度である。

貧困家庭一時扶助は州政府の運営管理であり、連邦政府はこの制度の枠内で実施する州政府に対して包括補助金の形で財源の一定割合を提供する。運営主体である州政府の裁量は大きく、例えば5年の期間制限も、州によってはより短い期間を設定しているし、給付額も州政府によって大きく異なる。受給者には教育や言語が不十分であったり、病気などで働くことが困難な人も多いため、そのサポートをどうするかが大きな課題となっている。

この改革の結果、貧困家庭一時扶助の受給者は大幅に減少したが、貧困問題

207

そのものは解消されておらず、その成果の賛否は割れている[15]。2018年3月の受給者は、101万世帯、228万人である。

2）補足的保障所得

次に、無年金であったり、年金だけでは生活費が不十分な高齢者や障害者に対する、連邦政府の社会保障庁が運営する所得保障としての「補足的保障所得」（Supplementary Security Income: SSI）がある[16]。障害のある子どもにも給付される。なお、多くの州政府は、追加支給を行っている。

2016年12月時点の受給者数は830万人であり、1人当たりの平均給付額は542ドルであり、給付総額は548億ドルであった。

3）補足的栄養支援

さらに、農業省が運営する、貧困層に対する食料支援制度である補捉的栄養支援（Supplemental Nutrition Assistance Program: SNAP）がある。

2008年までは「フードスタンプ」と呼ばれ、食料購入チケットが配布されていたが、2008年以降は現在の名称になり、磁気式カードに入金され、カードで支払う方式に変更されてきている。補捉的栄養支援の利用が承認された店舗で利用し、食料を購入することができる。

2017年の利用状況をみると、受給者は4212万人で、1人当たりの平均給付月額は125ドルであり、給付総額は636億367万ドルであった。きわめて少額の給付ではあるが、国民の10人に1人以上（13％）が受給しているかなり広く利用されている公的扶助制度である。

補捉的栄養支援は、貧困家庭一時扶助（TANF）や補捉的所得保障（SSI）などの受給者も受給することができる。アメリカにはナショナルミニマムという発想が公的扶助の設計にはなく、一つの公的扶助で生活が保障されることが想定されていない。あくまでも、さまざまな公的扶助制度があるが、それらを自ら主体的に選択し、利用する努力を積み重ねることが要求されているといえる。

なお、農業省の食料支援には、その他にもさまざまなプログラムがあり、妊産婦や乳幼児向けの「女性乳幼児特別栄養補助事業」（The Special Supplemental Nutrition Program for Women, Infants, and Children: WIC）や学校給食などもある。

第 11 章　アメリカの社会保障

特に、興味深いことは、緊急食料支援事業（The Emergency Food Assistance Program: TEFAP）であり、農業省が購入した食料を各地の緊急食料支援をしている民間団体等に配布していることである[17]。食料を無料提供しているチャリティ団体や NPO はアメリカではかなり多いが、実はそのなかの一部は連邦政府のプログラムとして実施しているのである。

4）勤労所得税額控除

なお、厳密には公的扶助ではないが、実質的に非常に大きく公的扶助と同様の働きをしている制度が連邦政府の税を所管する「内国歳入庁」（Internal Revenue Service: IRS）によって実施されている「勤労所得税額控除」（Earned Income Tax Credit）である。

これは、勤労所得のある世帯に対して、税額控除（減税）をし、もしその所得が低く控除しきれない場合に税の還付（つまり給付）を行う制度である[18]。控除額は、子が 2 人いる場合に最大で年 5728 ドルである（2018 年）。

勤労所得税額控除は勤労所得のある低所得者、つまりワーキングプアにある人にとっては大きな給付になっている。他方、勤労所得のある人に限定されているため、失業者や無職の低所得者には恩恵が及ばない。

その他、子どものいる世帯への経済的支援のための税額控除、つまり、「追加的児童税額控除」（Additional Child Tax Credit）もある。

5）見えにくくなる公的扶助

税額控除を含む低所得者向けの現金給付の全体の支出額をみると興味深い傾向が見える。

2016 年の現金給付総額について、補捉的所得保障が 667 億ドル（41.9％）、勤労所得税額控除が 605 億ドル（38.0％）、追加的児童税額控除が 201 億ドル、貧困家庭一時扶助が 64 億ドル（4％）、困窮退役軍人年金が 54 億ドル（3.4％）であった（なお、補捉的栄養支援は総額 704 億ドルであった）[19]。

このように低所得者向け現金給付として勤労税額控除や追加的児童税額控除という所得税を通じた見えにくい給付制度が大きな割合を占めている。

209

6．全てを自己責任に帰さない社会保障国家

　以上、見てきたように、アメリカの社会保障の特徴は、第1に、基礎的保障を行う社会保障年金では不十分で企業年金が発達している、第2に、すべての人が加入できる公的医療保険制度が整備されていない、第3に、貧困が大きな問題となっているが、そのための公的扶助は断片的であり、貧困家庭一時扶助に見られるように労働要件と制裁措置を課した厳しい利用条件になっている、ことなど、いわゆる自己責任に重きをおいた「自由主義レジーム」の福祉国家のまさにモデルとなるような特徴を見せている。

　ただし、それと同じぐらい興味深いことは、日本にはない、また日本からみると気付きにくいさまざまな取り組みがある。

　企業年金はエリサ法で受給権保護がなされ、オバマケアに見られるように政府が民間医療保険の購入促進のための施策を展開し、公的扶助でも勤労所得税額控除が低所得者向け現金給付制度の大きな割合を占めている。食料支援では民間のチャリティ活動を通じた連邦政府の緊急食糧支援も行われている。まさに「隠れた福祉国家」である。

　ただし、このような民間を通じた社会保障の部分はなかなか見えにくいために、社会保障の評価を困難にし、社会保障財源の支持を得ることが難しくしている。しかし、だからこそ、自己責任の国民的な信念を維持しつつ、それを見えない形でカバーする社会保障の展開を可能にしているともいえよう。

〈注〉

1　総務省統計局『世界の統計 2018』、p.57。
2　小学館『日本国語大辞典』。
3　木下武徳「アメリカにおける移民増加と生活困窮者支援策」『貧困研究』17 号、2016 年、pp.62-71。
4　エスピン゠アンデルセン著、岡沢憲芙・宮本太郎訳『福祉資本主義の三つの世界〜比較福祉国家の理論と動態』ミネルヴァ書房、2001 年。厚生労働省『平成 24 年厚生労働白書』、pp.78-86、参照。
5　Christopher Howard (1997) *The Hidden Welfare State*, Princeton University Press.
6　ここでは、主に厚生労働省『2017 年海外情勢報告』2018 年を参照し、Social Security Administration "*Social Security Programs in the United States*" 1997 や Social Security Administration, "*Annual Statistical Supplement to the Social Security Bulletin, 2017*" 2018 年などで補足した。

第 11 章　アメリカの社会保障

7　Social Security Administration "*Social Security Programs in the United States*", 1997, p.10.

8　なお、社会保障税は税ではあるが、最低限の期間の支払いを要件とし、また特定の目的のために使用されるため、保険料の性格を持っている。そのため一般的には保険料と表現されている。中浜隆『アメリカの民間医療保険』日本経済評論社、2006 年、p.19 参照。

9　厚生労働省『2017 年海外情勢報告』2018 年、p.93。

10　吉田健三『アメリカの年金システム』日本経済評論社 2012 年、pp.1-3。

11　ロジャー・ローウェンスタイン（鬼澤忍訳）『なぜ GM は転落したのか？アメリカ年金制度の罠』日本経済新聞出版社、2009 年。

12　中浜隆『アメリカの民間医療保険』日本経済評論社、2006 年。

13　民間保険の加入や無保険者の動向、オバマケアの内容については、長谷川千春「アメリカの医療保障システム：雇用主提供医療保険の空洞化とオバマ医療保険改革」『海外社会保障研究』171 号、2010 年、pp.16-32 を参照。

14　Congressional Research Service, "*Federal Spending on Benefits and Services for People with Low Income: In Brief*", 2018, p.6.

15　根岸毅宏『アメリカの福祉改革』日本経済評論社、2006 年、および木下武徳『アメリカ福祉の民間化』日本経済評論社、2007 年。

16　野田博也「アメリカの補足的保障所得（SSI）の展開―就労自活が困難な人々に対する扶助の在り方をめぐって―」『海外社会保障研究』160 号、2007 年。

17　根岸毅宏「アメリカ福祉国家の緊急食料支援における民間主導の構造―FA ネットワークとその北バージニア地域の事例」『国学院経済学』63 巻 2 号、2015 年、pp.193-240。

18　根岸毅宏『アメリカの福祉改革』日本経済評論社。

19　Congressional Research Service, "*Federal Spending on Benefits and Services for People with Low Income: In Brief*", 2018, p.6.

〈推薦図書〉

○河﨑信樹・吉田健三・田村太一・渋谷博史『現代アメリカの経済社会―理念とダイナミズム』東京大学出版会、2018 年。
　　――社会保障改革の前提となるアメリカの産業や労働がどのように変化してきているのか、具体的な事例をあげながら最新の状況を明らかにしている。
○吉田健三『アメリカの年金システム』日本経済評論社、2018 年。
　　――アメリカの年金制度、つまり社会保障年金と企業年金の歴史やしくみ全体が理解できる。
○天野拓『オバマの医療改革―国民皆保険制度への苦闘』勁草書房、2013 年。
　　――オバマ大統領が医療保険の無保険者問題にどう取り組んだのかを明らかにした。

第12章

ドイツの社会保障

森　周子

本章のねらい

　ドイツは、社会保険の発祥の地である。ドイツ帝国期の 1880 年代に、当時の宰相ビスマルクの後押しで、世界初の疾病保険（医療保険）、労災保険、廃疾老齢保険（年金保険）が創設された。失業保険はイギリスに遅れをとってワイマール期の 1927 年に施行されたものの、後の東西ドイツ統一後間もない 1995 年には、介護保険を世界で最初に開始した。

　社会保障制度の全体像をみても、社会保険が社会保障制度の根幹を占めている[1]。

　ドイツには、社会政策の基本理念として、オルド自由主義という新自由主義の一種を理論的基盤とする「社会的市場経済」という概念が存在する。

　この概念は、戦後一貫して、何度かの政権交代を経ているにもかかわらず、二大政党であるキリスト教民主・社会同盟（CDU/CSU）、および社会民主党（SPD）の双方から標榜され続けてきた。この概念は、経済的効率性と社会的公正の両立を志向し、社会政策・社会保障・社会福祉の分野では「自助」を重視し、また、それを支援する形での連帯性原理と補完性原理（民間団体や市町村といった「下位団体」が独力でなしうることに対し、州や国家といった「上位団体」は極力介入しない＝下位団体が独力でなしえないことに対し、上位団体が補完的に援助するという原理）とを重視する。それゆえ、民間団体や自治体を主体とした制度運営が優先され、国家はそれを補完するという姿勢がとられている。

213

なお、ドイツの憲法にあたる基本法には、ドイツが社会国家（福祉国家とほぼ同義）であることが20条と28条に謳われており、また、人間の尊厳の不可侵性についても1条に明記されている。そして、社会保障関連の法律は「社会法典」として法典化されており、第1編から12編まで存在する。

1．ドイツの政治・経済・社会状況

　2005年に、CDUのアンジェラ・メルケルが首相を務めるCDU/CSUとSPDの大連立政権が発足した。2009年にはCDU/CSUと自由民主党（FDP）との連立政権が樹立されるも、2013年には再びCDU/CSUとSPDの大連立政権が発足し、2017年の総選挙後も紆余曲折を経て持続している。

　経済状況は、2008年のリーマン・ショックの影響を受けて2009年にはマイナス成長を記録するも、その後は輸出が伸びたことから堅調であり、2017年の経済成長率は3.8％であった。失業率をみても、2017年は3.8％であり、同年のEU28ヵ国平均（7.6％）と比較しても著しく低い。

　社会状況をみると、先進国の中でも少子高齢化が進んでいる国に属する。2017年の合計特殊出生率は1.57であり、近年では上昇傾向にある。また、高齢化率は2017年は21.4％であるが、連邦統計局の推計では、2060年には33％に達すると見込まれる。

　さらに、2010年代はシリアなどからの難民受入れが急増し、大きな問題となっている。難民の庇護申請者数は2015年以降急増し、同年は47.7万人、2016年は74.6万人であり、この時期に約80万人の難民を受け入れたとされる［小林（2017）］。だが、同時期に移民受入れ制限も行ったため、2017年には22.3万人に減少し、同年に受入れ決定がなされたのは12.4万人であった［BAMF（2018）］。

　移民に対する世論は二分されており、将来的に国力を支えるとして好意的な評価がある一方で、移民の大量流入による社会保障給付の増加や社会不安の増大を危惧する動きもあり、後者が、移民受入れの制限を強く主張する政党（ドイツのための選択肢：AfD）の台頭にもつながっている。

第 12 章　ドイツの社会保障

２．医療保険

　ドイツの公的医療保険の根拠法は社会法典第 5 編（法定医療保険）である。保険者である「疾病金庫」は 2018 年 1 月時点で 110 金庫存在し、歴史的経緯から、地区疾病金庫、企業疾病金庫、同業者疾病金庫、農業者疾病金庫、連邦鉱夫・鉄道・海員金庫、代替金庫の 6 つの種別に分かれる。財源は保険料と国庫補助であり、2019 年の保険料率は 14.6％（労使折半）である。

　特徴的であるのは、疾病金庫間の競争を促進するため、被保険者が加入先の疾病金庫を（一部を除いて）自由に選択できること、および、その際に競争を公平なものとするために、各疾病金庫の被保険者集団の 4 つの指標（性別、年齢、障害年金受給の有無、有病率）をもとに疾病金庫間の財政調整を行う「リスク構造調整」という仕組みを実施していることである。

　なお、一定の所得（2019 年は年額 6 万 750 ユーロ）以上を得ている者は公的医療保険の強制加入の対象とはならず、民間医療保険に加入するか、または公的医療保険に任意加入する。2017 年時点で、全ドイツ国民の約 87％ が公的医療保険に加入し、約 13％ が民間医療保険に加入している。

３．年金保険

　ドイツの公的年金は、職域別に制度が分立している。最大規模のものは被用者と一部の自営業者を対象とする「法定年金保険」であり、根拠法は社会法典第 6 編である。所得比例年金のみからなる「一階建て」の制度であり、国民皆年金ではなく、専業主婦、学生などは任意加入である。

　支給開始年齢は 2012 年以降、65 歳から段階的に引き上げられており、2029 年に 67 歳へと移行する。2019 年の保険料率は 18.6％（労使折半）である。また、「保険になじまない給付」[2] に対する国庫補助も存在する。

　給付水準は、課税前ネット額（社会保険料額を控除した課税前の標準年金額）を、社会保険料額を控除した課税前の平均労働所得で除した値で示され、2020 年までは 46％、2030 年までは 43％ を下回らないこととされている。なお、この算定方法に基づく 2016 年時点の年金水準は 48％ である。

215

4．介護保険

　ドイツの介護保険は、20年以上の議論を経て1995年に世界で最初に創設された。根拠法は社会法典第11編（社会的介護保険）である。保険者は、疾病金庫に併設された「介護金庫」であり、被保険者は医療保険加入者である。要介護度は1〜5に区分され、それぞれ給付（限度）額が定められている（表12−1）。2019年の保険料率は3.05％（労使折半）（ただし、子のない23歳以上65歳未満の被保険者は被保険者負担分0.25％を上乗せされた3.3％）である。

　日本の介護保険との相違点として、①近親者の介護力に依存した構造であることから給付範囲が狭い、②すべての年齢の者（障害者・障害児などを含む）を対象とする、③在宅給付において現金給付（介護手当）が存在し、サービス給付と組み合わせた「コンビネーション給付」が可能、④サービス給付に利用者負担が存在しない（ただし、施設介護の場合は宿泊費と食費は利用者負担）、⑤公費負担がない、などが挙げられる。

表12−1　介護保険給付と給付（限度）額一覧

（単位：ユーロ（€））

		要介護度				
		1	2	3	4	5
居宅介護	サービス給付（限度額）（月額）	—	689	1,298	1,612	1,995
	介護手当（月額）	—	316	545	728	901
代替介護（年間6週間まで）（限度額）		—	1,612			
ショートステイ（年間4週間まで）（限度額）		—	1,612			
デイケア・ナイトケア（限度額）（月額）		—	689	1,298	1,612	1,995
居宅介護の際の負担軽減額（月額）		125				
居住共同体に居住する要介護者に対する追加給付（月額）		214				
完全入所介護（月額）		125	770	1,262	1,775	2,005
障害者の完全入所施設（月額）		—	施設の料金の10％（上限は月額266）			
介護補助具（月額）		40				
住環境改善措置（限度額）		4,000（複数人が居住する場合は16,000）				

注）代替介護とは、家族介護者が休暇や病気等で介護に支障が生じた場合、代わりの者が介護を行うという給付である。

出典：BMG（連邦保健省）（2018）より筆者作成。

第 12 章　ドイツの社会保障

5．失業保険

　失業保険は、社会法典第 3 編（雇用促進）を根拠法とし、連邦雇用エージェンシー（連邦労働社会省の外局）が運営し、下部機関である雇用エージェンシーが業務を行う。

　主要な給付である失業手当Ⅰの受給要件は、失業している、または労働時間が週 15 時間未満であり、かつ離職前 2 年間に 12 ヵ月以上保険料を納付していたことである。受給額は、前職の手取り賃金の 67％（子が

表 12 - 2　失業手当Ⅰの給付期間

被保険者期間 （失業前 5 年間）	給付期間
12 ヵ月	6 ヵ月
16 ヵ月	8 ヵ月
20 ヵ月	10 ヵ月
24 ヵ月	12 ヵ月
30 ヵ月かつ 50 歳以上	15 ヵ月
36 ヵ月かつ 55 歳以上	18 ヵ月
48 ヵ月かつ 58 歳以上	24 ヵ月

出典：BMAS（2017）。

ある場合）または 60％（子がない場合）であり、給付期間は被保険者期間と年齢に応じて 6〜24 ヵ月である（表 12 - 2）。

　保険料率は 2011 年以降 3％（労使折半）であったが、2019 年から労使の負担軽減のため 2.5％ に引き下げられた。

6．公的扶助──社会扶助と求職者基礎保障

　公的扶助に相当する制度は、社会扶助と求職者基礎保障である。

　前者の対象は稼得能力を持たない困窮者である。後者の対象は稼得能力を持つ困窮者であって、既述の失業保険から給付される失業手当Ⅰの受給期間を終了した者、または失業手当Ⅰの受給要件を満たさない者である。

　稼得能力とは、就労する能力をさし、一般的な労働市場の通常の条件で毎日少なくとも 3 時間以上就労可能な者は稼得能力を持つとされ、そうでない者は稼得能力を持たないとされる。

　いずれの制度も、対象となるにあたり資産調査が実施されるが、後者のそれは前者のそれよりも内容が緩和されている。

1）社会扶助

　社会扶助の根拠法は社会法典第 12 編（社会扶助）である。実施機関は自治体

217

―― ハルツⅣ法をめぐる評価 ――

　公的扶助制度は、2005年施行の「労働市場サービスの現代化に関する第Ⅳ法」（通称ハルツⅣ法）によって再編された。これは、当時400万人にまで膨れ上がった失業者数の半減を目指す労働市場改革の一環であった。

　本法施行以前は、失業保険による失業手当の受給期間終了後も困窮する者は、税財源（連邦負担）の失業扶助を受給した。支給額は前職の手取り賃金の57%（子がある場合）または53%（子がない場合）であった。他方で、失業手当の受給要件を満たさない失業者などの生活困窮者は社会扶助を受給した。だが、①失業手当の受給要件を満たしていない失業者が増えると、その分、社会扶助の受給者も増え、自治体の負担が増大する、②失業扶助受給者が再就労のための活動に真剣に取り組まなくなるなどの問題を有していたことから、ハルツⅣ法では、稼得能力の有無での制度の区分と、「失業扶助と社会扶助の統合」（失業扶助を廃止し、代わりに社会扶助と給付水準が等しい失業手当Ⅱを新設）が実施された。

　ハルツⅣ法によって就労支援が集中的かつ迅速になされるようになり、失業者数も（良好な経済状況の影響もあり）大きく減少したと評価されるが、他方で、苛烈な就労支援に苦しむ者の存在、失業手当Ⅱの金額の低さ、自治体の裁量給付である再就労給付の質や量のばらつきなどが問題視される。

（郡および郡に属さない市）であり、費用も自治体が負担する。給付には、①生計扶助、②高齢期および稼得能力減退時における基礎保障（年金受給開始年齢に達した困窮者、または、18歳以上で疾病または障害によって稼得能力を持たない困窮者に対する給付）、③医療扶助、④介護扶助、⑤障害者に対する統合扶助（障害者の社会参加促進のための給付）、⑥特別な社会的困難の克服に対する扶助（多重債務、アルコール依存症といった社会的困難を抱えた者に対し、その困難の克服のためになされる給付）、⑦異なる生活状態における扶助（高齢者・盲目者などへの特別な扶助）の7種類が存在する。

　なかでも、生計扶助は、社会扶助の中心的な給付である。支給額は、当該受給者の需要共同体（世帯とほぼ同義）の総需要額（基準需要額＋住居費・暖房費＋社会保険料＋その他一時的に必要な費用）から収入認定額を控除した額である。基準需要額とは、1人当りに給付される基本の給付額であり、2019年は単身者の場合で月額424ユーロであり（表12-3）、金額は上昇傾向にある。

　次に、「高齢期および稼得能力減退時における基礎保障」について述べると、

第 12 章　ドイツの社会保障

表 12 - 3　基準需要額の諸段階と金額（1 人当り月額）（2019 年 1 月改定）

（単位：ユーロ）

段　階	金　額	説　　明
第 1 段階	424	単身者。ひとり親。稼働能力のない成人。成人の障害者。
第 2 段階	382	パートナーまたはそれに類する関係の者と生計を一にする者
第 3 段階	339	入院施設に居住する成人の障害者（2019 年末まで）。働いておらず、親元にいる 25 歳未満の者。
第 4 段階	322	14-18 歳未満の若者
第 5 段階	302	6-14 歳未満の子
第 6 段階	245	6 歳未満の子

出典：Bundesregierung（2018）。

支給額は生計扶助と同額だが、特筆すべきは、対象者の親または子の年間収入が 10 万ユーロ未満の場合には、彼らの扶養義務は問われないことである。

　この規定は、子に扶養照会がなされることを恥じるあまり、困窮に陥った高齢者が社会扶助を申請しないという、いわゆる「恥じらいによる貧困」を防ぐことと、先天的または幼少時から重度の障害を持つ者が、両親から独立して主体的に生活を送るための手助けをすることを意図して設けられた。

2）求職者基礎保障

　求職者基礎保障制度は、社会法典第 2 編を根拠法とし、実施主体は、雇用エージェンシーと自治体とが共同で運営する「ジョブセンター」である。対象は、15 歳以上年金支給開始年齢未満で、稼得能力を有し、扶助を必要とする、通常の居所がドイツ国内にある者である。

　対象者（求職者と呼ばれる）は「失業手当 II 」を受給する。受給期間は、扶助を必要とする状態にある限り、年金受給開始年齢に達するまで無期限である。

　受給額は、求職者の需要共同体の総需要額から収入認定額を控除した額である。総需要額とは、基準需要額（既述の社会扶助における生計扶助のそれと同額）、住居費・暖房費、社会保険料、その他一時的に必要な費用の合計である。失業手当 II の費用は連邦負担であり、住居費・暖房費は自治体負担（ただし、連邦も一部を負担）である。

　求職者は、いくつかの例外（肉体的・精神的に当該就労をなしえない場合、当該

219

就労が 3 歳未満の子の養育または家族の介護に支障となる場合など）を除いて、あらゆる就労も期待可能とされる。求職者ごとに相談員が指名され、相談員との話し合いに基づき、再就労のための給付と活動を定めた「再就労協定」が取り決められ、積極的な就労支援がなされる。

　求職者が社会保険加入義務のある雇用または自営業に就く場合は、再就労への報奨として就労手当[3] が支給されうる。だが、他方で、再就労協定で取り決められた義務を怠った場合は、制裁として失業手当Ⅱの基準需要額が 30％ 減額される。再び拒むと 60％ 減額され、それ以上拒むと全額が支給停止になる。制裁の期間はいずれも 3 ヵ月である。

7．社会手当

1）児童手当

　子のある家庭とない家庭との負担を調整すべきとする「家族負担調整」の考え方に基づき、児童手当が実施されている。これは、所得税法上の児童扶養控除（2019 年は子 1 人当り年額 7620 ユーロ）と連動しており、児童扶養控除により軽減される税額が児童手当の額を上回る場合は、児童扶養控除が適用され、児童手当は清算される。

　児童手当の根拠法は連邦児童手当法であり、実施機関は、雇用エージェンシー内に設置されている「家族金庫」である。支給対象は、原則として 18 歳未満の児童だが、就学中で、年間所得が一定程度以下の児童は 27 歳まで支給対象となる（障害児（者）に対しては年齢制限なく支給される）。なお、受給要件としての所得制限はない。

　2019 年の支給額は、第 1 子・第 2 子が月額 204 ユーロ、第 3 子が月額 210 ユーロ、第 4 子以降は月額 235 ユーロである。費用は連邦が負担し、児童の養育者に支払われる。

2）母親手当、両親手当

　医療保険に加入する女性は、母性保護期間である産前 6 週間から産後 8 週間

（多胎妊娠の場合は同 12 週間）の間、日額 13 ユーロの母親手当を受給しうる（なお、当該女性の給与日額が母親手当の日額を上回る場合は、使用者は差額を支払わねばならない）。

また、2007 年以降に子を産む場合は、従来の育児手当に代わって、連邦両親手当・両親時間法に基づいて同年に導入された両親手当が支給される。費用は連邦負担であり、育児をする前に得ていた所得を代替する給付と位置付けられる。支給対象は、週 30 時間以上就労していない就業者、公務員、自営業者、失業者などであり、所得制限はない。

両親は両親手当として、育児に従事する両親のうち、所得の高い方の手取り所得の 65％、および、所得の低い方の 100％ を受給する。上限は月額 1800 ユーロであり、また、従前所得の額に関わりなく、月額 300 ユーロが最低保障額として設定されている。

支給期間は原則 12 ヵ月だが、父親と母親がそれぞれ単独で 2 ヵ月以上就業を制限して育児に従事する場合、12 ヵ月の基本期間に 2 ヵ月のパートナー期間を加算して 14 ヵ月支給される。

また、2015 年 7 月には、両親ともに就業時間を短縮して家族との時間をより確保できるようにとの意図から「両親手当プラス」が導入された。それらにより、両親がいずれも週 25～30 時間に就業を制限する場合、いずれもパートタイム就労の場合、ひとり親である場合には、さらに 4 ヵ月の両親手当支給期間を得られることとなった。

3）住宅手当

住宅手当は、1970 年 12 月施行の住宅手当法を根拠法として 1971 年より実施されている。

低所得者に対する家賃補助が主な目的であるが、持家の所有者にも支給される。所得制限があり、申請に基づき、家賃段階（全国を 6 段階に分類）ごとに、世帯員数と収入に応じて個別に算定された額（たとえば家賃段階が最高の第 6 段階であるミュンヘンの場合、収入が月額 850 ユーロ、家賃 400 ユーロの単身世帯に対して 60 ユーロ）が支給される。費用は連邦と州が折半で負担する。2017 年末時点の受給世帯数は 59.2 万世帯であり、世帯全体の 1.4％ を占める ［Statistisches

Bundesamt（2018）〕。

8．ドイツの社会保障制度の最近の動向

1）医療保険──医療費適正化をめぐる動き

　2000年代は医療保険財政が逼迫していたことから、医療費適正化を促す改革が推進された。すなわち、2009年施行の法定医療保険競争強化法により、それまで疾病金庫ごとに異なっていた保険料率は統一され、保険料は「医療基金」という機関に納付された後、既述のリスク構造調整を経て各疾病金庫に交付されることとなった。また、疾病金庫による独自の経営努力の余地も増やされた（任意契約の付加保険の導入、黒字の疾病金庫による配当金の給付など）。保険料率も、従来の労使折半の保険料率とは別に、傷病手当金などの分に対する特別保険料率（0.9％）については被保険者のみが負担する形に変わった。

　2011年にも、収入安定化と支出抑制を志向した法定医療保険財政法が施行された。そこでは、医療費の動向と労働費用との連動を解除すべく、使用者が負担する保険料率を7.3％に凍結し、将来において支出が増大する場合には、疾病金庫がその分を、賃金から切り離された追加保険料として被保険者から徴収することが規定された（だが、2011年以降の良好な医療保険財政の状況を受け、追加保険料は一度も徴収されなかった）。

　2013年には、外来診療にかかる「診察料」（四半期ごとに診察を受けた医師1人につき10ユーロを支払う）が廃止され、また、2015年施行の法定医療保険財政構造質改善法では保険料率が14.6％に引き下げられ、特別保険料率も解消された。だが、同時に、使用者負担の保険料率が7.3％に固定化され、医療基金から交付される保険料で保険給付費を賄えない場合には、各疾病金庫が、被保険者のみが負担する追加保険料率を設定することとなった（2018年の平均追加保険料率は1.0％）。

　2017年の総選挙では、CDU/CSUは従来の路線の継続・拡充を主張したが、SPDは、被保険者による一方的な追加保険料の負担を廃止すると主張した。結果として、2019年から、SPDの主張を反映して、追加保険料が労使折半とされ

222

ることとなった［森（2018）］。

2）年金保険──「三本柱モデル」への移行

ドイツは、戦後長らく公的年金のみで十分な老後所得を賄うことを是としていたが、1990 年代以降の社会状況・経済状況の急変による年金財政逼迫を受けて、公的年金の給付水準を段階的に引き下げる一方で、引下げ分を私的年金によって補うことが促進され、2001 年の年金改革以降は、公的年金・企業年金・個人年金の三本柱で老後所得を賄うという「三本柱モデル」が標榜されている。

企業年金については、2001 年に、従業員が企業に対し、自分の所得から企業年金への保険料支払いを実施させうるという「所得転換権」という仕組みが導入された。これにより、企業年金を実施していない企業の従業員も使用者に企業年金を導入させることが可能となった。企業年金の加入件数は、2001 年時点の 1460 万件から 2015 年時点には 2040 万件へと増えているが、中小企業での普及度合が弱いことが課題とされている［aba-online（2016）］。

個人年金については、2002 年 1 月に「追加的老齢保障」（通称「リースター年金」）という国家助成の仕組みが開始された。これは、法定年金保険の被保険者を対象に、個人年金への保険料支出に対して、補助金または特別支出控除（所得控除）のいずれか有利なほうがなされるというものである。個人年金への加入を促進すべく、低所得かつ子が多いほど助成の割合が大きくなる構造となっている。契約件数は 2017 年時点で 1066 万件であり、2012 年の 1085.6 万件をピークに微減傾向にある。

また、2005 年には、リースター年金の対象とならない層（自営業者）を対象として「基底年金」（通称「リュルップ年金」）という国家助成の仕組みが開始された。リースター年金とは異なり、補助金は支給されず、所得控除のみがなされる。契約件数は 2017 年時点で 211.8 万件であり、増加傾向にある［GDV（2018）］。

3）介護保険──新しい要介護評価基準と要介護度の導入

2000 年代前半に、それまでの制度の展開から見いだされた 3 つの課題への対応が要請された。

まず、制度創設以来据え置かれてきた給付額と保険料率の引上げが必要とさ

れた。その背景には、介護保険の給付のみではサービスを賄いきれない要介護者の増加に伴い、介護扶助の支出額が徐々に増加していたこと、居宅介護の優先を掲げているにもかかわらず、施設入所者が緩やかな増加傾向をたどっていたこと、財政が1999年以降赤字基調となっていたこと、などがあった。

次に、当初の要介護度の評価方法が、身体的な介護に対応した設計であり、介護にかかる「時間」を基準としていたため、認知症患者や精神障害者などに対しては適切な要介護度の評価がなされえないことが問題視された。さらに、一部の居宅や施設で質の低い劣悪な介護が行われていることがマスコミ報道などによって明るみに出た。

そこで、2008年には、制度成立以来最初の大規模な改革である介護保険継続発展法が施行され、介護保険のサービスと医療保険の訪問看護・リハビリなどに関する相談・情報のワンストップセンターである介護支援拠点が、住民約2万人当り1ヵ所を目標として設置された。また、「介護相談」というケースマネ

表12-4　新旧要介護度の比較

判断基準	旧要介護度（〜2016年）	新要介護度（2017年〜）
	介護にかかる時間	介護にかかる手間
要介護度区分の基準	**基礎介護の3分野**（①身体介護分野、②栄養摂取分野、③移動分野）と家事援助分野のそれぞれについて定められた行為のうちで必要なものの範囲と、それぞれについて必要な支援の頻度・時間。	**6つのモジュール**（①移動性、②認知・コミュニケーション能力、③行動様式と精神的問題状況、④自律性、⑤疾患・療養の克服または対応、⑥日常生活と社会的対応の形成）ごとの点数の合計である総合点数（満点は100点であり、点数が高いほど要介護度が高い）。
要介護度	**要介護度0**：要介護度の基準は満たさないが、認知症などにより日常生活能力が著しく制限されている。 **要介護度Ⅰ**：著しい要介護。1日最低90分（うち基礎介護が1日最低45分以上）の介護が必要。 **要介護度Ⅱ**：重度の要介護。1日最低3時間（うち基礎介護が1日最低2時間以上）の介護が必要。 **要介護度Ⅲ**：最重度の要介護。1日最低5時間（うち基礎介護が1日最低4時間以上）の介護が必要。	**要介護度1**：自立性または能力の障害が少ない。総合点数12.5〜27未満。 **要介護度2**：自立性または能力の障害が著しい。総合点数27〜47.5未満。 **要介護度3**：自立性または能力の障害が重度。総合点数47.5〜70未満。 **要介護度4**：自立性または能力の障害が最重度。総合点数70〜90未満。 **要介護度5**：自立性または能力の障害が最重度であり、介護に際して特別な要求を伴う。総合点数90以上。

出典：BMG（2018）を基に筆者作成。

第 12 章　ドイツの社会保障

ジメントの仕組みも導入され、介護金庫に所属し、介護支援拠点に常駐する介護相談員が介護や医療に関する全般的な支援を行うとされた。

　そして、2015 年には、給付内容の拡充と、今後 20 年間の保険料率を安定させるための「介護保障基金」の新設などを内容とする第 1 次介護強化法が施行された。また、翌 2016 年施行の第 2 次介護強化法により、2017 年から「自立性の度合」という新たな要介護評価基準に基づき、従来の 0〜III 段階の要介護度が再編され、新たな 5 段階の要介護度が導入された（表 12 - 4）。

*

　ドイツと日本は、社会保険中心の社会保障制度を有し、経済状況も堅調で、少子高齢化が急速に進展するなど、多くの共通点を有する。個々の制度についても、たとえば介護保険では、近年ではドイツが 2008 年の介護保険継続発展法において日本のケアマネジメントの仕組みを参考にして介護支援拠点や介護相談の仕組みを導入する［『週刊社会保障』(2009)］など、興味深い動きがある。他方で、日本で近年問題視される生活困窮者、ワーキングプア、高齢期の貧困、居住貧困などへの対応については、ドイツの求職者基礎保障、高齢期および稼得能力減退時における基礎保障、住宅手当などの制度が大きな示唆を与える。

〈注〉

1　連邦労働社会省（厚生労働省に相当）が毎年発表する、社会保障財政の全体像を示した「社会予算」によれば、2017 年時点で対 GDP 比 29.6% を占める社会保障関連の給付総額（9655 億ユーロ）のうち、社会保険全体の給付規模（5795 億ユーロ）は 60% を占める。給付規模を部門別にみると、医療（35%）、老齢（32.1%）が顕著に大きく、後は児童（10.9%）、障害（8.5%）、遺族（6.4%）、失業（3.4%）、住宅（2%）などとなっている。

2　保険料拠出を伴わないか、低額の保険料拠出しか伴わない給付をさす。例えば、保険料が免除される児童養育期間分に相当する年金額が挙げられる。

3　上限額は、当該求職者に支給されていた失業手当 II の 50〜80% であり、最長で就職後 24 ヵ月支給される。

〈引用・参考文献〉

・aba-online, 2016, Verbreitung der bAV.
・BMAS, 2017, Arbeitslosengeld.
・BMG, 2018, Zahlen und Fakten zur Pflegeversicherung.
・BAMF, 2018, Aktuelle Zahlen zu Asyl, September 2018.
・Bundesregierung, 2018, Regelsätze werden angepasst.

・GDV, 2018, Riester- und Basisrenten.
・Statistisches Bundesamt,2018, Rund 592000 Haushalte bezogen am Jahresende 2017 Wohngeld, https://www.destatis.de/DE/PresseService/Presse/Pressemitteilungen/2018/09/PD18_328_223.html.
・小林恭子「ドイツを悩ます難民積極受け入れのジレンマ」東洋経済 ONLINE、2017 年 10 月 18 日、https://toyokeizai.net/articles/-/193407。
・週刊社会保障「ドイツが日本参考に改革」『週刊社会保障』No.2518、法研、2009 年。
・森周子「医療費適正化へのドイツの取組み」『健保連海外医療保障』No.118、健康保険組合連合会、2018 年。

〈推薦図書〉

○古瀬徹・塩野谷祐一（編）『先進諸国の社会保障④ドイツ』東京大学出版会、1999 年。
　　——ドイツの社会保障制度の全体と個別制度に関する基礎知識を網羅している。
○武田公子『ドイツ・ハルツ改革における政府間行財政関係——地域雇用政策の可能性』法律文化社、2016 年。
　　——求職者基礎保障制度に関して、自治体が担うべき役割について考察している。
○松本勝明『社会保険改革——ドイツの経験と新たな視点』旬報社、2017 年。
　　——社会保険のあり方やあるべき改革の方向性について、ドイツにおける改革論議を参考にしながら多角的に論じている。

第13章

韓国の社会保障

ゆん　いるひ
尹　一喜

本章のねらい

　韓国の社会保障制度の法制化は 1960 年代に入ってから始まった。その後、全国民を対象とする社会保険制度の実現と体系的な公共扶助制度の導入は 1997 年に発生したアジア通貨危機以降である。

　韓国の社会保障制度は比較的短期間で急速に発展してきた。それが可能だったのは、国民基礎生活保障や老人長期療養保険（日本の介護保険）など、多くの制度の仕組みを日本の社会保障制度から借用したことも一助となった。韓国の社会保障を学ぶことは日本の社会保障制度のさらなる発展にヒントを与えることができる。

1．韓国の政治構造と社会保障体系

　2016 年時点で、韓国の GDP は世界 11 位（1 兆 4112 億ドル）であるが、公共社会支出（public social expenditure）は、GDP 対比 10.4% であり、OECD 国家の中でも最下位であった。OECD 平均（21.6%）と比較すると 48% の水準にすぎない。また、韓国の国民負担率[1] は 26.3%（2016 年）で OECD 平均（34.2%）より 7.9% 低い。租税負担率も 18.5%（2015 年）と OECD 平均（25.0%）より 6.5% 低い水準である。

　このように、韓国は、国民に求めている負担が低いことから、社会保障費に

使える財源も少ないのが現状である。

　しかし、現時点ではOECD各国との比較からは、非常に低い水準だといえるが、韓国は年金制度等の社会保険が成熟していないこと、他のOECD国家より高齢化率が低いことを勘案する必要がある。

　2000年～2014年にかけて、韓国の公共社会支出は年平均5.7％増加している。これは同じ期間のOECD平均増加率1.1％の5倍を超える速度である。また、韓国の高齢化の進行速度（高齢化社会から高齢社会までの所要期間）は18年と、日本を抜いて世界でもっとも早い。これらを踏まえると、今後OECDの平均に近づくのは時間の問題かもしれない。

　政治構造では、韓国は一つの選挙区域で最大得票者が選出される小選挙区制と大統領制を採択している。小選挙区制では全国的な議題よりは地域区に焦点を当てた狭い議題を取り上げることが多く、福祉に関する議題などの全国的議題は二次的なものになってしまう。また、国民選挙を行う大統領の場合、大統領が福祉に興味を持っていたとしても、勝者総取り方式であるため、有権者たちが嫌がる普遍的増税などの議題はなるべく挙げないようにする傾向がある［Yang（2017）］。

　なお、最高政策決定権者である大統領の政策的関心と優先順位に対する認識と態度によって政策の内容が左右される。そのため、政権交代によって政策の方向性や内容も大きく変動する。

　韓国の社会保障基本法第3条には、「社会保障とは、出産、養育、失業、老齢、

図13-1　韓国の社会保障制度の体系

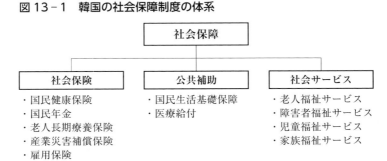

出典：保健福祉部（http://www.mohw.go.kr）最終閲覧日、2018年11月2日より、筆者作成。

障害、疾病、貧困及び死亡等で社会的危機から全ての国民を保護し、国民の生活の質を向上するために必要な所得・サービスを保障する、社会保険、公共扶助、社会サービスを指す」と規定されている。

社会保障の範囲は社会・経済的ニーズによって変動してきたが、現在の韓国の社会保障制度は、**図13-1**のように構成されている。

以上のように、韓国の社会保障の成熟度と社会支出の現状、選挙制度及び政治構造を理解したうえで以下の内容に進んでほしい。なお、本章では紙数の制限があるため、社会保険と公共扶助に焦点を当てる。

2. 社会保険

1）国民健康保険

国民健康保険（以下、医療保険）は、500人以上の労働者を雇用する大企業を対象として始まり、対象の拡大を続け、1989年に全国民を対象とする国民皆保険を達成した。2000年にはすべての医療保険の保険者が統合され、国民健康保険公団という単一の組織が保険者となった。

被保険者は、韓国に居住する者（外国人を含む）であり、職場加入者（70.6％、2018年現在）と地域加入者（26.5％、2018年現在）に区分される。前者は、公務員及び教職員、企業に雇用されている者とその被扶養者であり、後者は職場加入者を除いた者を対象としている。なお、低所得者に対しては、公共扶助である医療給付が支給されており、全体の2.9％（2018年）にあたる人たちに適用されている。

健康保険事業を遂行する主体は、国民健康保険公団、健康保険審査評価院、療養機関（医療機関及び調剤薬局等）等が含まれる。また、制度運営全般に対する管理・監督は保健福祉部（日本の厚生労働省にあたる）が担っている。

財源は、日本と同様に保険料と政府からの補助金（国庫、基金）等である。

保険料の算定方法は、職場加入者と地域加入者によって異なる。職場加入者は、報酬月額[2]に保険料率（6.24％、2018年現在）を乗じた金額が保険料となり、労使折半で負担する。地域加入者は、世帯所得、資産（不動産含む）、自動車、生

活水準及び経済活動参加率等を基準に求めた保険料付加点数に単価（183.3ウォン、2018現在）を乗じた金額が保険料となり、被保険者が全額負担する。その他に政府からは、保険料収入の見込み額の20%（国庫14%＋基金6%）に相当する金額が国民健康保険公団に補助される。

　給付は、現物給付（療養給付、健康検診）と現金給付（療養費、障害者補装具給付、自己負担額上限制、妊娠・出産の診療費）に分けられる。また、一部自己負担金については、入院の場合は診療費の20%、外来の場合は医療機関の種類によって自己負担の割合が異なるように制度設計されており、上級総合病院では診療費の60%が自己負担となる。

２）年金保険

　韓国の公的年金保険制度は、特殊職年金、国民年金、そして基礎年金からなっている。特殊職年金は、公務員、軍人、私立大学教職員などを対象にそれぞれの職域に年金制度が設けられている。特殊職年金の対象以外には、18歳以上60歳未満の者（在韓外国人を含む）に対する制度として、1986年創設の国民年金（1988年実施）と2014年創設・実施の基礎年金がある。国民年金及び基礎年金の運営主体は、国民年金公団が担う。

　国民年金は、対象の拡大を続け1999年に全国民を加入対象とする老後の所得保障制度として位置づけられた。国民年金の強制加入者として、事業所加入者（民間事業所に勤務する勤労者と事業主）と地域加入者（自営業者等）がある。その他の人々で、ほかの公的年金加入者の配偶者として所得がない者、収入のない学生や兵役に就いている者、国民基礎生活保障の受給者などは任意加入対象となる。

　財源は保険料であり、被保険者の加入時の納税申告所得やその後に定期的に改定される標準報酬月額に年金保険料率9.0%[3]を乗じたものが年金保険料となる。事業所加入者の保険料は、労使が折半して負担するが、地域加入者の場合は全額自己負担であり、公費の投入はない。ただし、農漁村民、低賃金労働者には、政府が保険料の一部を補助する。

　給付の種類には、毎月支給される年金給付（老齢年金、障害年金、遺族年金）と一時金給付（返還一時金、死亡一時金）がある。

第 13 章　韓国の社会保障

　老齢年金の受給資格は、被保険者期間が 10 年以上で、60 歳[4]になると支給される。障害年金は、被保険者が心身に障害を負った場合、障害程度（1 級～4 級）によって支給される。遺族年金は、年金受給権者が死亡した時、遺族に支給される。遺族の範囲は、配偶者、子（25 歳未満）、孫（19 歳未満）、両親および祖父母（60 歳以上）である。

　返還一時金は、年金加入期間 10 年未満の者が 60 歳に達し、死亡、国外移住等により、これ以上国民年金に加入することができなくなった時に支給される。死亡一時金は、年金加入者または加入していた者が死亡したが遺族年金または返還一時金を受給できる遺族の範囲に該当する者がいない場合、親族に支払われるものである。

　2007 年、国民年金法の改正を通じて、年金制度に加入できなかった高齢者に対する支援策として基礎老齢年金を導入した。しかし、給付対象は広い反面、給付の水準は低く、貧困高齢者に対する支援効果には限界があったことから、既存の基礎老齢年金を廃止し、2014 年 7 月から基礎年金が導入された。

　基礎老齢年金の対象者は、所得下位 70％ までの 65 歳以上の者である。所得下位 70％ を選定する金額（選定基準額）を毎年 1 月に公表し、高齢者世帯の所得と財産を合算した金額（所得認定額）が、当該年度の選定基準額[5]以下であれば支給対象になる。2018 年 9 月の受給額は、高齢者単独世帯の場合、25 万ウォン（高齢者夫婦世帯は 40 万ウォン）である。

3）老人長期療養保険

　老人長期療養保険制度（日本の介護保険制度にあたる）は、老齢及び老人性疾患等によって日常生活を一人で営むことが困難な人に、身体活動及び日常生活支援等のサービスを提供し、老後生活の安定と家族の介護負担を緩和するために 2008 年 7 月に導入された社会保険制度である。これは、日本やドイツが高齢社会（高齢化率 14％ 以上）を迎えてから介護保険を導入したのと比べると、かなり早いことになる（韓国が高齢社会になったのは 2018 年である）。

　老人長期療養保険制度の管理運営体系は**図 13−2** の通りである。

　保険者は、医療保険の保険者でもある国民健康保険公団が担う。被保険者は、20 歳以上の医療保険加入者であり、40 歳以上の者を被保険者とする日本よりも

231

図13-2 老人長期療養保険制度の仕組み

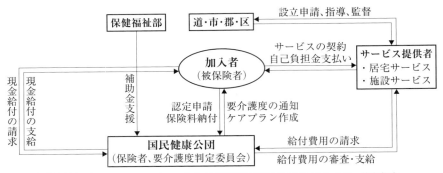

出典:保健福祉部(http://www.mohw.go.kr)最終閲覧日2018年10月10日より、筆者作成。

その対象者は広い。

　財源は、保険料と政府からの補助金からなる。

　保険料は、医療保険の保険料7.38%(2018年現在)に乗じて算定される。これは、2010年に策定された6.55%から8年ぶりに引き上げられた数値である。その他に政府からは、保険料収入の見込み額の20%(国庫負担)に相当する金額を国民健康保険公団に支援する。

　給付の対象者は、65歳以上の高齢者および65歳未満で老人性疾患(認知症、パーキンソン病等)を患っている者のうち、一人で日常生活を営むことが困難な者である。要介護認定点数によって1等級~5等級に分類される。症状がもっとも重い者が1等級であり、軽度の者は5等級にあたる(2014年に4等級、5等級が新設)。

　給付の種類は、居宅給付、施設給付、特別現金給付に大別される。

　居宅給付には、訪問介護、訪問看護、訪問入浴等がある。施設給付は、療養施設に長期間入所し、身体活動支援や心身機能を維持・向上させるための訓練・教育等を提供するものである。特別現金給付には、家族療養費、特例療養費、療養病院看病費がある。家族療養費は、長期療養のインフラが不足している地域に居住する者、自然災害・身体・精神・性格等の理由で家族によって長期にわたる療養を受けている者に対して支給されるものである。これは、ヘルパーの資格を持った者が自分の家族を介護した場合に支給される介護報酬であ

り、日本の介護保険にはない、韓国独自の仕組みである。特例療養費と療養病院看病費は、老人長期療養保険制度財政の関係から施行を保留している。

自己負担率は、施設給付が20%、居宅給付が15%であり、医療給付受給者等の低所得者はこれの半分になる（施設給付10%、居宅給付7.5%）。また、国民生活保障受給者は無料である。

4）産業災害補償保険

韓国の社会保険制度の導入は1963年「産業災害補償保険法」の制定によって始まった。つまり、欧米と同様に産業災害補償保険制度（日本の労働者災害補償保険にあたる）は韓国で最初の社会保険制度である。

産業災害補償保険は、労働災害から労働者（外国人労働者を含む）を保護するために国家が事業主から保険料を徴収し、それを財源として労災労働者に補償を行うもので、労働者を使用するすべての事業・事業所に適用される。労働者が業務上の事由で災害を被った場合、勤労福祉公団[6]に労災補償の申請をし、審査が通れば給付される。

補償の内容は、保険給付とリハビリテーションプログラムによって構成される。給付の種類には、療養給付、休業給付、傷病補償年金、障害給付、看病給付などがある。リハビリテーションプログラムは、災害を被った労働者の職場復帰および社会復帰を促進するために、療養初期の段階から回復段階、職場復帰段階、生活安定段階まで、個人の特性に合わせて療養・補償・リハビリテーション等を適宜に体系的に提供するパーソナライズサービスである。

なお、産業現場での大学生の実習生の事故が相次いだことをうけ、職業系高校のみを適用対象としていた現行の制度から、2018年9月にその対象を短大および4年制大学まで対象を拡大させた。その結果、全実習生の26.3%（約6万人）しか適用されていなかったものから、すべての実習生（約22万人）が対象に含まれるようになった。

5）雇用保険

雇用保険制度は、韓国の社会保険制度の中で一番遅く、1995年に導入された。導入当初は、30人以上の労働者を雇用している事業所を対象としていたが、

1997 年にアジア通貨危機が発生し、大規模な企業倒産やリストラにより、零細企業・自営業者、また大量の失業者や非正規労働者が著しく増加した。それを受け、1998 年から雇用保険の適用対象をすべての事業所に拡大させた。2004 年には、すべての日雇い労働者の雇用保険加入が義務化された。2012 年には、自営業者も雇用保険（失業給付）が適用されるようになった。

雇用保険は、失業保険および雇用安定事業や職業能力事業等の労働市場政策と積極的に連携し、統合的に実施する社会保険である。

労働者を雇用するすべての事業所が対象となるが、農業・林業・漁業などの常時 4 名以下の労働者を雇用する事業所は任意加入の対象となる。

また、適用事業に雇用されたすべての労働者がその対象となるが、65 歳以降に雇用された者、労働時間が月に 60 時間未満の者（週に 15 時間未満の者）、公務員（公務員年金に加入すると雇用保険に準ずる雇用保障をされる）等は適用されない。

雇用保険の業務を担当する機関は、雇用労働部（日本の厚生労働省にあたる）と雇用センター、勤労福祉公団、国民健康保険公団がある。雇用労働部と雇用センターでは、失業給付の支給、職業能力開発関連の支援、母性保護管理（出産・育児休業関連）業務を行う。失業給付関連業務は受給者の居住地を管轄する雇用センターで担当する。勤労福祉公団は、雇用保険への加入、保険料の徴収、被保険資格の管理等を行う。最後に、医療保険・介護保険の保険者でもある国民健康保険公団は、雇用保険のうちの保険料の告知や収納・滞納を管理する[7]。

保険料のうち、失業給付は労使が折半して 0.65％ ずつ負担する。雇用安定事業及び職業能力開発事業に関しては、事業主のみが労働者数によって 0.25％〜0.85％ の割合で負担する。

3．公共扶助

1）国民基礎生活保障制度

最初の公共扶助は 1961 年に成立した生活保護法である。1990 年代まで高齢者・障害者・ひとり親世帯等を対象に制限的な給付を行う制度として維持され

第 13 章　韓国の社会保障

てきた。

　2000 年に、生活保護制度の代わりに登場したのが、国民基礎生活保障制度である。これは、貧困問題に対する最後のセーフティネットであるとともに、貧困世帯別に自立計画を樹立し、それに合わせて給付を行う。つまり、労働能力のある者には自立支援事業に参加することを前提とした給付を行っている。

　しかし、制度から漏れ落ちる人たちの存在、給付体系の問題や給付の内容に関する問題が提起され、既存の統合型給付から、2015 年 7 月から給付の種類によって異なる選定基準を設けて給付を行う、パーソナライズ型給付へ転換し運営している。

　給付別の対象者の選定基準は次の通りである。生活給付は、中位所得[8] の 30 ％[9]、医療給付は 40％、住居給付は 43％、教育給付は 50％ が基準となっており、出産給付と葬祭給付は 4 つの扶助の中で 1 つ以上の給付を受給している者が対象となる。つまり、所得水準が上がった場合、一度に公共扶助のすべての給付の対象外になるのではなく、一部の給付は継続して受けることができる［小島 (2017)］。また、扶養義務者（受給権者の 1 親等の直系血族およびその配偶者）がいないか、いたとしても扶養能力がないことも受給条件になる。

　これらに関わる申請・審査等の業務は、基礎自治体である道・市・郡・区（日本の市町村。以下、基礎自治体とする）で行う。

2）医療給付

　医療給付法第 1 条によると、医療給付は、生活を維持する能力がない低所得者の医療問題を国家が保障する公共扶助制度として、健康保険とともに国民の医療保障の重要な手段となる社会保障制度であると定義している。つまり、生活困窮者に生じる医療問題（個人の疾病、負傷、出産等）に対して医療サービスを提供することを目的とする制度である。

　受給対象は、中位所得の 40％ 以下の世帯である。また対象者は、国民基礎生活保障法および医療給付法などの他の法律によって、1 種と 2 種に分かれている。1 種は世帯員全員が就労していない場合（ホームレス、被災者、脱北者等）、2 種は世帯員中、就労能力のある者がいる場合である。

　給付の内容は、診察、薬剤、手術、入院等である。医療給付受給者が医療を

235

表 13 − 1　医療給付の受給権者別の自己負担

(単位：₩＝ウォン、％)

区　分		医療給付				健康保険	
		1 種		2 種			
		入院	外来	入院	外来	入院	外　来
1 次	医　　院		₩1000		₩1000		30％
2 次	病　　院	無料	₩1500	10％	15％	20％	40％（洞地域）
							35％（邑・面地域）
	総合病院						50％（洞地域）
							45％（邑・面地域）
3 次	指定病院		₩2000		15％		診察費＋その他の診療費の 60％
薬　　局		—	₩500	—	₩500	—	30％（処方調剤）
							40％（直接調剤）

出典：健康保険審査評価院（https://www.hira.or.kr）最終閲覧日 2018 年 8 月 5 日より、筆者作成。

利用する際の自己負担率は、**表 13‐1** の通りである。

3）緊急福祉支援

　緊急福祉支援は、緊急な状況（主な稼得者の死亡、災害、家族員からの虐待・DV を受けた場合等）により生計を維持することが困難になった低所得者を対象に、緊急の支援を行うものとして、2006 年 3 月から施行されている。

　対象者は、保健福祉コールセンター（緊急支援担当機構）および民間協力体系（医師、教師、社会福祉施設従事者、ホームレス施設等）や行政機関を通って制度の中に入る。

　いずれも急な対応を要するため、基礎自治体の緊急支援担当公務員が現場を確認し支援を決定する。緊急支援審議委員会による、財産や所得調査等の適正性の審査は支援が決定された後に行われる。支援対象になるための基準は、所得（中位所得の 75％ 以下）、財産（大都市：135 百万ウォン、中小都市：85 百万ウォン、農漁村：73 百万ウォン以下）、金融財産（500 万ウォン以下）がある。しかし、所得基準を満たしたとしても、財産と金融財産基準を満たしていなければ対象にはなれない。

　審査が通れば、主給付（生計、医療、住居、福祉施設利用）と付加給付（教育、暖房費用等）が受けられる。また、あくまでも一時的な支援であるため、支援の

第 13 章　韓国の社会保障

必要性は改めて審査され、支援中断・延長及び費用変換などが行われる。危機
状況が解消されておらず、継続的な支援が必要だと判断された場合には、国民
基礎生活保障等の他の社会保障制度や民間の社会福祉プログラム等につなげる。

４）障害者年金

2010 年に、低所得層の重度障害者[10]を対象とする、障害者年金が導入された。
勤労能力を喪失した重度障害者の生活安定と福祉増進及び社会統合を図るため、
毎月一定額の年金を支給する社会保障制度である。障害手当と異なり「障害者
年金法」によって保障される。

1990 年より、低所得障害者に対して障害手当を支給していたが、重度障害者
を対象とする障害者年金を導入することによって、既存の障害手当は軽度障害
者を対象とする制度に縮小された。障害者年金は、18 歳以上の重度障害者中、
本人と配偶者の所得と財産を合わせた金額（所得認定額）が選定基準額（2018 年
現在、単独世帯 121 万ウォン、夫婦世帯 193.6 万ウォン）以下の者のみが対象とな
る。選定基準額は、所得下位 70% 水準である。

給付は、勤労能力の喪失によって減少した所得を補てんするための基礎給付
と、障害によって発生する追加費用を補てんするための付加給付によって構成
される。基礎給付は、18〜64 歳の者には毎月 25 万ウォン（2018 年現在）を支給
するが、65 歳以上の者は基礎年金が優先となり障害者年金の基礎給付は支給で
きない。障害者年金の申請・調査・決定・支給は、基礎自治体が行い、障害の
状態や等級の審査は国民年金公団で行う。

なお、障害者年金は国民基礎生活保障の受給資格を審査する際の所得算定時
の所得に含まれないので、国民基礎生活保障と重複して受給することもできる。

４．韓国社会保障制度の最近の動向

１）児童手当の導入

日本のみならず、韓国でも少子高齢化は社会問題となっている。韓国の統計
庁が発表した 2017 年の出生率をみると、過去最低の 1.05 と、OECD 加入国の

中でも最下位であり、少子化はかなり深刻な問題となっている。また、児童関連公共支出は GDP 対比 1.1% であり、OECD 平均（2.1%）の半分にすぎない。

児童に対する現物給付は OECD 平均に達しているが、現金給付は GDP 対比 0.2% であり、OECD 平均（1.2%）の 6 分の 1 の水準である。無償保育や子ども奨励税制（Child Tax Credit）等は低所得層の児童を中心に行われていたため、普遍的な所得を保障する制度は存在しなかった。

育児による経済的負担を軽減し健康な子育て環境をつくることは、児童の基本的権利と福祉の増進を図ることだけでなく、長期化している少子化問題を解決するための方策でもある。これらを踏まえて、政策手段の一つとして、2018 年 3 月に児童手当法が制定され、同年 9 月から施行されている。

児童手当は、6 歳未満（0～71 ヵ月）の児童がいる世帯の所得認定額（所得＋財産を所得に換算した額）が選定基準額（2 人以上の全世帯所得の下位 90% 水準）以下である場合、毎月 10 万ウォンが支給される。

また、次のような 2 つの控除制度も設けている。子どもが 2 人以上いる世帯を対象に 2 人目の子ども（年齢は無関係）から子ども 1 人当たり月 65 万ウォンが所得から控除される。共働きの場合は、その世帯の勤労・事業所得の最大 25% が控除される。なお、保育料や乳幼児の学費支援など他の福祉給付とも重複して児童手当を受けることができる。

児童手当の申請・調査・決定・支給等の業務は、基礎自治体で行う。

2）勤労貧困層（working poor）への対応

韓国の社会保険制度は 1990 年代後半から全国民を対象とする制度として拡大した。社会保険制度は、経済・社会的危機に備えるための制度であるため、失業・疾病・老後の貧困等になりやすい者に対して、積極的に予防的な措置をとる必要がある。

しかし、現実はそうなってはいない。表 13 - 2 をみると、月平均の賃金が低い者であるほど相対的に弱い立場にあり、社会保険加入率は低く、失業や貧困に陥りやすいと思われる。このような現状を踏まえ、社会保険の加入率が低い勤労貧困層に対する保障システムが必要となった。

このことを受け、勤労貧困層（working poor）の老後・疾病・失業・労災など

第13章　韓国の社会保障

表13-2　月平均の賃金別社会保険加入率（2017年4月）

（単位：千人、%）

	賃金勤労者3) （千人）	国民年金1)2) （%）	健康保険1) （%）	雇用保険 （%）
100万ウォン未満	2,068	11.8	17.4	16.1
100～200万ウォン未満	6,456	58.2	67.4	65.2
200～300万ウォン未満	5,395	80.1	83.7	82.3
300～400万ウォン未満	2,941	90.7	92.9	91.3
400万ウォン以上	2,919	95.0	97.2	94.9
全　体	19,779	69.6	74.8	71.9

注1）職場加入者のみ集計。地域加入者、基礎生活保障の受給権者、被扶養者は除外。
注2）公務員、私立学校教職員、郵便局職員等の特殊職域年金含む。
注3）賃金勤労者数＝経済活動人口－実業者－非賃金勤労者（自営業者＋無給家族従事者）。
出典：統計庁（2017）「キャリア断絶女性および社会保険加入現況」より筆者作成。

から保護するセーフティネットの強化のための支援策として2008年に導入された勤労奨励税制（earned income tax credit、以下EITCとする）と、小規模事業を運営する事業主と労働者の社会保険料（雇用保険・国民年金）の一部を国家が負担するドゥルヌリ（두루누리）社会保険支援事業が2012年に導入され運営されている。

　EITCは、社会保険と国民基礎生活保障のはざまに置かれている勤労貧困層を支援するため導入された給付つき税額控除である。受給者になるためには、2018年現在、総所得が単独世帯で1300万ウォン、片働き世帯で2100万ウォン、共働きで2500万ウォン未満の者、配偶者および扶養が必要な18歳未満の子どもあるいは70歳以上の親がいること、申請者が30歳以上であること、世帯員全員の財産が1億4000万ウォン未満であること、等の条件をすべて満たす必要がある。

　そのため、全ての勤労貧困層が受給者になれるわけではない。つまり、前提条件は配偶者がいる多人数世帯であり、30歳未満と単独世帯は対象から排除されている。さらに、最低賃金（時間給）が7530ウォン（2018年）に決まったことから、制度の対象から外れる勤労貧困者は今後さらに増えると考えられている。

　ドゥルヌリ事業は、国民年金・雇用保険に加入しておらず、失業や老後の不安を抱えている者に対して社会保険料を支援することによって、社会保険への

239

加入を促すために導入された。しかし、新規加入者のみならず、すでに社会保険に加入している勤労者と使用者が負担する社会保険料まで一部減免した結果、導入当時の趣旨とは違って、既加入者に相当な予算が使われていることが指摘されている［金（2012）］。

3）国民年金の改革案

国民年金を現行のまま運営すると、2057年には完全に枯渇することが予測されている。少子高齢化の進行と低い経済成長率によって5年前の予測値より3年ほど早まっている。これに対して、国民年金制度発展委員会は2018年8月に年金の積立金を2088年まで維持するための2つの改革案を提示した。

1案は、保険料率を現行の9％から2019年11％、2034年12.3％へと引き上げた後、5年ごとに保険料率を調整することによって、所得代替率（加入者の平均所得に対し老後の年金受給額が占める割合）を45％に維持する案である。つまり、多く収めて多く受け取るという、老後保障案である。

2案は、所得代替率を2030年まで40％に維持するが、必要によって引き下げるとするものである。また、2029年までに保険料を13.5％へと引き上げ、2043年以降からは受給開始年齢を現行の65歳から67歳へと引き上げる案である。つまり、多く収めて少なく受け取る、財政安定案である。どちらの改革案を選択したとしても、保険料の引き上げは不可欠とされている。

国民年金の枯渇時期を左右する変数として、出生率があげられている。出生率の低下は、保険料を納める者が減ることを意味する。したがって、出生率が予測値より下がった場合には、国民年金の財政推計もやり直す必要が出てくる。

4）認知症国家責任制の実施

2017年9月、政府は「認知症国家責任制推進計画」を発表した。これは、文在寅大統領が候補者のときに公約として挙げていたものである。

認知症者は2016年末現在で69万人おり、2030年には127万人まで増えると予測されている。そのため、認知症を早期に診断し、予防から医療支援まで総合的な認知症支援体系を構築することを目的として、政策を推進している。

具体的な政策の内容は次の通りである。①認知症安心センターを全国の保健

所に設置し、認知症に関する相談・ケースマネジメント・サービスにつなぐことまでを統合的に支援する。②重度認知症者の健康保険自己負担率を現行の20～60％から10％に減らし、認知症診断検査にも保険が適用されるようにする。③軽度認知症者も老人長期療養保険（日本の介護保険）を利用できるようにする。④老人福祉館において認知症予防のためのプログラムを提供する。⑤国家認知症研究開発委員会を設置し、体系的な研究計画を樹立する。

＊

韓国の社会保障制度は、類似した国民所得をもつ OECD 国家と比較すると、社会支出が低いことから、低負担の制度といわれている。日本と同じように、社会保険を中心として制度を運営してきたが、社会保険と公共扶助のはざまからこぼれ落ちる人たちが多く存在することが問題となった。近年になって、その対策として普遍主義的な仕組み（社会手当、EITC 等）が取り入れ始められている。

その一方で、韓国の EITC や国家人権委員会[11]の存在は、日本の社会保障制度のさらなる発展にヒントを与えることができる。特に、国家人権委員会のように、国民の基本的人権の向上・保障するための独立性のある組織を設けることは、社会保障のみならず、国民の権利意識向上にもつながるであろう。

〈注〉

1　国民負担率は租税負担率と社会保障負担率を合計したもの。

2　同一の事業所で当該年度に支給される報酬の総額を勤務月数で割った金額。

3　制度の施行初期に保険料納付に対する負担を軽減するために、3％から始め、2000年7月から毎年1％ずつ引き上げられ、2005年7月以降9％になった。また、標準報酬月額は、30万ウォンから468万ウォンの範囲内で決まる。

4　老齢年金の受給開始年齢は、1952年以前生まれの者は60歳、1953年生まれの者から4年ごとに1歳ずつ引き上げ、1969年以降の生まれの者は65歳に引き上げられる。

5　選定基準額（2018年）：高齢者単独世帯の場合、131万ウォン。高齢者夫婦世帯の場合、209.6万ウォン。

6　国家の経済成長とともに事業規模が拡大してきた労災保険は、1995年、政府主導型から勤労福祉公団に委託する方式に転換された。その後、雇用労働部（日本の厚生労働省にあたる）は保険事業の政策決定業務を行っており、勤労福祉公団は執行業務を担うという二元化された管理体系になった。

7　2011年1月より、3つの社会保険公団（国民健康保険公団、国民年金公団、勤労福祉公団）が個別に遂行していた医療保険、国民年金、雇用保険、労災保険の業務中、類似・重複している保

険料の徴収業務（告知、納付、滞納）を国民健康保険公団に統合させ運営するようになった。

8　2015 年に改編された制度からは、既存の保健福祉部が定めた最低生活費ではなく、統計庁の資料を利用し算定した世帯規模別の所得の中央値（中位所得）を相対的貧困線として採用している。つまり、絶対的方式から相対的方式に転換したのである。

9　財政的負担を緩和するために、2015 年には中位所得の 28％、2016 年には 29％ に引き上げ、2017 年からは 30％ を選定基準として適用している。

10　障害等級 1 級・2 級および 3 級の重複障害者（3 級の障害者中、5 級あるいは 6 級の障害もある者）のうち、脳性麻痺、視覚・知的・精神・発達障害、呼吸器障害、手に障害がある身体障害者など、労働能力が著しく喪失されている者。

11　①人間としての尊厳と価値の実現、②全ての個人の基本的人権の保障・向上、③民主的基本秩序の確立のための業務を遂行する国家機関である。「国家人権委員会法」に基づき、2001 年 11 月に設立された。総合的な人権専担機関であり、立法・司法・行政に所属されない独立組織である。

〈引用・参考文献〉

・東亜日報（朝刊）、2018 年 8 月 18 日。
・保健福祉部『統計からみる社会保障 2015』2016、p.572。
・企画財政部「産災保険制度の構築と運営」2012。
・金・ジェジン、李・ヘウォン「勤労奨励税制（EICT）とドゥルヌリ（두루누리）社会保険支援事業の連携方案」韓国租税研究院、2012。
・金成垣『福祉国家の日韓比較』明石書店、2016。
・小島克久「各国の動向 韓国の社会保障（第 5 回）韓国の公的扶助について」『社会保障研究』2 (1)、国立社会保障・人口問題研究所、2017、p.122。
・増田雅暢、金貞任『アジアの社会保障』法律文化社、2015。
・ノ・デミョン「韓国福祉制度の現況と争点」『保健福祉フォーラム』No.222、韓国保健社会研究院、2015。
・高安雄一『韓国の社会保障』学文社、2014。
・統計庁「キャリア断絶女性および社会保険加入現況」2017。
・Jae-jin Yang『The Political Economy of the Small Welfare State in South Korea』Cambridge University Press、2017。

〈推薦図書〉

○金成垣『福祉国家の日韓比較』明石書店、2016。
　——日韓の福祉国家にみられる同異とそれをもたらした歴史的経路や因果構造について分析している。
○ Jae-jin Yang『The Political Economy of the Small Welfare State in South Korea』Cambridge University Press、2017。
　——韓国の福祉支出の規模について、政治経済学の視点から検討し、ヨーロッパ諸国と比較しながら論じている。

第14章

スウェーデンの社会保障

奥村　芳孝

本章のねらい

　スウェーデンは他の北欧諸国とともに典型的な高福祉高負担の国としてあげられることが多い。しかし高福祉高負担という言葉よりも「選別主義」か「普遍主義」という言葉で分析する方が良く理解できる。「選別主義」とは、所得調査などによって対象、給付を限定して行うことを指し、たとえば貧困層などを対象とすることが多い。一方、「普遍主義」とは、すべての人を対象とし、所得審査なしに一定額を給付することを指していた。しかし、スウェーデンではすべての人に最低額だけではなく所得に応じた給付を行うという考え方が1940年代から議論され、50年代には健康保険（後の傷病保険）および付加年金制度として導入されるようになった。

　スウェーデンの社会保障は必要性に応じて与えられる社会サービス（社会福祉）および医療と、居住による給付と就労による給付からなる社会保険から成り立つ。居住による給付として、所得審査なしに一定額を給付する例としては児童手当がある。所得に応じた給付のみを給付するものとしては傷病手当があり、最低保障と所得比例給付の組み合わせの例としては年金制度や親保険制度がある。このようにすべての人を対象としていても、その形はさまざまである。しかし、重要なことは社会保険もすべての人を対象としていることである。

243

1．90 年代以降の改革の流れ

　スウェーデンは 1990 年代に入って、戦後最悪ともいわれる経済危機を経験した。1991 年から 1993 年まで GDP 成長率はマイナスで、失業率も 1993 年には 8.2% まで上昇した。この結果、公共部門の財政も 1991 年から赤字に転じ、1993 年度にはこの赤字は GDP 比で 13.4% にもなった。

　1991 年には民営化、減税などを唱えた保守、中道連立派が政権を取った。そして中道連立政権は「選択の自由革命」を進めた。この「選択の自由革命」というのは、今までほとんど公的に運営されてきた部門に民間セクターを導入することにより、選択の可能性を増やし、さらに競合させることにより効率的運営を図るというのが目的である。保守政権は 1992 年に野党社民党と「緊急政策パッケージ」を作成、歳出カットと歳入強化に努めた。1994 年には社民党が政権に復帰し、財政赤字解消がスウェーデン経済の健全な発展のために必要であるという観点から、これを最優先の施策課題とした。

　1995 年 1 月にスウェーデンは EU に加盟。スウェーデン経済は好調、財政も好転したが、90 年代の合理化、効率化の後遺症が指摘され、どの党も教育、介護、医療などに力を入れることに異存はない。2006 年の選挙において保守連合が政権を取り、2014 年まで二期政権を担当した。

　90 年代からスウェーデン政府はいくつかの改革を行った。1992 年のエーデル改革、1994 年の障害者改革（LSS 法の導入など）、1995 年の精神科ケア改革、1999 年新年金法などである。また時代の変化に合わせて、2001 年には新社会サービス法、2010 年には各分野ごとの社会保険を統合した社会保険法典、2017 年には新しい保健医療法を施行した。

2．スウェーデンの社会保障制度

1）社会保障分野の関係法

　スウェーデンの社会保障は、社会保険、社会サービス、医療、その他に分けられる。社会保険は国の社会保険庁および年金庁によって全国一律的に運営さ

第 14 章　スウェーデンの社会保障

表 14‐1　スウェーデンの現物給付と所得保障

	現物給付	所得保障	主な関係法
国	（居住にもとづく） （パーソナルアシスタント手当、障害者用自動車改造補助など）	（居住にもとづく） 児童手当、親保険における最低保障。住宅手当（所得審査）、保障年金（所得審査） （就労にもとづく） 傷病手当、親保険の所得比例分、労働災害保険、近親者介護手当、老齢年金	社会保険法典
県	（居住にもとづく） 医療、医薬品		保健医療法
市	（居住あるいは滞在にもとづく） 高齢者ケア、障害者ケアなど	（居住あるいは滞在にもとづく） 公的扶助（必要性審査、所得審査、財産審査）	社会サービス法 LSS 法
その他		失業保険	失業保険法

出典）著者が作成

れている。一方、社会福祉は市、医療は県によって運営されている。なお失業保険は国からの補助を得て公益法人が運営しているが、国が直接運営していないということで、制度上、社会保険には含まれない。

2）社会保険

　以前、社会保険は分野ごとの法律に別れていた。しかし収入などの定義や用語の統一のため、2001 年から社会保険法典（Socialförsäkringsbalk）として再編集して新しく施行された。社会保険とは児童手当など全額租税から出費されているものも含む一方、他の国において社会保険に含まれる失業保険は含まれていない。言い換えるならば、スウェーデンの社会保険とは歳入が租税か保険料かを問わず、社会保険庁および年金庁によって取り扱われている給付をさす。

　社会保険はさらに居住に基づく給付と就労に基づく給付に分けられている。

　居住にもとづく給付はスウェーデンに住民登録して居住していることが給付条件であり（もちろん外国人も含まれる）、その例として親保険における最低保障、保障年金、児童手当、住宅手当などである。

　他方、就労にもとづく給付は、失った就労収入に対する補償という形をとる。その例として傷病手当、最低保障を越える親保険給付、所得年金、労働災害保

245

険などである。たとえば親保険による育児休暇は親が働いていなくても（収入がなくても）最低保障は行われるが、就労による所得があればさらに所得比例給付が行われる。なお就労にもとづく所得保障は課税対象であるが、児童手当のように居住に基づく給付は非課税である。このように就労にもとづく給付を中心としながら、なおかつ居住に基づく給付として住民としての最低保障が行われている。

社会保険料は、年金の自己負担分を除いて雇用主が支払い、別名雇用税といわれる。雇用主の社会保険負担は雇用者に対する支払額の31.42％で、個人営業者は28.97％である。なおこれ以外に雇用主は労使協約による保険料を支払う必要がある。本人が支払う年金の自己負担分は7％で、これは所得の確定時に控除される。

3）医療

スウェーデンの保健医療の特徴として、まず第1に、保険ではなく税金で運営されていることがあげられる。つまり市民であることにより公的医療の対象となる。第2に、購買力ではなく必要性に応じて配分されることが原則となっている。第3に、医療の運営責任は県自治体（以下、県と略する）であり、医療の総合計画は県が行う。もちろんも民間の医療機関も存在するが、県と契約を行い、県から支払いを受けるので公的医療に含まれる。また民間の医療機関であっても、利用者は県立と同じ費用を医療機関に支払う。

保健・医療制度の基礎になっているのは保健医療法で、1983年の法律が再編されて2017年4月から施行されている。この法律の第3章第1条において、医療の目標が挙げられている。保健医療の目標は、第1にすべての住民が良質の医療を等しく受けられること、第2にすべての人間は同じ価値を持ち、個人の尊厳にもとづいて医療は与えられなければならないこと、第3に一番必要性の大きい人が優先される。

4）社会サービス

社会サービス法は、児童福祉、母子福祉、公的扶助、障害者福祉、高齢者福祉などにおける基本法であり、1982年に施行された。その後、再編集された社

会サービス法が 2002 年 1 月から施行されている。

この法律は枠組み法で、福祉における目的、原則、住民の権利、行政の義務などが書かれている。自治体は地方自治法、行政法などの他の法律も考慮しながら、この枠組みの範囲内で自由に運営を行う。社会庁は必要に応じて庁令やガイドラインを出す。

なお、スウェーデンに居住している人は国籍に関係なく、社会サービス法による援助を申請することができる（スウェーデンでは 1 年以上居住する人は個人番号が与えられ、国籍に関係なく「住民」として扱われる）。そして、社会サービス法は権利法であるので、もし利用者がその決定に対して不満ならば不服訴訟を起こすことができる。

社会サービスの原則は第 1 章第 1 条において、以下のように述べられている。

「社会サービスは民主主義と連帯とを基盤に、人々の経済的、社会的安心感、生活条件の平等および社会生活への積極的参加を促進しなければならない。社会サービスは自己および他の人の社会的状況に対する人々の責任に考慮しながら、個人および集団の資源を開放、発展させることを目指さなければならない。（社会サービスの）業務は人々の自己決定と人格の尊重に基づかなければならない。」

この原則にもとづいて、援助を受ける権利が第 4 章 1 条において与えられている。

「もしニーズが自らあるいは他の方法によって満たすことができない者は、生計（生計援助）および生活その他のための援助を、社会委員会より受ける権利を有する。個人は援助によって適切な生活水準を保証されなければならない。援助は本人の自立した生活を強化するように行われなければならない。」

この条文の「生計援助」とは公的扶助を指し、「生活その他のための援助」とはホームヘルプ、「特別な住居」への入居、児童保護など公的扶助以外の援助、保護を指す。なお条文では「適切な生活水準」という言葉が使われ、「最低水準」ではない。

3．高齢者ケア

1）スウェーデンの高齢者ケアの特徴

　煩雑さを避けるためにスウェーデンの高齢者ケアの特徴を箇条書き的に記しておこう。

- ・高齢者ケアの枠組みは社会サービス法と保健医療法である。
- ・この枠組み内において地方自治体は運営と財源の全責任を負う。
- ・県は主に医療、市は福祉という役割分担ができている。
- ・医療も福祉も主に税金で運営されている。
- ・高齢者ケアのほとんどが公的（市）で運営されていたが、最近は民間委託が増えている。
- ・以前の施設も住居化され、法律上「特別な住居」と呼ばれている。
- ・1992 年にエーデル改革（後述）が行われた。

2）高齢者ケア政策の目標

　1998 年に決定された高齢者政策国家行動計画には、高齢者ケア政策の 3 つの原則が書かれている。

①国民から選ばれた議会によって民主的に決定される。
②税金でもって連帯的に負担される。
③購買力ではなく必要性に応じて配分される。

　これを受けて高齢者ケアの 4 つの目標が述べられている。

①高齢者は安心してまた自立した生活が送れること。
②高齢者は社会生活および自分の日常への積極的な参加を送ることができること。
③高齢者は尊敬を持って迎えられること。
④高齢者は良質の医療ケアおよび社会サービスを受けられること。

　社会サービス法において、高齢者が在宅で介護サービスが受けられ、また特別に援助を必要とする高齢者のために「特別な住居」を用意しなければならな

いことが明記されている。なお、在宅において高齢者や障害者などを介護している家族などに対して、市は援助を与えなければならないことが2009年から社会サービス法に追加された。

3）在宅サービス

①ホームヘルプ
必要に応じて掃除、買物などの家事援助や就寝介助、入浴介助などの介護によって、高齢者などの自立生活を助ける。ホームヘルプは夜間も行われ、転倒事故などの緊急の呼び出しにも対応する。

申込みは、すべて福祉事務所に行い、自己負担がある。市に支払う負担額は各々の市が決めることができるが、社会サービス法が定める2つの条件を満たさなければならない。まず、ホームヘルプ、デイケア、市の訪問看護およびおむつなどの消耗品などの費用はあわせて月に2044クローナ（2018年）を越してはならない。次に、必要な費用を支払ってから最低5136クローナが残らなければならない。この最低保障額が満たされなければ、ホームヘルプ料金などが減額される。

2010年には65歳以上の高齢者のうち9.1％がホームヘルプを受けていたが、2016年には8.4％まで減少している。同様にして特別な住居入居者は同期間中5.2％から4.2％まで減少した。

②訪問看護
介護・看護が必要な人が自宅に住み続けられるように、アンダーナースや看護師などが定期的に訪れる。現在、ストックホルム県を除くすべての県で訪問介護は市に移され、ホームヘルプと訪問看護は統合されている。なお、市が実施する訪問看護以外に県が実施する訪問看護がある。県が実施する訪問看護は主に終末期ケアなどが対象で、病院がベースになっている。

③その他の援助、サービス、補助
その他の援助、サービスとしてデイケア、ショートステイ、緊急呼び出し電話、移送サービス、補助器具の貸与、住宅改造援助などがある。

249

4）特別な住居

スウェーデンで最大の行政改革と呼ばれるエーデル改革が1992年に行われ、県の運営であったナーシングホーム（長期療養病院・地域療養ホーム）、老人ホーム、グループホーム、デイケアが市に移され、特別な住居として各市の責務となった。このために県の所得課税率がおよそ2.3ポイント分、市に移された。

特別な住居は以下の特徴を持っている。

- ・社会サービス法により入居の決定および介護が行われる。
- ・社会サービス法により費用の決定が行われる。
- ・保健医療法によって市の医療が行われる（市の医療はナースまでで、医師は県の業務として行われる）。
- ・「特別な住居」も住宅であり、その多くは住宅基準を満たしている。
- ・「特別な住居」は原則的に賃貸法の適用を受け、高齢者住宅手当の対象となる。
- ・本人が望むならば夫婦で住むことも可能である。
- ・8人前後のユニットケアになっていることが多い（このユニットがいくつか組み合わされて運営単位を構成している）。

5）高齢者ケアの運営

医療、福祉部門においては「社会サービス法」「保健医療法」などが業務分野の枠組みをつくり、部分的な問題に関しては社会庁の政令が存在する。これらの枠組み内における運営は各市にまかされている。

90年代になると、いろいろな行政機構の改編が行われた。

その一つは、監査業務の別組織化である。福祉、医療部門などにおける監査は社会庁監査部および県行政庁福祉部に分かれていたが、これでは非効率だということで2013年に医療福祉監査庁に統合された。二番目の変化は認定と運営の分離である。スウェーデンでは、ホームヘルプや特別な住居への入居は社会サービス法による行政権の行使として市のニーズ認定者が行うが、ホームヘルプなどの運営の責任者であることもあった。しかし90年代前半から行政権の行使者としてのニーズ認定者と運営の責任者を明確に分ける市が増えた。

市による決定についての詳細なガイドラインは存在しないが、市は社会サー

第14章　スウェーデンの社会保障

ビス法の「適切な生活水準を保障」、「社会サービスは良質でなければならない」
などの条件を満たさなければならない。

　一方、不服申請によるところの行政裁判の結果があり、枠組みとしてのある
程度の司法解釈が存在する。市レベルにおいてはこれらをもとにガイドライン
をつくっているところが多いが、決定はすべて申請者自身がおかれている状況
から判断が行われ、市のガイドラインの機械的な適用は法律上問題である。

6）公的介護と民営化

　ホームヘルプや「特別な住居」入居などは、すべて社会サービス法によって
市のニーズ認定者によって判断され、認定される。このため「公的介護」とは、
その後のサービス供給が市か民間業者かに関係なく市によって認定された援助
を指す。

　1991年に政権をとった保守・中道政権は「選択の自由革命」を進めた。この
「選択の自由革命」というのは、今までほとんど公的に運営されてきた部門に、
民間セクターを導入することにより、選択の可能性を増やし、さらに競合させ
ることにより効率的運営を図るというのが目的である。

　高齢者ケアのいわゆる「民営化」には、大きく分けると2つの形態がある。委
託形式と自由参入形式である。

　委託形式は、市が行っているホームヘルプなどを入札法によって入札し、運
営者を決める。自由参入方式は、2006年に政権についた保守政権が2009年か
ら導入したものである。各地方自治体は業務の条件、補償額などを決め、この
条件に合う民間業者が参入することができる。どちらの場合も、認定自体は市
が行い、利用者は市あるいは民間の業者を選ぶ。利用者は利用料金などを規定
に基づいて市に支払い、民間業者は市との契約に基づく運営費を市から受け取
る。利用者との金銭的やり取りは行われない。

　社会庁の統計によると、2017年ホームヘルプのおよそ18%が民間団体（多
くは株式会社）によって行われていた。また、特別な住居における民営化（民間
委託）率はおよそ20%である（数字は人数比）。

251

4. 障害者福祉

1) 障害者のための主な援助

障害者福祉の関係法も高齢者福祉と同じく、社会サービス法、保健医療法であるが、特別法としてLSS法（特定の機能障害者に対する援助、サービス法）がある。

①社会サービス法

障害者については、社会サービス法第5章第7条によって障害者が在宅で介護、サービスが受けられ、また特別に援助を必要とする人のためにサービス、介護が受けられる住宅を用意しなければならないことが明記されている。社会サービス法の規定に基づいて、2017年10月現在、ホームヘルプを受けていた64歳以下の障害者はおよそ2万2千人で、特別な住居（グループホームなど）に住んでいる64歳以下の障害者はおよそ4600人である。

②LSS法（特定の機能障害者に対する援助、サービス法）

LSS法は、特定の機能障害者について社会サービス法を補完するものであり、1994年から施行されている。

LSS法の対象となるのは、①知的障害者、自閉症または自閉的症状にある者、②成人期における外傷あるいは身体疾患によって生じた脳障害による重度かつ恒常的な精神的機能障害を有する者、③その他の恒常的な身体的あるいは精神的な重度の機能障害を持つため、日常生活において相当の困難を伴い、援助およびサービスを必要とする者で、明らかに加齢に伴う場合は除く。

この法律により、以下の10の権利が明確化されている。「相談その他の個別援助」「パーソナルアシスタント」「ガイドヘルパー」「コンタクトパーソン」「一時的ヘルパー」「ショートステイ」「12歳以上の障害児に対する学童保育」「青少年のための里親あるいは特別な住居」「成人のための特別な住居」「デイケア」。

2017年10月にLSS法による援助を得ていたのはおよそ7万3千人である。なお、この数字には県による助言と援助のみを得ていた人は含まない。上記の10の権利の中で重要なのは、パーソナルアシスタント、グループホームなどの住

第 14 章　スウェーデンの社会保障

居などである。パーソナルアシスタントは本人の手足となる人で、この介助時間は市および社会保険庁によって決定される。2017 年 10 月現在、およそ 2 万人がパーソナルアシスタントを得るかパーソナルアシスタント給付金を受けていた。LSS 法による特別な住居を得ているのはおよそ 2 万 9 千人である。

　なお、LSS 法の施行以来、特にパーソナルアシスタントの利用者が予想以上に増え、またアシスタント会社の不正が注目されるようになり、認定が厳格化されている。

5．保健・医療制度

1）保健医療の運営

　中央政府において医療問題の担当は社会省と社会庁である。社会省は内閣の一部として、一般指針、法律、予算などの作成に当たる。社会庁は独立行政機関として内閣にて決定された政策を実施に移すかたわら、医療政策の評価、調査などを行う。また、社会サービス法の項目で述べたように、監査機関として医療福祉監査庁が設置されている。

　医療サービスは、3 つのレベルに分かれている。全国は 6 つの医療管区に分けられており、高度に専門化した管区病院が合わせて 9 つある。さらに、管区病院以外には初期医療で治療できない患者などを対象とした県立中央病院およびそれより小さい県立地区病院がある。いちばん住民に近いレベルの医療機関は地区診療所で、地区内の住民の健康維持に対し第 1 次的な責任を持つもので、外来患者は普通は最初にここを訪れる。2017 年、全国で 1049 ヵ所の地区診療所がある。

　保健医療法によって医療計画およびその運営責任は県にあり、主に県が運営しているが、民間の医療機関も存在する。特に診療所が含まれるプライマリケアなどは民間が運営している割合は高く（2017 年施設比 38％）、病院ではおよそ 8％（病床数比）が民間病院である。

253

2）医療の変化

1950 年代からスウェーデンの医療は大きな変化があった。

まず、長期医療・老年科の病床数は急増し、1990 年頃には 4 万 6 千床にまで増加した。同様にして精神科病床も増加したが、1970 年代に入って病床数の削減、精神病院の廃止に大きく舵を切った。

病床数という観点からは 90 年代の改革が大きな意味を持つ。1 つは前項に書いたエーデル改革で、医療に属していたナーシングホームなどが高齢者住居として市に移った。このため、1990 年から 2000 年まで、医療機関の病床数は 68 ％ も減少した。エーデル改革以降も、身体短期医療病床および精神科病床の減少が続き、現在スウェーデンは病床数（人口比）が最も少ない国の一つである。

3）医療の個人負担

医療の運営主体は県で、民間の医療機関は県との契約によってその運営費を受け取る。医療機関（病院および診療所）が県立か私立かを問わず、患者の負担額は県によって決定される。地区診療所の診察料金は 200 クローナ前後であるが、85 歳以上の高齢者は法律によって無料で、20 歳以下の児童も無料であることが多い。病院の場合、初診料と入院費のみを支払う。病院の初診料は県によって異なるが、200～400 クローナで、入院費は 1 日当たり 100 クローナ、未成年は無料であることが多い。

なお、医療最高負担制度が設けられ、12 ヵ月で 1100 クローナ以上を負担する必要はない（これには入院および医薬品は含まれない）。処方医薬品の最高負担制度は別に設けられ、12 ヵ月間で 2250 クローナ以上を負担する必要はない。また、18 歳以下の児童の処方医薬品代は無料である（このように未成年者を除いて医療費は無料ではないが、負担にならないように最高額が設けられている）。

第 14 章　スウェーデンの社会保障

6．年金制度

1）スウェーデンの新年金制度

　1913 年に定額の年金制度が設けられて以来、1960 年には付加年金制度が施行された。そして 1999 年に新しい年金制度が導入された。これはただ単に年金改革と呼ばれているにすぎないが、IMF などの国際機関や年金の専門家から「年金制度の抜本改革」などと評価されている改革である。

　以下、改革の内容を簡条書き的にまとめておく。

・この改革により年金制度が整理され、老齢年金と他の年金に分けられた。そして老齢年金は保険料の運用によって運営される所得年金と税金によって運営される保障年金から成り立つ。
・多くの国においては、給付水準を先に決定してから、それに必要な財源を確保するための保険料を決定する給付建て制度がとられてきた。スウェーデンでは、これを根本的に見直し、まず保険料を決定し、その後、保険料総額およびその運用利回りの合計額に応じて給付水準を決定する拠出建て制度に変更した。新制度による保険料は 18.5％ で、このうち 16 ポイントは賦課方式、2.5 ポイントは積み立て方式である。
・年金額が低い高齢者の所得保障を行うため保障年金が設けられ、その財源は租税である。対象はスウェーデンに居住する 65 歳以上の高齢者で、満額給付を受けるためには原則 25 歳から 40 年間の居住が必要である。単身者の保障年金の最高額は月に 8076 クローナ、夫婦の場合は一人当たり 7204 クローナで、所得年金が 1 万 1650 クローナ（単身者の場合）まで保障年金は減額して支給される（数字は 2018 年）。
・年金額は物価上昇率と実質賃金上昇率を考慮に入れた経済調整指数によって給付額のスライドが行われる。
・新年金制度では生涯収入が年金算定の基礎となるため、育児期間や兵役期間についても年金権が保障され、これに対する保険料は国が支払う。
・制度の安定化を図るため、さらに「自動財政均衡メカニズム」が導入された。長期的な出生率の減少などにより年金財政が悪化した場合に、あらかじめ決められた計算方法に基づいて、国会の議決なしで自動的に年金額を減らす仕組みである。

255

スウェーデンではこの制度によって、今までに所得年金が3回減額されている。

スウェーデンでは退職年齢というものがなく、現在67歳まで働くことができる。所得年金は61歳から、保障年金は65歳から受給できる。現在、年金支給年齢を平均寿命の増加に合わせることが決まっている。

2）高齢者住宅手当と高齢者生計援助法

年金などの収入が十分でない人でも良質の住宅が得られるよう、住宅手当が年金庁から支給されている。住宅手当の大きさは収入、財産および家賃の大きさによって異なり、最高額は5560クローナ（夫婦の場合は一人当たり2780クローナ）である。2018年住宅手当を得ているのはおよそ29万人で、多くの高齢者にとって大きな意味を持っている。

満額の保障年金を得るためには40年の居住条件を満たさなければならない。しかし、一部の移民者などはこの条件を満たすことができないので、市の公的扶助に頼らざるを得ないことが問題とされていた。このため、スウェーデン政府は高齢者生計援助法を2003年から施行した。この結果、長期的に公的扶助を受けなければならない高齢者はほとんどいなくなった。

7．公的扶助

生活保護（公的扶助）は社会サービス法の適用を受け、他の生活手段がなくなった時に最後の安全網として適用される措置で、一時的で短期的な援助を目標としている。

生計援助は、全国標準額と本人の必要性による額とに分けられ、標準額には食費、医療費、衣服費、消耗品、保健衛生費用、日刊紙、電話代、テレビ受信料などを含む。たとえば大人1人あたり月4000クローナ（2018年）、10歳の子どもが1人いる母子家庭では7040クローナである。

必要性による額には、家賃、電気代、通勤費、家庭保険、労働組合および失業保険組合の費用などがある。そして、その他の援助は妥当な生活のためのその他の費用で、例として医療費（診察費、医薬品代など）、眼鏡、保育園費など

があげられる。

　全国標準額に相当する費用に関しては、それぞれの領収書の提出は必要ではないが、その他の援助に関しては領収書を提出しなければならない（領収書に対して支払われる）。

　1990年代初頭のスウェーデン経済の悪化に伴い、公的扶助受給者は1996年にはおよそ72万人、39万世帯まで増加した。しかし、以降は経済回復に従い受給者は減っている。2017年度の公的扶助受給世帯は21万4千世帯である。なお、65歳以上の高齢者は成人の公的扶助受給者の4%を占めるが、人口比では0.5%である。

8．福祉と財政

1）税金と社会保険料

①行政

　行政は国、県、市と3つのレベルに別れている。第2節で述べたように、社会保障関係では、国が社会保険、県が医療、市が福祉関係を取り扱っている。市の収入は税収（住民税）と国庫補助からなり、税収は収入の66%、国庫補助はおよそ21%を占めている。

　なお、県の支出の88%が医療、9%が交通、インフラである。県の収入も税収（住民税）と国庫補助からなり、税収は収入の72%、国庫補助はおよそ13%を占めている。なお国からの医薬品補償が7%である。

　国の予算は、各省別ではなく27の分野別となっていて、最も大きい分野は病気や障害の際の経済的補償である。なお、社会保険費用などは収入として政府予算に含まれているが、年金制度は独立会計になっている。

　スウェーデンでは、財源が税金か社会保険かに関係なく、その給付は社会保険庁と年金庁が一律的に運営している（例外は市の予算から支払われている公的扶助である）。

②税金と保険料

　地方自治体の住民税は、課税対象所得に対しておよそ32%（2018年の全国平

均）である。このうち、市が 21 ポイント、県が 11 ポイントである。そしてこれが地方自治体の福祉、医療などの財源となっている。

なお、年間の課税対象所得が 43 万 8900 クローナを越した場合、さらに国税が課税される。また消費税は全額、国の収入となる（社会保険料に関しては「社会保険」の項を参照）。

２）国民負担率と社会支出率

スウェーデンなどの北欧諸国は「高福祉高負担」の国として有名であり、その比較に使われるのは GDP 比の国民負担率と社会支出率である。

OECD 加盟国 36 ヵ国の中で国民負担率が一番大きいのはデンマークの 45.9 ％（2015 年 GDP 比）、2 番目はフランスである。スウェーデンは 7 番目、日本は 27 番目である（**表 14-2**）。

社会支出（social spending：社会保障支出に相当）の公的社会支出率は、公的（一般政府）による名目上の社会支出（GDP 比）を指す。これによると公的支出率が一番大きいのはフランスで GDP 比 31.5％（2013 年）になる。以下順にフィンランド、ベルギーと続き、スウェーデンは 7 番目、日本は 13 番目である。

しかし各国の社会保障制度は異なるので、これだけでは誤解を与える恐れがある。

たとえば、所得移転が課税される国もあれば所得税からの控除が代りに認め

表 14-2　主要国における国民負担率（2015 年）**と社会支出率**（2013 年）、**GDP 比**　(%)

	国民負担率 （2015 年）	公的社会 支　出　率 （Public）	純公的社会 支　出　率 （Net public）	純社会支出率 （Net total social spending）	実質上と名目上の 公的支出率の差 （ポイント）
フ ラ ン ス	45.2	31.5	28.0	31.2	− 3.5
ド 　イ 　ツ	37.1	24.8	23.0	24.6	− 1.8
日 　　　本	30.7	23.1	22.1	25.4	− 1.0
スウェーデン	43.3	27.4	22.9	25.3	− 4.5
イ ギ リ ス	32.5	21.9	20.5	25.0	− 1.4
ア メ リ カ	26.2	18.8	19.8	28.8	1.0
OECD 平 均	34.0	21.1	19.3	21.4	− 1.8

出典）The OECD Social Expenditure Database（SOCX）より作成。
　　　最終引用日：2018 年 10 月 11 日。

第 14 章　スウェーデンの社会保障

られている国もある。所得移転という形にすれば給付およびその費用がふえるが、控除という形ですれば給付、負担という形では現れてこない。

このため OECD ではこれらを考慮した純公的社会支出率（net public social spending）という数字が公表されている。これによると、スウェーデンの公的支出率は実質では 4.5 ポイント減り、フランスも 3.5 ポイント減る。しかし日本は 1 ポイント減るだけである。純公的支出率を使えば、上記 6 ヵ国の順位は変わらないが、その差は縮まる。

また、アメリカ、オランダ、スイスなどは相対的に私的部門が果たす役割は大きいので、私的部門も含めた純社会支出（Net total social spending）という概念を使うと若干違った姿が見えてくる。1 番目はフランスで変わらないが、2 番目にアメリカがくる。そしてデンマークと日本が 5 番目で、7 番目にスウェーデンがくる。

このように、各国の制度の違いを考慮することにより、各国の公的制度の役割の違いおよび考え方が見えてくる。

9．社会保障面におけるスウェーデンの課題

1）高齢者の増加と職員不足

2017 年 12 月現在、スウェーデンの人口はおよそ 1012 万人で、65 歳以上の高齢化率は 19.8%、80 歳以上の高齢化率は 5.1% である。

しかし、2020 年から 2030 年の 10 年間に、80 歳以降の高齢者人口はおよそ 55 万人から 82 万人まで急増することが予想されている。この結果、高齢者ケア分野などで職員が不足することが考えられる。

2）高齢者の増加と年金改革

2017 年に発表された各党間での合意文章において、年金の受給年齢を平均寿命の上昇に応じて徐々に引き上げていくことが合意された。

2018 年 9 月に公表された案では、2024 年に所得年金の受給年齢を 61 歳から 62 歳に引き上げ、保障年金は 65 歳から 66 歳に引き上げられる。最終的には、

259

2085 年に保障年金の受給年齢を 72 歳、所得年金の受給年齢を 68 歳まで引き上げる案が紹介された。

3）医　療

医療での問題は、第 1 にアクセスの改善（地区診療所での診察、病院での手術、病院の救急科など）、第 2 に医療と福祉の連携（特に病院から退院する際の市の高齢者ケアとの連携）、第 3 に専門看護師などの不足などである。

〈推薦図書〉

①宮本太郎『福祉国家という戦略』法律文化社、1999 年。
　　——スウェーデンの社会保障論として歴史的、理論的考察を含み、全体の流れを理解する上で最適の書籍である。
②奥村芳孝「スウェーデンの社会保障における最低保障」『医療・福祉研究』2017 年、第 26 号。
　　——スウェーデンの社会保障において最低保障はどのように行われているか、特にスウェーデンの「普遍主義」がどのように機能しているかについてまとめた論文である。
③岡澤憲芙・斉藤弥生編者『スウェーデン・モデル』彩流社、2016 年。
　　——スウェーデンの政治から移民問題まで広く扱われた「スウェーデン入門書」である。

〈参考文献〉

・OECD、OECD Health Statistics 2018.
・OECD、Social Expenditure Database（SOCX）.
・OECD 統計「あなたの国を比較する」（http://www.compareyourcountry.org/?lg=jp）.
・Pensiongruppens överenskommelse om långsiktigt höjda och trygga pensioner, 2017.
・Prop 1997/98: 113 Nationell handlingsplan för äldrepolitiken, 1997.
・Skatteverket, Belopp och procentsatser för inkomstår 2018.
・SKL, Statistik om hälso- och sjukvård samt regional utveckling 2017.
・Socialdepartementet, Nationell handlingsplan för hälso- och sjukvården, 2000.
・Socialstyrelsen, Statistik om äldre och personer med funktionsnedsättning efter regiform 2017.
・Socialstyrelsen, Statistik om insatser enligt lagen om stöd och service till vissa funktionshindrade 2017.
・Socialstyrelsen, Uppgifter för beräkning av avgifter inom äldre- och funktionshinderomsorgen år 2018, 2017.
・Socialstyrelsen, Vård och omsorg om äldre Lägesrapport 2018.
・井上誠一『高福祉・高負担国家スウェーデンの分析』中央法規、2003 年。
・奥村芳孝「スウェーデンの高齢者とすまい」高齢者住宅財団財団ニュース vol.134、2016 年。
・奥村芳孝『スウェーデンの高齢者ケア戦略』筒井書房、2010 年。
・奥村芳孝「スウェーデンの社会保障における最低保障」医療・福祉研究　第 26 号、2017 年。
・宮本太郎『福祉国家という戦略』法律文化社、1999 年。

第15章

人口減少と社会保障

金子　充

本章のねらい

　日本の総人口は、2008年の1億2808万人をピークに減少しつづけている。将来的には、2053年に1億人を割って9924万人に、2065年には8808万人になると推計されている[1]。

　増加の一途にあった日本の人口はついに長期的な減少に向かうことになり、過去に経験したことのない「人口減少社会」を迎えている。

　人口が減ることによって、これまでの社会や経済のしくみを維持することが困難になったり、さまざまな部分にゆがみがあらわれたりする可能性があると懸念されている。それゆえに、人口をめぐる議論は社会保障を含む社会の持続可能性という問題意識にもとづいて語られる傾向がある。労働力人口の減少、市場規模の縮小、税収の減少といった問題にスポットが当てられ、社会保障制度の維持・存続もそのような問題のひとつとされている。

　人口減少にともなう数々の社会的リスクを回避するために、政府は1990年代半ばからさまざまな「少子化対策」を実施し、人口増加につなげようと長期に及んで試みてきた。だが、少子化と高齢化の勢いはとどまらず、少子化対策という名の人口政策が十分な効果をあげているとはいいがたい。むしろこの間にわかってきたことは、人口はコントロールできないという現実であるともいえる。

　「少子化」というキーワードを用いて人口減少について考えるということは、

人口政策や労働力政策としての社会保障の課題を再確認することでもある。

そしてもうひとつ、人口減少を考えるにあたって重要なことは、人口減少にともなって私たちの暮らしやコミュニティがどのように変化し、どのような「良い影響」や「困難」が起こり得るかを生活者の視点で考えることである。人口減少が人の生活や生存に与える影響と、そこから発生する諸課題を回避・解決するためにどのような社会保障や社会制度を整備していくべきかを考えることが重要である。人口や労働力の維持というミッションを先に置くのではなく、人口減少社会に必要とされる社会保障とはどのようなものかを考えることが求められているだろう。

本章では、社会や経済のしくみの維持、そして国家の持続可能性といった観点ではなく、人口増加を図ろうとする政策や制度が、結果的に人々の暮らしや生命を守ることに「失敗」していることに目を向ける。また、むしろ人口減少社会を前提とした社会保障や社会制度を用意することで、いかにして私たちの暮らしの展望がひらけるかを考察していく。

1．人口減少と少子化の実態

1）人口減少をとらえる

日本の総人口は、2017 年時点で 1 億 2671 万人であり、人口が減りはじめた2008 年の 1 億 2808 万人から、10 年間ですでに 137 万人減ったことになる。また推計によれば、人口減少のスピードは今後もっと加速していき、約 45 年後の2065 年に 8808 万人となって、ピーク時の 2008 年のちょうど 3 分の 2 になると見られている[2]。

図 15 - 1（日本の総人口の推移と将来推計）は、1500 年代から 2100 年までの日本の総人口の推移（と将来見通し）を図にしたものである。直近の 100 年間のところで人口が急増し、そして急減していく様子がわかるだろう。山崎史郎はこれをジェットコースターに例え、「今、私たちはその頂点の近くに位置する場所に立っている」「これから落ちていく下り坂をのぞき込むと、目も眩みそうである」と表現し、人口減少がハイリスクなものであるととらえている[3]。

図 15-1　日本の総人口の推移と将来推移

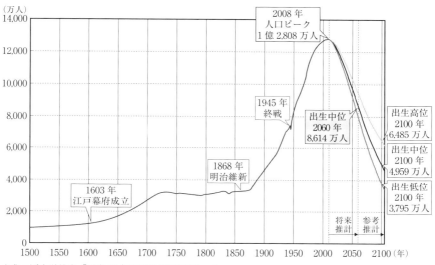

出典：厚生労働省『平成 27 年版厚生労働白書』p.4。

　一方、広井良典はこの動きを、明治以降の日本が無理を重ねて拡大・成長をつづけてきた矛盾から方向転換し、ゆっくりと「定常人口」に帰着していくプロセスであると見ている[4]。つまり日本の人口は「元の姿」に戻っていくだけのことであり、拡大・成長を求めない安定した「定常社会」に向かうプロセスだという理解である。

　このように、人口減少という事象は、視点や見方によって「問題」になったりならなかったりする。そして、人口減少が「問題」であるという見方が主流化している日本では、いったんそれを相対化して考えることも必要であろう。

　日本の人口が「下り坂」に向かっているのか「安定化」に向かっているのかの理解はそれぞれの世界観によるところが大きいだろうが、次の人口構造の統計は、単にそれが人数だけの問題ではないことを示している。

　図 15-2（日本の人口構造）からわかることは、これから日本が直面するのは、人口減少に加えて激しい少子高齢化が進展するということである。とりわけ「少子化」が今後もかなりのスピードと規模で進行していくことがわかっている。人口減少と少子高齢化は本来それぞれ別の事象であって、分けて考える

図15-2 日本の人口構造（年齢階級別）

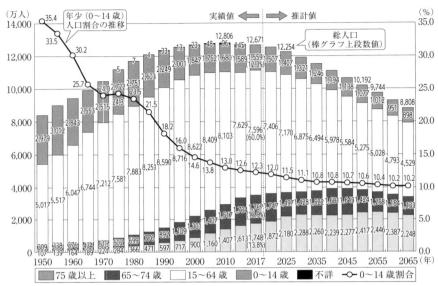

出典：内閣府『平成30年版少子化社会対策白書』p.4。

べきことがらであるが、同時に考えることで「問題」がより明確になることも確かである。

　また、人口構造をとらえるには男女別に年齢ごとの人口を表した「人口ピラミッド」が有意義である。一般的に開発途上国では若年層が多く高齢者層が少ない「ピラミッド型」に、少子高齢化の進んだ先進国では「逆ピラミッド型」になるとされている[5]。日本の人口ピラミッドは、65～75歳の中高齢層のボリュームが大きく、15歳未満の若年層に行くほどスリムになっている（総務省「人口推計」2017年10月）。

2）人口減少の背景としての少子化

　少子化とは、生まれる子どもの数が少ないことをあらわす造語であり、日本では高齢化と同時並行的に展開している。つまり、相対的に見て、少子化がいっそう進めば人口の高齢化が進むのであり、高齢化が進むので少子化が問題とされるのである。

第 15 章　人口減少と社会保障

図 15-3　出生数及び合計特殊出生率の年次推移

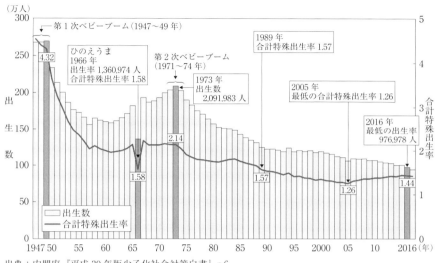

出典：内閣府『平成 30 年版少子化社会対策白書』p.6。

　少子化の明確な定義はないが、一般的には子どもの数が減少すること、もしくは出生数や出生率が低下することを意味する。合計特殊出生率（1 人の女性が一生（15～49 歳）の間に産む子どもの数）が 2.07 を下回ると、（自然増では）人口が維持できなくなるので少子化に向かう。この数字を人口置換水準という。要するに、2 人のカップルから 2 人の子どもが生まれなければ少子化になるということだ（0.07 の部分は乳幼児期等の死亡数をふまえたもの）。

　合計特殊出生率（以下、出生率とする）は、少子化を議論する際に必ず参照される数字である。図 15-3 にあるように、日本の出生率は、第二次世界大戦直後の 1947 年に 4.54 という数字を示し、この頃が第 1 次ベビーブーム（団塊の世代）と呼ばれた。その後すぐ 1950 年代初頭には 3 を下回り、1975 年に 2 を下回った。第 2 次ベビーブーム（団塊ジュニア世代）は出生率の上昇ではなく、人数の多い第 1 次ベビーブーム世代の多くが出産に至ったこと（出生数）によるものであった。

　出生率は 2005 年に過去最低の 1.26 を記録し、その後若干の増加に向かい、2017 年には 1.43 となっている。だが 1975 年以来こんにちに至るまで、日本の

265

出生率が再び2を上回ることはないままであり、その意味で日本はすでに40年以上も人口を維持する水準に満たない状態をつづけてきたと理解することもできるのである。

なお、出生率はあくまで平均の数字であるから、実態として女性が産む子どもの数を必ずしも正確にあらわしてはいない。とくに地方においては兄弟姉妹が3人以上いることは、いまでも珍しくはない。むしろ「産む子どもの数」が減ったことよりも、「産まない女性」が増えたことが出生率という数字を下げた要因のひとつであると考えられている（この議論は次の2節で行う）。

3）人口の自然増減と社会増減

日本では人口が減ることになった要因として、子どもの出生数や出生率の減少のみをとらえて議論しようとするが、そうするにはひとつの前提がある。それは、海外からの人口の流出入をほとんど考慮に入れずに「日本人」の人口維持を想定しているという点である。

人口の増減には、出生と死亡の差をとらえた自然増減と、人口移動（流出入数）による社会増減の2つが考えられる。日本は「移民」を社会的に認知しようとしないために、国境を越える人口移動という点は人口の議論ではほとんど扱われないできた。つまり「日本人」によって構成される「国民国家」というものを前提としているのが日本の人口論なのであり、人口減少とは「日本人」が減っていること（あるいは「消滅」していくこと）への危機感となって語られる傾向がある。

ただし、政府の統計上、総人口には「日本人」以外の在留外国人も含まれており、社会増減も加味されている。たとえば2017年に日本の総人口は22万7千人減少したとされているが、そのうち「日本人」の自然減は37万7千人であり、これに社会増、すなわち外国人等の流入（海外からの日本人の帰国を含む）が約15万人いたため、差し引き22万7千人の減少になっている[6]。海外からの社会増はこれほど重要な意味をもっており、人口減少を議論するにあたって重要な論点であるといえる。

第 15 章　人口減少と社会保障

２．少子化の背景を考える

　少子化がもたらされた背景や要因は、非常に多様な角度から論じられている。次の議論はその代表的なものであり、それぞれ相互に関連性をもっている。

１）出生率の低下

　日本の出生率（合計特殊出生率）と出生数の推移は前節で見たとおりである。表 15 - 1 にあるように、出生率の低下は多くの国で起こっており、開発途上国を除いて少子化が世界的に進行している。

　出生率は、「近代化」あるいは「豊かさ」と深い関係があると考えられている。近代化によって社会が豊かになれば一般的に出生率が上がるとされているが、近年においては GDP（国民総生産）が高い豊かな国ほど出生率が下がるという統計も示されている。社会や生活が豊かになることで、人は子どもを産みやすくなるのか、産みたくなるのか、あるいはその反対なのか、多くの議論がおこなわれている。

　また、「豊かさ」は国家レベルで考えるべきではなく、地域に偏在するという点を考慮すべきだという議論もある。たとえば、日本では都市部のほうが少子化が進んでいる事実がある。都道府県別の出生率は、東京都の 1.24 が最も低く、沖縄県の 1.95 が最も高い[7]。沖縄県は相対的貧困率が最も高い部類の県であり、「豊かさ」と出生率の相関で見ると、日本は「豊か」だとされる大都市ほど出生率が低くなる傾向が見られる。つまり、若者は仕事や収入を求めて地方から大都市に出て行くが、皮肉なことに「豊かさ」を手に入れても子どもは産まず、反対に地方に残った若者が多くの子どもを産んでいる。

　欧米では、日本と同様に 1950 年代から 1970 年にかけて出生率が 2 を上回る時期があったが、その後低下した。だがフランスとスウェーデンは出生率が 1.5 まで低下したあと、回復傾向となったことが注目されて

表 15 - 1　各国の合計
特殊出生率
（2016 年）

国　　名	出生率
フ ラ ン ス	1.92
スウェーデン	1.85
ア メ リ カ	1.82
イ ギ リ ス	1.79
ド イ ツ	1.59
日　　本	1.44
香　　港	1.21
シンガポール	1.20
韓　　国	1.17
台　　湾	1.17

出典：内閣府『平成 30 年版
少子化社会対策白書』
pp.7-9 より筆者作成。

267

いる。フランスとスウェーデンが出生率を回復させた政策的な背景として、家族政策の充実および女性就業の促進（男女共同参画）が指摘されている。家族手当等の経済的支援に加え、保育制度と育児休業制度の整備、ワーク・ライフ・バランスの推進が子どもを産み育てやすい環境をつくるという見方である[8]。

　しかも、フランスやスウェーデンでは、日本とは反対に、都市部ほど出生率が高くなる傾向があるようである。これは、都市部ほど家族支援策が充実していたり、あるいは家族規範が強い日本とは異なり、ヨーロッパでは「婚外子」も含めて多様な家族形態が認められ、「気軽に子どもを産める」環境があったりするためだと考えられている[9]。このように「近代化」や「豊かさ」、そして「都市化」そのものが少子化に影響するというよりも、その「豊かさ」の中身がどれくらい人々の暮らしにおいて実質的なものになっているかが影響しているということである。

　また、都市部には移民が多く、移民による出産が影響しているとする見方もある。日本とは異なり、移民による人口の社会増が多大な影響を与える国では、社会増を視野に人口問題を考える必要があることがわかる。

２）晩婚化・非婚化

　晩婚化と非婚化は、出生率の低下をもたらした要因のひとつとして、広く一般にも知られている事柄であろう。出生率の高いフランス、スウェーデン、アメリカの出生率を年齢別で見ると、出生率の低い日本や韓国よりも、20歳代での出生率が格段に高く、そのため３人以上の子どもをもつ「多子」の割合が高まる傾向が見られるとされている[10]。早い年齢のうちから子どもを産んだ女性は、その後も続けて多くの子どもを産む傾向があるということである。たしかに、日本において３人子どもがいる夫婦の割合は、1982年には27.4％であったが、2010年には19.4％に減少しており、一方で子どもが１人の夫婦は9.1％から15.9％に増加している[11]。

　晩婚化が進んだ理由は女性の高学歴化にあるとする議論もあるが、早くから男女平等化が進展した欧米でそれに伴って少子化が進展したとは必ずしもいえず、あくまで日本の特定の時期に限った現象だと考えるべきだろう。

　個人の意志として選択的に生涯結婚をしない「非婚」が増えていることも少

第 15 章　人口減少と社会保障

子化に大きく関わっている。たとえば、日本の「生涯未婚率」(50 歳時点) という政府の統計を見ると、1970 年では男性が 3.3%、女性が 1.7% であったが、2010 年では 20.1% と 10.6% に、2025 年 (推計) では 27.4% と 18.9% となり、男性の約 3 割、女性の 2 割が結婚しない (政府は「非婚」という言葉を使わないので「未婚率」と表されている)[12]。

晩婚化や非婚化が起こった要因としては、家族スタイルの変化 (家父長制あるいは男性稼ぎ手モデル世帯の非主流化) や、消費社会の進展 (市場社会化) によって、家族や共同体による相互扶助の必要性が低下したことなどが論じられている。

だが、このように家族のあり方が変化してきたにもかかわらず、日本ではなお結婚した夫婦のみが出産と育児を認められるという社会規範や社会構造があるため、「婚外子」が極端に少なくなっている。OECD の統計によれば、「出生数に占める婚外子の割合」は、フランスで 56.7%、スウェーデンで 55.4%、アメリカで 38.5% であるのに対して、日本はわずか 2.1% である[13]。

3) 経済的地位と「上昇婚」

晩婚化が出生率の低下を招く理由は、もちろん人間の妊娠・出産可能年齢と関係しているが、しかしそれに加えて (あるいはそれにもまして)、年齢に応じて高まる人々の暮らし向きや人生についての「期待」や「欲望」が影響しているとする見方もある。たとえば「生活水準を下げたくない」と考える女性は、仕事や趣味、友人とのつながりを絶ってまで、孤立化した中で育児・家事に追われる「主婦」にはなりたくないと考えるわけである。安定生活に対する期待が高まるほど、「結婚や出産というリスク」を回避しようとする意識が生まれるということである。

経済的に余裕がなかったり不安定な働き方をしていたりすれば、なおさら結婚や出産に対して慎重にならざるを得ない。だが、経済的に安定していたとしても、結婚や出産を回避して現状の生活水準の維持に努めようとする傾向が見られるという考察もある。赤川学によれば、豊かさが一定段階に到達した社会では、「幸福に対する期待水準が高まらざるをえない」ため[14]、子どもを産むことが「コスト・パフォーマンス」的に良いものではないと考えられてしまうと

269

いう。

　少子化対策によって子育て支援策が充実し教育保障がなされるほどその「期待値」はいっそう高まり、つまり少子化対策をおこなうほど少子化が進むというスパイラルに陥るという見方がされている。したがって、赤川の議論では、現代の女性が「自分よりも経済的・社会的に有利な地位をもつと期待される男性との結婚を求める傾向（女性上昇婚＝ハイパガミー）」である限り、少子化が解消されることはないという[15]。

　一方で、やはり男性にしても女性にしても、現に経済的に困窮していることや雇用が不安定であることは、結婚・出産をためらわせる大きな要因となっている。内閣府がおこなった意識調査によると、20代・30代の若者が「結婚の決め手となった条件」や「結婚相手に求める条件」として挙げている項目は、男女とも「性格」を挙げた人が最も多く9割を超えているが、女性は2番目に相手の「経済力」を重視する傾向がある（67.2％）とされている[16]。ちなみに、男性は相手に対して「容姿」や「家事能力」を重視する傾向があり、ジェンダー役割を期待した結婚が望まれていることがわかる。男性の収入に期待する女性、女性の家事役割に期待する男性、という意識のすれちがいが結婚や出産に至らない大きな要因となっているようである。

　若年層における非正規雇用の拡大も晩婚化・非婚化をもたらしている。たとえば30代前半の男性で、正規雇用労働者のうち結婚している者は60.1％であるのに対して、非正規雇用労働者では27.1％に留まっている[17]。

　また、国立社会保障・人口問題研究所の意識調査によると、結婚している夫婦の理想的な子どもの人数は、1982年の調査では2.62人、2010年の調査では2.42人となっており、この30年間でほとんど変わっていない。ところが、内閣府が実施した「少子化と夫婦の生活環境に関する意識調査」（2012年）によれば、理想とする子どもの数よりも実際の子どもの数が少ないケースでその理由を尋ねたところ、「子育てや教育にお金がかかりすぎるから」（61.2％）をあげた人が圧倒的に多かった（2位の「高年齢で産むのがいやだから」（24.1％）を大幅に引き離している）。若者の貧困化が指摘される現代において、10代や20代で出産しても養育費や教育費を負担できないという経済事情が見えてくる。

第 15 章　人口減少と社会保障

3．人口減少の社会的影響と社会保障

1）人口減少社会のインパクト

　「人口減少社会を考える」をテーマとした『平成 27 年版厚生労働白書』（2015年）は、人口減少によって日本社会がどのような社会的影響を受けるかについて考察している。そこで掲げられているのは、①経済への影響、②地域社会への影響、③社会保障・財政への影響、という 3 点である。

（1）経済への影響

　人口減少（とりわけ生産年齢人口の減少）によって労働力供給が困難になり、人手不足から経済成長率が低下することが懸念されている。しかし、日本の生産年齢人口はすでに減少しつづけているが、それによって経済成長率が大きく低下したわけではない。経済成長には別の要因が多く関連しているので、直接的な因果関係では説明できないだろう。

　また、人口減少が消費や貯蓄、資本蓄積に影響を与えるという議論も一般的である。確かに消費者人口が減少すれば経済規模が縮小する可能性はあるが、AI（人工知能）やインターネットの普及などによる産業構造の転換が急速に進む中で、生産と消費の動向を人口の動きのみと関連させて分析するのは難しいだろう。

（2）地域社会への影響

　地方都市や過疎地域における人口減少は、地域社会に大きな変化をもたらしている。地場産業の衰退、学校の閉校、商店街や自治会・町内会の衰退、伝統行事の継承問題など、暮らしに直接関わるサービスや社会資源が失われることがある。そして、そのような地域・コミュニティの衰退にともなって住民の「孤立化」が進行している。

　一方で、地域密着のローカルな経済を活性化させ、住民同士のつながりを強化する仕掛けを用意していくことでコミュニティを再生する多様な試みが各地でおこなわれている。商店街の再活性化によって高齢者と子育て世代の交流を

271

深めたり、農業・環境保護・福祉をテーマとする NPO や市民活動を推進することで雇用や社会参加の場を創出したり、といった新たな地域づくりである。こうした「コミュニティ経済」を軸にして生産と生活を「再融合」させ相互扶助機能を高めることで、人口が減少する中でも「地元」に根をはった「地域密着人口」を増やし、地域社会を再構築することができると考えられている[18]。

(3) 社会保障・財政への影響

最後に、人口減少によって社会保障の担い手が減り、さらには税収や保険料収入が減少することで社会保障制度を維持できなくなることが懸念されている。とりわけ公的年金制度は世代間扶養の考え方（賦課方式）で財政をまかなっている部分が大きく、少子高齢化の影響を受けやすい。すでに税収を確保できない部分を国債の発行によって将来世代に借金の返済を先送りしている。

だが、税収を確保していないのは「小さな政府」をめざす政府の政策によるところであり、「富」はないのではなく偏在していると考えるべきであろう。

日本の財政が逼迫している理由は、課税システムの問題に起因すると考えられており[19]、過去 40 年にわたって日本では減税政策がとられつづけられてきたし、所得税等の税率構造も「逆進的」なものへと転換されてきた。法人に対する実効税率は低く抑えられ、また富裕層にとってメリットの大きい相続税や証券税制が維持されてきた。「パナマ文書」問題で暴露されたように、富裕層は資産を海外のタックスヘイブン（租税回避地）に移して「節税」を図っているとされる。こうした税制上の諸問題が日本を債務国家にし、社会保障支出の抑制を導いている部分があることは無視できない。

したがって、少子化によって社会保障財政を抑制せざるを得なくなるという言説については、いったん切り離して考える必要がある。人口減少と社会保障はもちろん密接な関連性があるものの、財政政策にはきわめて政治的な意図や国際関係、グローバル経済に関わる事情があることを念頭に置いたほうがよいだろう。

2）少子化対策の進展と課題

政府は 1990 年代半ばあたりから多彩な「少子化対策」を進めてきた（図 15−

第 15 章　人口減少と社会保障

図 15-4　政府による少子化対策の進展

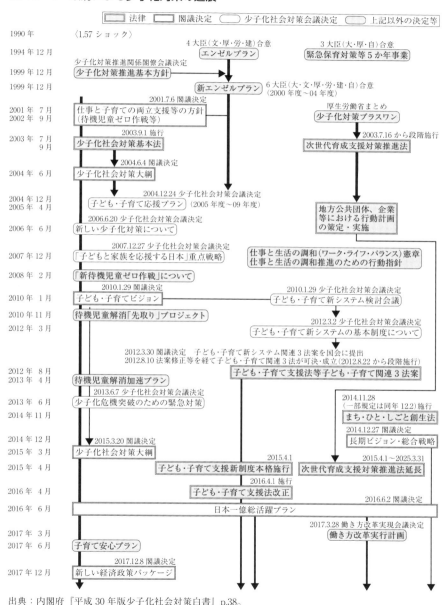

出典：内閣府『平成 30 年版少子化社会対策白書』p.38。

4）。その展開を簡潔に追いながら、注目されてきた施策について説明しておく。

（1）子育てと仕事の両立支援

日本の少子化対策は1994年の「エンゼルプラン」にはじまるといってよいだろう。1989年の合計特殊出生率が（「丙午」の1966年を下回り）戦後最低を記録して「1.57ショック」と呼ばれた。これを受けて、エンゼルプランは、子育てと仕事の両立支援の推進や家庭における子育て支援をめざし、初めて具体的な数値目標を掲げた。

少子化対策はやがて少子化・子育て支援対策となり、2000年代から本格化していく。2002年には「少子化対策プラスワン」が示され、「子育てと仕事の両立支援」だけでなく、「男性を含めた働き方の見直し」や「地域における子育て支援」などが推進された。これらを引き継ぎ、次世代育成支援対策推進法（2003年）は、子育てと仕事を両立できる環境を整備・拡充するため、地方自治体や企業に対して従業員に対する有給休暇や育児休業の取得強化、労働時間の短縮等に関する行動計画の策定等を義務付けた。

（2）男女共同参画をベースにした少子化対策

少子化対策がいよいよ急務となってきたことを背景に、少子化社会対策基本法（2003年）が制定された。これは、少子化対策の基本理念を掲げるとともに、少子化問題に対して国をあげて総合的に施策を推進することをめざすものである。同法にもとづいて「少子化社会対策会議」が開催され、「少子化社会対策大綱」が策定されることとなった。

「少子化社会対策大綱」（2004）は、総合的かつ長期的な少子化に対処するための政府の指針である。大綱の重点課題に沿って「子ども・子育て応援プラン」として5年間に講ずる具体的な施策の内容と目標が提示された。しかし、内容は「仕事と家庭の両立支援と働き方の見直し」や「地域の子育て支援の拠点づくり（市町村の行動計画目標の実現）」等であり、従来どおり男女共同参画と市町村の取り組みが重視されるに留まっていた。

2008年には「新待機児童ゼロ作戦」が、また2013年には「待機児童解消加速化プラン」が示されたが、待機児童はなお解消されていない。2010年には、少

第 15 章　人口減少と社会保障

子化社会対策基本法に基づく新たな大綱として「子ども・子育てビジョン」が閣議決定された。また 2012 年には子ども・子育て支援法が成立し、保育所と幼稚園の統合や保育料の負担が変更された。

（3）「働く母親」を支援する子育て支援

2004 年の少子化社会対策大綱を引き継いで、2015 年に新たな大綱が策定された。その中で「若い年齢での結婚・出産の希望が実現できる環境を整備する」「3 人以上子供が持てる環境を整備する」「男女の働き方改革を進める」といった重点課題が示されている。少子化の要因分析をふまえたきめ細かい対策が制度化されたといえる。

2016 年 2 月にインターネットの「はてな匿名ダイアリー」に「保育園落ちた日本死ね！」という匿名の投稿があり、待機児童問題がニュースや国会で注目された。これにより「働く女性」が子どもを保育所に預けられない現状が批判された。そして同年に「ニッポン一億総活躍プラン」が策定され、長時間労働の是正や同一労働同一賃金の実現などによる非正規雇用の処遇改善等のほか、待機児童の解消、保育士の処遇改善、放課後児童クラブの整備、そして「希望出生率 1.8」と「人口 1 億人の維持」に向けた取り組みの推進などが掲げられた。

2017 年には「子育て安心プラン」が公表されたほか、経済財政諮問会議の議論をベースにした「人づくり革命」と「生産性革命」を柱とする「新しい経済政策パッケージ」が閣議決定された。このうち、「人づくり革命」は、幼児教育の無償化、待機児童の解消、高等教育の無償化などの政策を盛り込み、社会保障制度を「全世代型」へと改革することだとされている。子育て支援や教育政策がこれまで以上に「経済政策」の一環であることが鮮明になったといえる。

3）人口減少社会の暮らしを支える社会保障

（1）日本の少子化対策の課題

人口減少という事態に対して、日本では少子化対策と称する人口政策が展開されてきた。それはつねに「働く女性」が子どもを産み育てやすいような労働環境と子育て支援を整えるという考え方に立脚してきたようにうかがえる。つまり労働力政策としての少子化対策という性格が強いものであったと考えられ

275

るだろう。その意味で、戦時中の1941年に閣議決定された「人口政策確立要綱」のスローガン「産めよ、殖やせよ」を想起させる政策展開であると揶揄されている。「産めよ、殖やせよ」という号令によって「兵力・労働力の増強」が目指されていたのと同じように、日本経済の生産性と消費を維持し、グローバル市場で活躍できる「人材」を育成するための少子化対策であるとすれば、それは本当に市民が望む子育て支援・教育支援であるとはいえないだろう。人口や労働力の維持ではなく、人口減少社会を所与とした社会保障について考えることが求められているということである。

　20年以上にわたる日本の少子化対策によってわかったことは、人口はコントロールできないという事実だといえるだろう。こうした認識に立ち、むしろ人口減少の中で市民の暮らしやコミュニティがどのような変化を強いられているのかを把握し、人々がそこで選択肢をもって生きていくのに必要な支援を政策化するという視点が不可欠である。人口減少社会における社会保障とは、結婚や出産、子育てを望む人々が、それらを自由に選択できることを支えるものであるべきだろう。

　人口減少社会の将来展望として多様な「困難」が示されているものの、本章ではとりわけ地域コミュニティの再生やローカル経済の活性化という観点において前向きな展望が論じられていることを紹介した。生産主義、完全雇用、男性稼ぎ手モデル世帯（家父長制）、ジェンダー役割、法律婚中心主義といった社会モデルや社会制度が成り立ちにくくなった時代の中で、それらを前提にしない政策が求められている。

(2) 見落とされてきた議論

　最後に、本章で十分に議論できなかった論点を2つだけ示しておきたい。

　ひとつは、少子化対策の「お手本」として紹介されるフランスやスウェーデンの子育て支援策および関連する社会制度については、多角的な視点による理解が必要であるという点である。日本と同様に、子育て支援はつねに人口政策や労働力政策に取り込まれやすいものであるから、「充実している」とされるヨーロッパの子育て支援がどのような性格を有するものかは、丁寧な考察が必要である。

第 15 章　人口減少と社会保障

しかし同時に、社会支出（社会保障費）に占める「家族関係支出」の割合が、日本よりもヨーロッパのほとんどの国々のほうが圧倒的に高く、家族手当や子育て支援に対して多額の予算をかけていることは事実である。その中でも、無業のシングルマザーや低所得世帯に対する手当や生活保護、公費負担医療、住宅手当といった「経済的保障」がつねに重要視されていることは日本で見落とされがちな点である。

　2つ目に、人口の社会増、すなわち外国人（移民）の流入による人口増加の可能性や受け入れ体制について、いっそう積極的な議論が必要である。出入国管理・難民認定法の改正によって、在留資格を拡大するかたちで「外国人労働者」の受け入れを拡大する政策が進められている。近年、技能実習制度による「外国人労働者」は拡大の一途をたどっているが、これは外国籍者が長期間家族で日本で暮らしていくことを想定した制度ではなく、「移民」は依然として容認しないまま、都合よく労働力だけを受け入れるという政策である。労働力としてではなく、また人口減少社会の支え手として移民を受け入れるということでもなく、いかなるマイノリティであっても家族を築き、子どもを産み育てるという選択肢を持てる社会にしていくという視点で、移民・外国人に対する生活保障を制度化していくことが求められているだろう。

〈注〉

1　国立社会保障・人口問題研究所「日本の将来推計人口」2017 年・中位推計、2018 年。
2　同前。
3　山崎史郎『人口減少と社会保障——孤立と縮小を乗り越える』中央公論社、2017 年、p.50。
4　広井良典『人口減少社会という希望——コミュニティ経済の生成と地球倫理』朝日新聞出版、2013 年、pp.3-9。
5　総務省「人口推計」平成 29 年 10 月 1 日現在（https://www.stat.go.jp/data/jinsui/2017np/pdf/2017np.pdf）。
6　同前。
7　内閣府『平成 30 年版少子化社会対策白書』2018 年、p.31。
8　国立社会保障・人口問題研究所編『日本の人口減少社会を読み解く』中央法規、2008 年。
9　赤川学『これが答えだ！少子化問題』（ちくま新書）筑摩書房、2017 年。
10　山崎史郎、前掲書、pp.154-6。
11　厚生労働省『平成 27 年版厚生労働白書』ぎょうせい、p.90。
12　厚生労働省、前掲書、p.67。
13　厚生労働省、前掲書、p.184。

14　赤川学『少子化問題の社会学』弘文堂、2018 年、pp.34-35。
15　赤川学、前掲書、pp.85-90。
16　厚生労働省『平成 27 年版厚生労働白書』ぎょうせい、p.71。
17　厚生労働省、前掲書、p.78。
18　広井良典、前掲書、pp.53-61。
19　井出英策『日本の財政　転換の指針』岩波書店、2013 年、pp.106-112。

〈推薦図書〉

①赤川学（2017）『これが答えだ！少子化問題』（ちくま新書）筑摩書房。
　　──少子化対策という問いの立て方そのものを問う社会学者による、既存の多様な少子化対策と
　　　政策理念に対する異議申し立ての書。人口政策としての少子化対策の限界を指摘している。
②山崎史郎（2017）『人口減少と社会保障－孤立と縮小を乗り越える』中央公論社。
　　──元厚生労働省の官僚による「正攻法」としての人口減少時代における社会保障政策論。「全世
　　　代型」の社会保障への転換と「人口減少への適応」を端的に整理している。
③内田樹編（2018）『人口減少社会の未来学』文藝春秋。
　　──ブレイディみかこや平田オリザを含む、複数のコラムニストや文筆家らが人口減少社会につ
　　　いて自由な思考でまとめた読みやすい論考集。学術的なものではないがアイデアが詰まってい
　　　る。

【学習課題】

①日本のどのような地域で人口減少が進んでおり、そこではどのような人々の暮らし
　の課題や地域の課題があがっているか、具体的な地域の事例を調べてみよう。
②なぜ日本では急速に少子化が進んだのか、本章でとりあげた背景要因をヒントに、そ
　れに関連するもの、あるいはまったく別の理由を考えて説明してみよう。
③日本の人口が今後急減していくことで、あなたの生活にどのような影響があると考
　えられますか。20 年後と 40 年後を想定して、それぞれどのような暮らしをし、ど
　のような社会になっているかを想像し、説明してください。

第 16 章

社会保障と福祉労働

曽我　千春

本章のねらい

　社会保障制度は憲法25条に基づき、国民（すべての人々）の暮らしと健康、命を国家の責任で保障することである。この制度を具体的に労働として担うことを医療労働や社会福祉労働（以下、「福祉労働」）ということができる。また、この保障については、国民の生存権という権利が前提となる。

　医療労働・福祉労働は、医療制度・社会福祉制度のにない手として国民の生命権・健康権・生存権を保障してきた。しかし、社会保障構造改革、そして社会保障制度改革がすすめられるなかで、福祉労働も大きく変容しつつある。

　この章では、福祉労働、なかでも介護労働者、保育労働者に焦点をあて、社会保障の理念を再確認するとともに、社会保障の理念に基づいた福祉労働論を再構築する。

1．福祉労働の整理

1）福祉労働の対象と範囲

　福祉労働の対象と範囲については、横山壽一が以下のような区分で整理している[1]。

　第1は、「直接的サービス提供労働」としての福祉労働である。福祉施設や

高齢者施設、利用者の居宅などにおいて直接サービスの提供を行う労働である。保育所の保育従事者や施設の介護従事者、訪問介護員などを指す。

第2は、「間接的福祉労働」としての福祉労働である。施設や事業所の管理業務、事務業務、相談業務など、直接的なサービスの提供につなげたり、組織的にサポートする役割を担う労働者である。介護支援専門員、社会福祉士、施設・事業所の事務員などである。

第3は、「福祉公務労働」としての福祉労働である。公務労働として福祉関連セクションに所属し、社会福祉制度の管理・運営、直接的サービスの提供を担う労働である。多くは管理・運営業務を担う「間接的福祉労働」である。自治体が直接サービスを提供する場合は「直接的サービス提供労働」としての役割を担う。福祉事務所の職員、ケースワーカー、介護保険等の関連部課職員、公立保育所の保育士などである。

福祉労働は「直接的サービス提供労働」、「間接的福祉労働」、「福祉公務労働」と3つに区分されているが、それぞれ重複している。

これらの労働の区分が、社会保障構造改革により進められた社会保障の市場化・営利化（そして現在では「産業化」といわれている）の流れのなかで大きく関係が変化してきている。

まず、「福祉公務労働」の縮小が顕著となっていることを指摘することができる。高齢者福祉関連は一部の措置を残しているものの[2]、サービス提供にあたっては社会福祉法人や民間企業が中心となって実施されている。保育についても公立保育所は減少し、民間保育所が増加している。2006年の介護保険法改正の折、導入された地域包括支援センターは、それまで行政の窓口で実施していた「相談」業務を民営化させた形態である。地域包括支援センターは全国に4557ヵ所設置されているが、そのうち市町村直営は27.2%、委託は72.2%となっている（2014年9月現在）[3]。本来、公的責任のもとで行われなければならない第一線の「相談」業務までもが民間に丸投げされている。

つぎに、社会保障の市場化・営利化のなかでサービス提供事業者については民間企業が大半を占めていることから生じる問題点を指摘することができる。民間企業は「利益」を出すこと、事業所の維持存続が第一義的な目的となる。第2の「間接的福祉労働」者はこの点に重点を置かざるを得なくなる。そうする

第 16 章　社会保障と福祉労働

と第 1 の「直接的サービス提供労働」者がより良いサービスを提供しようとしても「間接的福祉労働」の制約を受ける場面が出てくる[4]。このため両者の間に対立する場面も生じる可能性も大きくなる。また、「直接的サービス労働」者の労働意欲を殺ぐ危険性をもっている。このことは離職者が生じる一要因ともなっている。

2）資格と業務の関連性

福祉労働の担い手は、人権にかかわる仕事であることの重要性から、人権の考え方・理解、高度な知識・技術が要求される。そのために一定の教育・訓練を受けた者には、そのような適格性があると認められる場合、資格が付与される[5]。

福祉労働の関連資格として、介護福祉士、保育士、社会福祉士等がある。これらはすべて「名称独占」資格である。他方、医療労働の関連資格は医師、看護師、准看護師等があるがこれらは「業務独占」資格となっている。この点は後述する。

まずは資格に関する法制度を確認しておく。

(1) 社会福祉士・介護福祉士

社会福祉士・介護福祉士については「社会福祉士及び介護福祉士法」（1987 年法律第 30 号）（以下、「福祉士法」）に規定されている。

福祉士法の第 1 条は「社会福祉士及び介護福祉士の資格を定めて、その業務の適正を図り、もって社会福祉の増進に寄与することを目的とする」と明記している。福祉士法第 2 条では社会福祉士資格の定義（第 1 項）、介護福祉士の定義（第 2 項）が定めてある。

社会福祉士については、社会福祉士登録簿への登録（福祉士法第 28 条）、社会福祉士の名称を用いて、専門的知識・技術をもって対象者に対して福祉に関する相談、助言・福祉サービスの提供、「福祉サービス関係者等」との連絡および調整、その他の援助といった「相談援助」を業とする者である。

介護福祉士は、介護福祉士登録簿への登録（福祉士法第 42 条第 1 項）、介護福祉士の名称を用いて、専門的知識・技術をもって対象者に対して心身の状況に

281

応じた介護（医師の指示の下での喀痰吸引等を含む）を行い、対象者・対象者の介護者に対して介護に関する指導を行う、「介護等」を業とする者をいう。

(2) 保育士

いま一つ、保育士についても確認をしておく。保育士は、単独の法律に定められているわけではなく、児童福祉法（以下、「児福法」）の第18条の4から第18条の24において「保育士資格」が定められている。保育士は、保育士登録簿への登録、保育士の名称を用いて、専門的知識・技術をもって、児童の保育・児童の保護者に対する保育に関する指導を行うことを業とする者をいう（児福法第18条の8第1項）。

以上、3つの福祉労働の資格取得者については、信用失墜行為の禁止（福祉士法第45条・児福法第18条の21）、秘密保持義務（福祉士法第46条・児福法第18条の22）、名称の使用制限（福祉法第48条・児福法第18条の23）等の義務が課せられているとともに[6]、違反については、例えば福祉士法第46条の「秘密保持義務」に「違反したものは、1年以下の懲役又は30万円以下の罰金に処する」（福祉士法第50条）といった罰則規定が設けられている。

福祉労働の資格は、「名称独占」であるにもかかわらず、上記のような義務とそれらの違反に対する厳しい罰則規定が用意されている。

(3) 名称独占と業務独占

資格の「名称独占」と「業務独占」とではどのようなちがいがあるのか確認しておく。

「名称独占」とは、無資格者が、その資格の名称を使用して業務を行うことを法令上禁止することをいう。他方、「業務独占」とは、名称の使用禁止はもちろん、その業務に携わること自体が法律上禁じられている[7]。これらに反した場合には罰則規定が設けられている。

先にも述べたように、保育士・社会福祉士・介護福祉士は「名称独占」であり、医師・看護師等の医療関連資格は「名称独占」と「業務独占」である（表16-1）。

福祉関係の資格については、介護福祉士にみられるように、就労する施設な

第16章　社会保障と福祉労働

表16-1　主な保健医療・福祉の資格一覧

	資　格	法　　令		資格付与方法
医　療 関係者の 資　格	医　　師	医　師　法	名称・業務独占	養成校＋国家試験
	保　健　師	保助看法	名　称　独　占	看護師免許＋国家試験
	看　護　師	保助看法	名称・業務独占	養成校＋国家試験
	准看護師	保助看法	名称・業務独占	養成校＋都道府県知事試験
	薬　剤　師	薬剤師法	名称・業務独占	養成校＋国家試験
社会福祉 関係者の 資　格	社会福祉士	福祉士法	名　称　独　占	養成校＋国家試験
	介護福祉士	福祉士法	名　称　独　占	養成校卒業および実務経験＋国家試験
	保　育　士	児童福祉法	名　称　独　占	養成校卒業および実務経験＋国家試験 等

出所：筆者作成。

り事業所に「介護福祉士」配置義務はなく、介護職員初任者研修修了者や無資格者が混在して就労している。各施設の「経営努力」により、資格取得者には若干の「手当」が支給はされているものの、「業務独占」ではないことから、この間の人手不足も重なり、介護福祉士資格取得者以外の介護労働者も多く就労している。

　保育士についても、認可保育所については保育士の人員配置基準はあるものの、保育所不足を背景として小規模の保育所や家庭保育ママなど、認可保育所以外の保育の場に規制緩和が進み、保育士でない者でも保育を行うことができるようになってきている。

（4）資格取得

　資格取得方法についても、医療関係者の資格と福祉関係者の資格取得は大きく異なる。

　医師、看護師については、「養成校」を卒業し、国家試験に合格することで資格が付与され、学歴の統一がみられる。

　他方、福祉関係の資格は、養成校を卒業することで国家資格が付与されるコースと実務経験を重ねその上で国家試験を受験し合格した場合に国家資格が付与される等が存在する。資格取得方法が一本化されていないことから学歴の統一もみられない。この点、介護福祉士の基本給が低いこと、社会的評価が低いことにつながっているといった指摘もある[8]。

283

社会福祉士・介護福祉士資格は 1987 年に創設され、翌 88 年 4 月から導入されている。資格導入の背景として、高齢化の進展に伴うサービス需要の増加、その対応としての専門性の育成の必要性があった。そしてもう一つの背景として、1980 年代から進められた第 2 次臨時行政調査会の答申に基づく「臨調・行革路線」の推進がある。社会保障の抑制、とりわけ医療費の縮小と新たな介護事業の育成のために「民間活力の推進」が謳われた。社会福祉の市場化・営利化に向けて舵が切られたのである。介護分野ではシルバービジネスの進行とその拡大を図るために、業務内容の「質の保障」の一つとして「資格制度」が登場してきたといえる。

　しかし、市場化・営利化路線の基盤整備としての資格の設定ではあったものの、その目的は憲法 25 条の生存権保障、そして 25 条 2 項の国の保障義務を具現化するための福祉資格であることを、社会福祉士・介護福祉士の資格取得者は忘れてはならない。

3）職業分類による整理

　職業分類は、職業安定法第 15 条 2 項の規定にもとづいて、職業紹介業務における職業の統一基準を定めるために 1953 年に設定された。1999 年に職業紹介事業の原則自由化にともない、従来の職業紹介は公的職業安定所（ハローワーク）に限られていた職業紹介事業を民間事業者への拡大したことから、官民共通の職業分類が設けられている[9]。

　「第 4 回改訂　厚生労働省編職業分類　職業分類表」では、大分類「専門的・技術的職業従事者」として医師や看護師、社会福祉の専門的職業が分類されている。

　このうち「16：福祉の専門的職業」には、主に福祉事務所のケースワーカーや相談員、そして保育士が該当する。他方、「36：介護サービスの職業」には、施設の介護職員や訪問介護員（ホームヘルパー）、保育ママや家庭的保育、ベビーシッターが該当する。このように福祉労働者であっても職業分類では、異なった分類となっている（表 16 - 2）。

　介護労働者が専門職から排除されている職業分類については、介護労働者の専門性としての士気を下げさせることにもつながりかねないことから、早急に

第 16 章　社会保障と福祉労働

表 16 - 2 「第 4 回改訂　厚生労働省編職業分類　職業分類表」(抜粋)

大分類	中分類	小分類	備　考
B　専門的・技術的職業従事者	12　医師、歯科医師、獣医、薬剤師	121. 医師 122. 歯科医師 123. 獣医師 124. 薬剤師	
	13　保健師、助産師、看護師	131. 保健師 132. 助産師 133. 看護師、准看護師	
	16　社会福祉の専門的職業	161. 福祉相談・指導専門員 162. 福祉施設指導専門員 163. 保育士注6) 169. その他の社会福祉の専門的職業注4)	161-01　福祉相談員注1) 161-99　他に分類されない福祉相談・指導専門員注2) 162-01　老人福祉施設指導専門員注3)
E　サービス職業従事者	35　家庭生活支援サービスの職業	351. 家政婦(夫)、家事手伝 359. その他の家庭生活支援サービスの職業	359-01　ベビーシッター
	36　介護サービスの職業	361. 施設介護員 362. 訪問介護職	361-01　施設介護員注4) 362-01　訪問介護職注5)
	37　保健医療サービスの職業	371. 看護助手 372. 歯科助手 379. その他の保健医療サービスの職業	

注1)　福祉事務所・児童相談所・障害者更生相談所・婦人相談所において、生活上の問題、児童・障害者・女性・家庭の抱える問題などに対する相談・助言・援助などの専門的な仕事に従事するものをいう。家庭相談員、ケースワーカー(障害者更生相談所)、児童福祉司、母子自立支援員など。

注2)　社会的保護・支援を必要とするものの調査、心理判定、その他 161-01 に含まれない、相談・助言・援助などの専門的な仕事に従事するものをいう。ケースワーカー(福祉事務所：現業員)、査察指導員、児童心理司、心理判定員、福祉事務所地区担当員。

注3)　老人デイサービス、特養等の老人福祉施設において、相談・助言・援助、入・通所者の生活指導、連絡調整、サービス計画の作成など専門的な仕事に従事するものをいう。機能訓練指導員、生活指導員、生活相談員。その他、162-02 は障害者福祉施設指導専門員、162-03 は児童福祉施設指導専門員である。

注4)　医療施設・介護老人福祉施設などの介護保険施設において、要介護者の入浴・排泄・食事などの世話をする仕事に従事する従事するものをいう。ケアワーカー(医療施設、老人福祉施設)、介護サービス員(老人福祉施設)。

注5)　要介護認定を受けている個人の家庭を訪問し、入浴・排泄・食事などの身体の世話、掃除、洗濯・炊事・買い物などの日常生活の支援をする仕事に従事するもの。

注6)　幼稚園教諭は専門的・技術職、学童保育指導員は大分類サービス業、中分類その他のサービスの職業(429-02)、保育補助者、保育ママ、家庭保育員は 429-99 (ほかに分類されないその他のサービスの職業)。

専門的・技術的職業従事者への変更が必要である。「介護」や「介護労働」には専門的知識をもってあたることが福祉士法にも明記してある。ただ、業務独占ではないことも関係し、多様な人材（無資格者）が存在すること、生活支援などが市場化されてきていることからサービス業への傾向が強まっている。

2．介護労働者・保育労働者の現状

　福祉労働は「労働集約型」であることから専門的知識・技術を持った人権のにない手としてふさわしい者を十分に配置する必要がある。しかし現状は、介護ならびに保育の労働現場で労働力・人手不足が深刻化していることは周知のことである。

1）離職率

　保育士は勤続年数 7 年以下の保育士が約半分を占めており、離職率は 2013 年時点で 10.3％（公営は 7.1％、私営は 12.0％）であった[10]。介護職員については、16.2％（訪問介護：正規職員 17.0％・非正規職員 13.8％、介護職員：正規職員 14.3％、非正規職員 20.6％）となっており、離職者の 65.2％ が勤続年数 3 年未満であった。法人別では民間企業の離職率が高く、約 20％ の離職率となっている[11]。

　介護労働の場合、その多くは介護保険制度の下での労働となる。介護保険制度導入前から介護労働者の慢性的な人手不足は大きな課題となっていたが、現在もその課題は解決されないばかりか、さらに深刻化しつつある。人手不足の要因としては、介護を職業として選択しないこと、選択しても離職してしまうことがあげられる。離職の要因について、経営者側は「燃え尽き」や「職場の人間関係」といったことをあげている。

2）賃金格差

　「決まって支給する現金給与額」（月額）を見てみると、産業別では「産業計」が 32 万 4 千円であり、「社会保険・社会福祉・介護事業」では 23 万 8 千円となっており、9 万円近くの格差が生じている。職業別を見ても、医療関係職種である看護師が 32 万 8 千円、准看護師が 27 万 8 千円である。他方、福祉関係職

第16章　社会保障と福祉労働

表16−3　一般労働者の男女比、平均年齢、勤続年数及び平均賃金

		男女計			男　　性				女　　性			
		平均年齢(歳)	勤続年数(年)	決まって支給する現金給与額(千円)	構成比(%)	平均年齢(歳)	勤続年数(年)	決まって支給する現金給与額(千円)	構成比(%)	平均年齢(歳)	勤続年数(年)	決まって支給する現金給与額(千円)
産業別	産　業　計	42.0	11.9	324.0	67.6	42.8	13.3	359.8	32.4	40.4	9.1	249.4
	医療・福祉	40.2	8.0	294.4	26.9	39.9	8.3	375.5	73.1	40.3	7.8	264.5
	社会保険・社会福祉・介護事業	40.7	7.1	238.4	27.3	39.3	7.2	270.6	72.7	41.2	7.1	226.3
	サービス業	44.0	8.8	273.6	70.2	45.0	9.6	297.7	29.8	41.6	6.9	216.8
職業別	医　　　師	41.0	5.5	833.2	70.8	42.4	5.8	896.8	29.4	37.6	4.7	680.4
	看　護　師	38.0	7.4	328.4	8.4	35.2	6.1	326.9	91.6	38.3	7.5	328.6
	准 看 護 師	48.7	10.2	278.7	10.1	40.4	8.3	283.3	89.9	47.4	10.4	278.1
	理学療法士・作業療法士	30.7	4.8	277.3	49.3	31.5	4.9	286.8	50.7	30.0	4.9	268.1
	保　育　士	34.7	7.6	213.2	4.1	30.2	4.8	225.4	95.9	34.9	7.7	212.6
	ケアマネジャー	47.5	8.3	258.9	21.8	43.0	8.1	281.1	79.2	48.7	8.4	252.7
	ホームヘルパー	44.2	5.6	218.2	23.3	40.0	3.7	235.0	76.7	46.2	6.2	213.0
	福祉施設介護員	38.7	5.5	218.9	33.5	35.1	5.4	235.4	66.5	40.5	5.5	210.6

注1）一般労働者とは、常用労働者のうち、短時間労働者以外の労働者をいう。短時間労働者とは、常用労働者のうち、1日の所定労働時間が一般の労働者よりも短い又は1日の所定労働時間が一般の労働者と同じでも1週の所定労働日数が一般の労働者よりも少ない労働者をいう。

注2）サービス業とは、産業廃棄物処理業、自動車整備業、機械等修理業、その他の事業サービス業、政治・経済・文化団体、宗教、職業紹介・労働者派遣業が含まれる。

注3）福祉施設介護員は、児童福祉施設、身体障害者福祉施設、老人福祉施設、その他の福祉施設において、介護の仕事に従事する者をいう。

注4）決まって支給する現金給与額とは、労働協約、就業規則等によってあらかじめ決められている支給条件、算定方法によって支給される現金給与額。基本給のほか、家族手当、超過労働手当を含むが、賞与は含まない。なお手取り額ではなく、所得税、社会保険料などを控除する前の額である。

【資料】厚生労働省「平成25年賃金構造基本統計調査」。

出典：厚生労働省「介護労働の現状」より筆者作成。

種では、保育士が21万3千円、ホームヘルパー・福祉施設介護員が21万8千円となっている。「保健医療福祉の連携」が叫ばれているものの、連携の中にも大きな賃金格差が生じている。

　福祉労働は、先にも述べたように人権のにない手として、利用者の生活と健康、命を保障する非常に重い責任が課せられている。しかし他産業労働者の賃金と比較してみると（表16−3）、一般労働者や医療関係職種との賃金格差が大

きい。保育や介護の仕事は、課せられている責任からみても、魅力ある職業・労働でなければならない。しかしその賃金や待遇は、他の一般労働者の水準からかけ離れている状態はすぐにでも改善されるべきである。この問題は先に指摘したように、資格取得方法の多様化と資格が「名称独占」にとどまることが基底にあると考えられる。

3）非正規雇用の増大

人材不足を深刻化させた一要因として、介護労働現場の人員配置基準に「常勤換算方法」を導入したことがあげられる。

「常勤換算方法」は、一事業所の従事者の勤務延べ時間数を、常勤の従事者が勤務すべき時間数で除することにより、事業所の従事者の員数を常勤の従事者の員数に換算する方式である。

この常勤換算方式によって、介護労働現場には多くの非正規雇用の介護労働者が雇用されている。介護労働現場では正規雇用が55.0％、非正規雇用は43.3％であり、特に訪問介護系は77.4％と、非正規雇用介護労働者の比率が高くなっている[12]。

介護保険制度の下で事業者・施設は、国の指定基準である各種の「人員、設備及び運営に関する基準」に従って事業を行っている。さらに、介護保険制度の下でのサービス提供に当たっては介護報酬が施設・事業所の経営を大きく左右させる仕組みとなっている。介護保険制度の下で、人員配置基準を満たし、かつ雇用コストを軽減できる手段となっているのが常勤換算方法[13]である。

常勤換算方法という制度的に認められた大量の非正規雇用の投入は、低賃金で身分が不安定な非正規職員を増加させている。一方で、わずかな正規職員は非正規職員に比べ、身分は守られ、賃金は高くはなっているが、過重負担を負わされている者も少なくないという指摘もある[14]。結果、意欲をもった若い介護労働者たちが短期で退職を余儀なくされるという事態が広がっている[15]。

保育労働についても、公立、私立の両者とも正規保育士が減少し、非正規雇用保育士が急増している。

非正規保育士の雇用形態は、臨時、アルバイト、短時間勤務、派遣など多様となっている。少し古いが2008年にベネッセ教育研究所が発表した「第1回幼

児教育・保育についての基本調査（保育所編）報告書（2008年）」では、公立保育所（調査では「公営」）の正規保育士が46.3％、非正規保育士が53.7％、私立保育所（同「私営」）は正規保育士が60.6％、非正規保育士が39.4％と、私立保育所よりも公立保育所のほうが非正規雇用率が高いことが指摘されている。

その背景には、「2004年度に公立保育所の運営費が一般財源化されたことによる人件費の影響が考えられる。また、幼保・公私ともに、保育の多様化、長時間化に対応するために非正規職員が配置されていることも関係」しているとしている[16]。

4）公立保育所の民営化

加えて、保育所の民営化が進んでいる（表16-4）。民営化を進める理由として待機児童の解消や多様なニーズへの対応などといわれるが、本質は、社会保障費等の国家財源の縮小である[17]。

公立保育所の減少は公立保育士の減少にもつながる。筆者の勤務先の大学には保育士を養成している学科があり、多くの学生が「公立保育士」を目指しているし、大学サイドも他大学とは公立保育士の合格率で争っている。

このように保育の分野では近年、私立保育所、特に社会福祉法人の増加が目ざましいが、営利法人の参入も徐々に増加傾向にある。社会保障の市場化・営利化・産業化の進行は、介護保険制度から始まり、保育の領域にも拡大してきている。

保育労働は介護保険制度の後を追い、市場化・営利化と人件費削減策が進んでいる。

3．福祉労働の改革課題

介護・保育労働現場の非正規雇用労働者の割合が増加している。このことは短期的にみれば事業所の人件費カットにつながるが、長期的にはみれば労働者の継続的な就労や育成につながらず、結果的に保育や介護の質が低下し、損失となって表れる。

実際、介護労働現場、保育労働現場での事件・事故が多発しているが、この

表 16—4　保育所の経営主体別推移

年	国・独立行政法人		都道府県		市町村等		一部事務組合・広域連合		社会福
	数	％	数	％	数	％	数	％	数
2010	1	0.0	2	0.0	9,884	45.0	—	—	10,528
2011	1	0.0	2	0.0	9,483	43.6	—	—	10,919
2012	1	0.0	2	0.0	8,811	41.3	—	—	12,273
2013	1	0.0	2	0.0	9,120	40.4	—	—	11,839
2014	1	0.0	2	0.0	8,967	39.0	3	0.0	12,174
2015	1	0.0	2	0.0	9,085	35.5	3	0.0	13,647
2016	2	0.0	1	0.0	8,851	38.7	3	0.0	14,049
2017	2	0.0	—	—	8,711	32.1	3	0.0	14,493

注1) 2013 年までは「市町村」に「一部事務組合・広域連合」を含んでいた。
注2) 2012 年までは「その他の法人」に「営利法人（会社）」を含んでいた。

背景には非正規雇用の増加が一要因になっているとも考えられる。保育・介護の利用者の人権を保障するためには、それを担う保育士・介護労働者の労働権、社会保障権、教育権を保障していく必要がある。

　出入国管理及び難民認定法の改正により、介護分野に多くの外国人の介護労働者の導入が計画されている。現在の介護労働の実態の改善が行われないまま、「単純労働」として「介護労働」を位置付け、6 万人からの導入が予定されている[17]。

　保育士の場合、低賃金・長時間労働などの問題から資格取得者の参入が困難となっている。3 歳児を抱える母親は、保育士の労働条件が「あまりよくないことを知り、預けることに気が引ける。もっと保育士の賃金を上げたり、手厚い待遇が整えば保育士も増えるであろうから、安心して預けることができるのに」と話をしてくれた。

　国は、少子高齢化、それに伴う社会保障の財源の確保の困難を理由に社会保障制度改革を進めている。本来の人権保障、人々の暮らし・健康、命を公的責任で保障することを放棄し、「自助・共助・公助」の組合せが社会保障という位置づけを確立させようとしている。

　公的責任の放棄は、真に社会保障・社会福祉を必要としている人を排除する仕組みが登場する。福祉労働は社会保障・社会福祉制度と実態を照らし合わせ、

社法人	医療法人		公益法人・日赤		営利法人（会社）		その他の法人		その他	
%	数	%	数	%	数	%	数	%	数	%
48.0	10	0.0	2	0.0	—	—	1,086	5	168	0.0
50.2	10	0.1	2	0.0	—	—	1,174	5.4	152	0.7
51.7	13	0.1	9	0.0	—	—	1,468	5.2	163	0.7
52.6	13	0.0	19	0.0	488	0.2	969	0.4	143	0.5
52.9	9	0.0	37	0.1	621	0.3	1,041	4.5	137	0.5
53.4	11	0.0	57	0.2	1,051	4.1	1,582	6.2	141	0.5
53.5	15	0.1	59	0.2	1,337	5.1	1,818	6.5	130	0.5
53.4	15	0.1	56	0.2	1,686	6.2	2,049	7.8	122	0.4

注3）2016 年より幼保連携型認定こども園、保育所型認定こども園と保育所の数である。
出典：厚生労働省「社会福祉施設等調査の概況」（各年）より筆者作成

制度と実態の乖離を明らかにすること、人権侵害が生じていないか（社会保障・社会福祉サービスを利用できない等）、そこでは何が求められているのかを現場から発信していくという役割も担っている。

介護労働・保育労働といった福祉労働が人権保障の労働としていくためには、長期にわたって働き続けることができる条件が保障され、「魅力ある労働」として若い人たちに支持されていくことが不可欠である。そのためには、まずは福祉労働者に対する賃金水準を含めた労働条件の向上が必要である。加えて、上記で指摘してきたように、資格の「業務独占」化と資格取得方法の一元化が不可欠であり、このことが社会的評価を向上させることにつながる。

過去から現在まで、多くの介護福祉士、保育士は実績を積み上げ専門性を確立してきた。このことを無視した現行の賃金水準や資格の規制緩和は、早急に見直しまたは改善されなければならない。

〈注〉

1　横山壽一『社会保障の再構築～市場から共同化へ』新日本出版社、2009 年、pp.138-140。
2　老人福祉法第 10 条の 3、10 条の 4、11 条、12 条、12 条の 2。
3　「平成 26 年度　老人保健事業推進費等補助金　老人保健健康増進等事業　地域包括支援センターにおける業務実態に関する調査研究事業報告書」（MIR ㈱三菱総合研究所、2015 年 3 月）。
4　横山壽一、前掲『社会保障の再構築～市場から共同化へ』、p.140。

5 小川政亮『社会事業法制第4巻』ミネルヴァ書房、1992年、p.242。

6 この他、社会福祉士・介護福祉士については、「誠実義務」（福祉士法第44条の2）、「連携」（第47条）、「資質向上の責務」（第47条の2）、「保健師助産師看護師との関係」（第48条の2）、「喀痰吸引等業務の登録」（第48条の3）が義務付けられている。

7 社会福祉辞典編集委員会編『社会福祉辞典』大月書店、2002年。「名称独占」については、「特別の知識又は技能を必要とするために、法令により一定の資格を有しなければならないとされている職業については、その資格を有しない者が当該職業の名称を使用することを禁止し、公衆の保護を図っている例が多い」。

8 笹谷真由美・安永龍子・森田婦笑子「介護福祉士の労働環境と就業に関する一考察」『奈良佐保短期大学紀要』第15号、2007年、p.64。

9 「第4回改訂 厚生労働省編職業分類 職業分類表 改訂の経緯とその内容」独立行政法人労働政策研究・研修機構、2011年、p.1。

10 第3回保育士等確保対策検討委員会「保育士等に関する関係資料」2015年12月4日。

11 公益財団法人介護労働安定センター『介護労働の現状について 平成29年度介護労働実態調査』2018年8月3日公表。また、事業所の介護労働者の過不足については66.6%が不足感を持っている。2016年度の全体の離職率は15.8%となっている。厚生労働省「平成28年雇用動向調査結果の概況」2017年8月。

12 公益財団法人介護労働安全センター『介護労働の現状について 平成29年度介護労働実態調査』2018年8月、p.13。

13 宮本恭子「介護供給システムからみた介護職員の雇用環境への影響―社会福祉法人の施設運営をとおして」『大原社会問題研究所雑誌』No.66、2012年、pp.59-60。

14 永和良之助「介護保険制度化における社会福祉法人の経営変化」佛教大学『社会福祉学部論集』第4号、2008年、p.33。永和は、「「常勤換算方式」により介護労働の非正規雇用化が進んだために、常勤の負担が増し、超勤が常態化し、休日勤務も珍しくなくなった」としている。

15 常勤換算方法については、曽我千春「常勤換算方法に関する研究（1）」日本医療総合研究所『国民医療』No.326、2015年、pp.46-51、同「常勤換算方法に関する研究（2）」日本医療総合研究所『国民医療』No.330、2016年、pp.34-39。

16 脇田滋「労働法から見た保育士の労働条件」杉山隆一・田村和之編著『保育所運営と法制度』新日本出版社、2009年、pp.174-175。ベネッセ教育研究所「第1回幼児教育・保育についての基本調査（保育所編）報告書」2008年、https://berd.benesse.jp/jisedai/research/detail1.php?id=3293（2018年11月30日最終閲覧）

17 城塚健之『官製ワーキングプアを生んだ公共サービス「改革」』自治体研究社、2008年、pp.123-124。

18 『北陸中日新聞』2018年11月15日付。

〈推薦図書〉

○高野範城『人間らしく生きる権利の保障－福祉、教育、労働等の事例からみた国・自治体の責任』創風社、2002年。
　　――人権を体系的に学ぶことができ、社会保障と人権、公的責任の重要性について理解できる。著者が弁護士であることから具体的な事例からも人権を学ぶこともできる。

○横山壽一『社会保障の再構築―市場から共同化へ―』新日本出版社、2009年。
　　――社会保障構造改革に始まる一連の社会保障制度・社会福祉制度の変革、とくに市場化・営利

第 16 章　社会保障と福祉労働

化、そして産業化への流れとその本質について深く学ぶことができる。

○森岡孝二『雇用身分社会』岩波新書、2015 年。

──「福祉労働」は福祉労働者の自己犠牲の上に成り立つものではない。福祉労働者の働き方、その矛盾が生じるメカニズム、解決策を探るためには必読書籍である。

【学習課題】

①社会保障の「市場化・営利化」がもたらすメリットとデメリットを考えてみよう。

②福祉労働者の役割と権利を考えてみよう。

③社会保障・社会福祉の「自助・共助・公助」と自己責任、公的責任について考えてみよう。

293

第17章

社会保障と財政

梅原　英治

本章のねらい

　社会保障は財政の中で最大の支出項目であり、今後も増加する見込みである。他方、日本の財政は巨額の赤字を抱えている。膨張する社会保障財政をいかに確保するかは、社会保障にとっても、財政にとっても、当面する最大の課題の1つであり、そのあり方は国民生活に重大な影響を及ぼす。そのような状況を念頭に置きながら、本章では社会保障と財政について学ぶことにしよう。

1．社会保障財政の仕組みと特徴

1）社会保障財政の仕組み

　財政は、国や地方公共団体（都道府県・市町村・特別区など）が国民から租税や社会保険料、国債などさまざまな形で資金を調達し、それを社会保障や教育、公共事業、防衛など種々の活動に支出する行為の総体をいう。社会保障制度もお金がなければ動かない。財政は社会保障制度の物的基礎をなす。

　社会保障制度にかかる財政（社会保障財政）を構成するものとして、国については一般会計の社会保障関係費と恩給関係費、特別会計では年金特別会計と労働保険特別会計、地方公共団体については普通会計の民生費・衛生費・労働費、公営事業会計では病院・介護サービス・国民健康保険・後期高齢者医療・介護

295

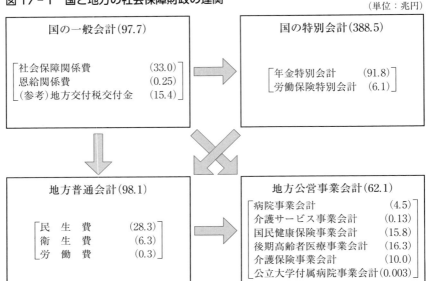

図17-1 国と地方の社会保障財政の連関

(注) 括弧内の数値は歳出額。国は2018年度当初予算額、地方は2016年度決算額。国の特別会計および地方の公営事業会計は各会計・各勘定の単純合計。
出典: 財務省『平成30年度予算及び財政投融資計画の説明』2018年1月、総務省『平成30年版地方財政白書』2018年3月、より作成。

保険・公立大学付属病院の各事業会計がある[1] (図17-1)。なお、国の地方交付税交付金はその一部が地方公共団体の重要な社会保障財源となっている。

社会保障財政の規模は大きい。国の社会保障関係費は一般会計予算の33.7%を占める最大の費目であり、年金特別会計は90兆円を超える。地方公共団体の民生費は普通会計歳出の26.8%で最も大きく、公営事業会計の75%は社会保障関係である。

これらの中心をなすのが国の社会保障関係費である。社会保障関係費は、①年金給付費、②医療給付費、③介護給付費、④少子化対策費、⑤生活扶助等社会福祉費、⑥保健衛生費、⑦雇用労災対策費の7項目からなり、①と②で7割を超える。なお、①〜④は「消費税の使途」とされる「社会保障4経費」(年金・医療・介護・少子化対策) に対応する (本章第3節2)参照)。

社会保障関係費の特徴は、ほとんどが特別会計や地方財政などに繰り入れら

第 17 章　社会保障と財政

表 17 - 1　　社会保障関係費の主な内容（2018 年度当初予算）

（単位：億円、％）

区　　分	金　額	構成比 （全体）	構成比 （各項目）
①年金給付費	116,853	35.4	100.0
うち基礎年金拠出金等年金特別会計へ繰入	116,198	35.2	99.4
うち厚生年金基礎年金国庫負担金繰入	94,119	28.5	80.5
うち国民年金基礎年金国庫負担金繰入	17,973	5.5	15.4
②医療給付費	116,079	35.2	100.0
うち医療保険給付諸費	97,106	29.4	83.7
うち全国健康保険協会保険給付費等補助金	11,772	3.6	10.1
うち後期高齢者医療給付費等負担金	38,335	11.6	33.0
うち国民健康保険療養給付費等負担金	18,582	5.6	16.0
うち国民健康保険後期高齢者医療費支援金負担金	5,040	1.5	4.3
うち後期高齢者医療財政調整交付金	12,498	3.8	10.8
うち国民健康保険財政調整交付金	6,274	1.9	5.4
うち生活保護等対策費	14,112	4.3	12.2
③介護給付費	30,953	9.4	100.0
うち介護保険制度運営推進費	28,228	8.6	91.2
うち介護給付費等負担金	18,952	5.7	61.2
④少子化対策費	21,437	6.5	100.0
うち子ども・子育て支援年金特別会計へ繰入	20,133	6.1	93.9
うち児童手当	11,459	3.5	53.5
うち子どものための教育・保育給付等	8,323	2.5	38.8
⑤生活扶助等社会福祉費	40,524	12.3	100.0
うち生活保護等対策費	14,799	4.5	36.5
うち障害保健福祉費	15,741	4.8	38.8
⑥保健衛生対策費	3,514	1.1	100.0
うち原爆被爆者等援護対策費	977	0.3	27.8
⑦雇用労災対策費	373	0.1	100.0
うち高齢者等雇用安定・促進費	113	0.0	30.3
うち失業等給付費等労働保険特別会計へ繰入	178	0.1	47.9
社会保障関係費合計（①〜⑦）	329,732	100.0	

（注）　⑥⑦を除いて 5000 億円以上の項目のみ。

出典：財務省財務総合政策研究所編『財政金融統計月報』第 792 号、2018 年 4 月、第 10 表、より作成。

れることである（表 17 - 1）。年金給付費のほとんどは年金特別会計への繰入で
ある。医療給付費の多くは全国健康保険協会の健康保険への国庫補助金や市町
村の国民健康保険、後期高齢者医療への国庫負担金、都道府県・市町村への生

活保護（医療扶助）などである。介護給付費は介護保険の実施主体である市町村にほとんど回る。少子化対策費もほとんどが児童手当や子ども・子育て支援対策費として年金特別会計子ども・子育て支援勘定に繰り入れられる（そこから地方公共団体へ）。生活扶助等社会福祉費は生活保護費や障害者自立支援給付費の国庫負担金などとして地方に交付される。雇用労災対策費は労働保険特別会計への繰入が8割近くを占める。

これらは各種社会保障制度における国の負担分——基礎年金の50％、健康保険の16.4％、国民健康保険の41％、後期高齢者医療の33.3％、介護保険の25％、雇用保険（失業給付）の25％、生活保護費の75％、児童手当の55.2％、児童福祉や障害者福祉の措置費の50％など——を表す（負担割合は2018年度）。

このように、社会保障関係費は社会保障全体に基底的な影響を与えており、第2節以下では社会保障関係費に焦点を当てて解説する。

2）日本の社会保障財政の特徴——社会保障給付費と社会支出

社会保障財政の全体を捉えるため、ILO（国際労働機関）基準の「社会保障給付費」[2] を見てみよう。社会保障給付費は、社会保障にかかる支出のうち個人に帰着する給付に着目した指標である。

2016年度の収支表を見ると（表17-2）、収入では、社会保険料が51.1％、公費負担が35.4％、資産収入その他が13.5％で、社会保険料の割合が高く、公費負担の1.4倍ある。社会保険料では被保険者拠出が事業主拠出を4兆円以上も上回り、公費負担では国庫負担が自治体負担の2倍以上ある。

このように、日本の社会保障制度では社会保険が大きな比重を占めている。社会保障制度を財源構成の視点から「ベヴァリッジ型」（税が主財源）と「ビスマルク型」（社会保険料が主財源）に分ければ[3]、日本は後者に属する。ただし、ヨーロッパの大半の国では事業主拠出が被保険者拠出より多いのに対し[4]、日本では被保険者拠出の方が多いところに違いがある。

社会保険は、生活上のリスク（疾病・老齢・失業・業務災害・要介護状態など）に備えて保険料を負担し、リスクが発生した場合に給付を行う仕組みである。保険料を負担して受給資格を充たせば給付を受ける権利が得られるので、税だけを財源とする場合に比べて受給の権利性が強い。ただし、強制加入で保険料負

第 17 章　社会保障と財政

表 17 - 2　社会保障給付費収支表（2016 年度）

収　　入				支　　出（機能別）			
項　　　目		金　額（兆円）	構成比（％）	項　　　目		金　額（兆円）	構成比（％）
社会保障財源	社会保険料	68.9	51.1	社会保障給付費	高　　　齢	55.6	47.6
	被保険者拠出	36.5	27.1		保 健 医 療	36.7	31.4
	事業主拠出	32.4	24.0		家　　　族	6.8	5.8
	公 費 負 担	47.7	35.4		遺　　　族	6.6	5.6
	国 庫 負 担	33.2	24.6		障　　　害	4.3	3.7
	自治体負担	14.6	10.8		生活保護その他	3.9	3.3
	資 産 収 入	10.3	7.6		失　　　業	1.4	1.2
	そ　の　他	8.0	5.9		労 働 災 害	0.9	0.8
	積立金からの受入	1.4	1.0		住　　　宅	0.6	0.5
	そ　の　他	6.5	4.8		計	116.9	100.0
合　　　計		134.9	100.0	管理費、施設整備費など		3.3	—
他制度からの移転		42.5	—	他制度への移転		42.5	—
収 入 合 計		177.5	—	支 出 合 計		162.6	—
				収 支 差		14.8	—

注）収支差は積立金への繰入、翌年度繰越金。
出典：国立社会保障・人口問題研究所『社会保障費用統計（平成 28 年度）』2018 年 8 月、集計表 2、図 6 より作成。

担能力の乏しい者でも加入者とされるため、保険料の減免措置や保険料を負担せずに給付を受けられる場合もあり、所得再分配の機能も内包する[5]。日本では増税ほど抵抗力の強くない社会保険料が引き上げられてきたが、加入者に低所得者が多い国民年金や国民健康保険などで滞納率が高く、年金や医療の給付を受けられない可能性のある者が多く発生する事態となっている[6]。

　税が財源の場合は、拠出に関係なく、国内居住者などの一定の要件を充たせば給付を受けられるので、全国民に一律に給付する普遍主義的な制度に適している。反面、給付水準が低くなりやすく、所得水準や資産調査などによる給付制限が行われて選別主義的に用いられるという二律背反的な面を有する。また、税負担の増加が社会保険料より理解を得にくいという問題もある。

　支出では、「高齢」（年金・介護など）が 47.6％、「保健医療」（医療・公衆衛生など）が 31.4％、この両者で 8 割を占める。医療費はほぼ 6 割が高齢者向けなので、社会保障給付は高齢者向けが多いといえる。

299

社会保障給付費の統計で残念なことは、ILO が 1997 年からデータベースの入力方法を変更したため、国際統一基準による国際比較ができなくなったことである。そこで、OECD（経済協力開発機構）基準の「社会支出」[7]を用いて日本と諸外国を比較してみよう。なお、社会支出は直接個人に帰着しない施設整備費なども含むので、社会保障給付費より金額が大きい。

　社会支出の規模を見ると、日本は GDP（国内総生産）比で 22.2％、イギリスとほぼ同じで、アメリカより大きく、ドイツ・フランス・スウェーデンより小さい（表 17 - 3）。政策分野では、日本は「高齢」（年金・介護など）が 46.6％、「保健」（医療の現物給付）が 34.0％ で、両者で 8 割を占める。他国と比べると「高齢」の割合が非常に高く、「障害、業務災害、傷病」（障害年金・休業補償・傷病手当など）や「家族」（児童手当・保育など）が少ない。

　そのため、日本の社会保障を「高齢者中心」と理解し、高齢者向け社会保障（年金・医療・介護）を抑制して、子育て支援や教育などに財政を振り向ける「全

表 17 - 3　社会支出の規模と政策分野別内訳の国際比較

（単位：％）

政策分野	日　本	アメリカ	イギリス	ドイツ	フランス	スウェーデン	平　均
高　　　　　齢	46.6	34.5	32.4	30.5	39.5	33.9	36.2
遺　　　　　族	5.5	3.4	0.2	6.8	5.3	1.2	3.7
障害、業務災害、傷病	4.5	6.9	8.7	12.6	5.6	17.0	9.2
保　　　　　健	34.0	44.8	34.4	32.9	27.0	23.5	32.8
家　　　　　族	5.8	3.4	15.8	8.4	9.2	13.2	9.3
積極的労働市場政策	0.6	0.5	0.0	2.3	3.1	4.7	1.9
失　　　　　業	0.7	1.0	1.2	3.3	5.0	1.2	2.1
住　　　　　宅	0.5	1.4	6.8	2.0	2.6	1.7	2.5
他の政策分野	1.7	4.0	0.5	1.1	2.5	3.5	2.2
合　　　計	100.0	100.0	100.0	100.0	100.0	100.0	100.0
合　計　金　額	120兆円	35,067億ドル	4,280億ポンド	8,259億ユーロ	7,047億ユーロ	11,236億クローネ	―
対 GDP 比（％）	22.2	19.0	22.7	27.1	32.1	26.8	25.0
高齢化率（％）	27.7	14.6	18.1	21.1	18.9	19.6	20.0

注 1）日本とアメリカは 2016 年度、その他は 2015 年度。
注 2）高齢化率（65 歳以上人口の占める割合）は、日本は 2017 年、その他は 2015 年。
出典：社会支出は前掲『社会保障費用統計（平成 28 年度）』第 5〜7 表、高齢化率は内閣府『少子化社会対策白書（平成 30 年版）』2018 年 10 月、第 1 - 1 - 2 表、より作成。

世代型社会保障」への転換が主張される[8]。ただ、日本は高齢化率（65歳以上人口の割合）も非常に高い。31ヵ国の高齢化率と「高齢」支出を回帰分析すれば、日本は回帰線より下にあり、「高齢」支出は抑制されている[9]（図17-2）。つまり、高齢化率に照らして社会支出が少ないことが問題なのである。

残念なことに、OECDの社会支出には財源のデータがない。また、社会保障給付費・

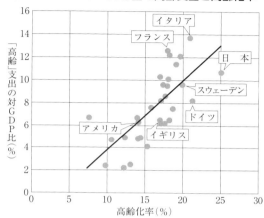

図17-2　OECD 31ヵ国の高齢支出と高齢化率

注) ラトビアとスロベニアの高齢化率は2012年、その他は2013年。
出典：OECDのデータベースより作成。

社会支出とも、医療の窓口負担、保育や介護の利用者負担など社会保障にかかる自己負担が集計されていない。とくに日本では自己負担が多く、社会保障統計の不備は自己負担の実態解明を妨げている。

2．社会保障関係費の増加と社会保障財源の確保の失敗

1）社会保障関係費の増加は財政赤字の主因か

社会保障関係費は年々増加し、1990年度11.5兆円から2018年度33.0兆円へ21.5兆円以上も増えた（表17-4）。同時期、公債金（国債の新規発行）は7.3兆円から33.7兆円へ26.4兆円増加した。とくに特例公債（いわゆる赤字国債）は1990年度にはゼロだったのが2018年度には27.6兆円発行されるようになった。

財務省の資料によれば、1990〜2018年度末の普通国債残高増加額（約711兆円）の要因として、社会保障関係費の増加（約293兆円、41％）、地方交付税交付金等の増加（85兆円、12％）、公共事業関係費の増加（約58兆円、8％）、税収減（約199兆円、27％）を挙げ[10]、社会保障関係費の増加を国債残高増加の最大

表 17 - 4　一般会計歳入・歳出の主な項目と国債残高

区分		1990 年度 金額① (兆円)	1990 年度 構成比 (%)	2018 年度 金額② (兆円)	2018 年度 構成比 (%)	②／① (倍率)
歳入	租税及印紙収入	60.1	83.8	59.1	60.5	0.98
	うち所得税	26.0	36.3	19.0	19.5	0.73
	うち法人税	18.4	25.6	12.2	12.5	0.66
	うち消費税	4.6	6.4	17.6	18.0	3.80
	公　債　金	7.3	10.2	33.7	34.5	4.61
	建 設 公 債	6.3	8.8	6.1	6.2	0.96
	特 例 公 債	—	—	27.6	28.2	皆増
	臨時特別公債	1.0	1.4	—	—	皆減
	そ　の　他	4.3	6.0	4.9	5.1	1.15
	合　　　計	71.7	100.0	97.7	100.0	1.36
歳出	社会保障関係費	11.5	16.6	33.0	33.7	2.87
	文教及び科学振興費	5.4	7.8	5.4	5.5	0.99
	国　債　費	14.3	20.7	23.3	23.8	1.63
	地方交付税交付金等	15.9	23.0	15.5	15.9	0.97
	防衛関係費	4.3	6.1	5.2	5.3	1.22
	公共事業関係費	7.0	10.0	6.0	6.1	0.86
	そ　の　他	10.9	15.8	9.4	9.7	1.16
	合　　　計	69.3	100.0	97.7	100.0	1.41
国 債 残 高		166	36.8	883	156.4	0.19

注 1 ）1990 年度は決算額、2018 年度は当初予算額。
注 2 ）1990 年度の臨時特別公債は「湾岸地域における平和活動を支援する財源を調達するための臨時特別公債」。
注 3 ）国債残高は年度末。構成比の数値は対 GDP 比。2018 年度は見込み。
出典：1990 年度は一般会計決算書、2018 年度は一般会計予算書、国債残高は「一般会計公債発行額の推移」（財務省ホームページ掲載）より作成。

要因としている。

　このように見れば、社会保障関係費の増加は財政赤字の主因といえそうである。しかし、もし社会保障関係費を増やさず、1990 年度水準に据え置けば、1990 年度以降に高齢者の仲間入りした 2000 万人以上（1990 年 1493 万人→2018 年 3557 万人）[11] は年金や医療、介護を受けられず、新たに生活保護の受給者となった延べ 1000 万人以上（1990 年度 101 万人を基準に 2015 年度 206 万人までの各年度増減数の累計だけで 963 万人）[12] は餓死するしかない。財政赤字はその分だけ増えな

302

いが、社会は崩壊する。「健全財政ありて、国滅ぶ」では本末転倒である。

国家は社会の統治が使命であるので、財政は「量出制入」つまり「出ずるを量(はか)って入るを制する」の原則に基づき、統治に必要な支出に合わせて収入を確保するよう運営される。この点で、収入に合わせて支出を抑える「量入制出」つまり「入(い)るを量(はか)って出ずるを制する」を原則とする企業や家計とは異なる[13]。

人口の高齢化が速いスピードで高い水準へとすすむ下で、社会保障関係費の増加は不可避であり、早くから（精度はともあれ）予見されたことである。それゆえ、財政赤字の原因は社会保障関係費の増加そのものにでなく、それを賄う財源を確保せず、公債依存の財政運営を行ってきたことにあると理解すべきであろう。国は社会保険料と公費負担（租税収入）の確保を怠り、失敗した。

2）社会保障財源確保の失敗──社会保険料

社会保障給付費と財源の推移を見ると（図17-3の線グラフ）、1990年代には社会保障給付費と社会保険料の差は大きくなかったが、その後、社会保障給付費は一貫して増えたのに対し、社会保険料は2000年代に伸びが停滞し、両者は「ワニの口」のように開いていった。そのギャップは公費負担（国庫負担と自治

図17-3 社会保障給付費の主な対象

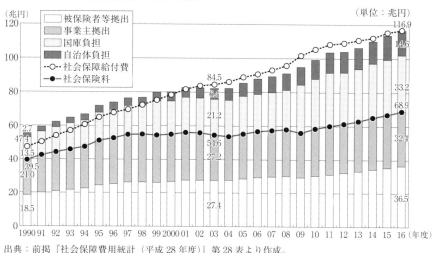

出典：前掲『社会保障費用統計（平成28年度）』第28表より作成。

体負担）で埋められる。1990 年度では社会保険料は社会保障給付費の 8 割以上あったが、2016 年度では 6 割に減り、4 割を公費負担で埋めている。

　ギャップの原因は 2 つある。1 つは、社会保険料を伴わない社会保障給付費が増加したこと。これは貧困の拡大による生活保護の増加、児童福祉や障害者福祉など社会福祉費の増加による。もう 1 つは、社会保険料の伸びが 2000 年代に停滞したこと。保険料率は上昇しているので、これは保険料のベースとなる被保険者の所得の減少によるところが大きい。

　社会保険料の内訳を見ると（図 17-3 の棒グラフ）、2002 年度までは事業主拠出が被保険者拠出より多かったが、2003 年度以降逆転し、その差が開いている。この原因は 2 つある。1 つは、事業主拠出を伴わない社会保険（国民年金・国民健康保険・後期高齢者医療・介護保険 1 号分など）で被保険者が増大したこと。これは高齢化の進展で退職者が増えたこと、そして厚生保険などに入れない非正規雇用者や会社に所属せず個人請負で働く「雇用的自営業者」（フリーランサー、ネットワーカーなど）が増えたことによる。もう 1 つの原因は、事業主拠出が削減されたこと。とくに企業年金制度は大規模に廃止された。

　総じて、高齢化の進展とともに、デフレーション（物価の持続的下落）の進展や雇用・賃金構造の変容が社会保険料に影響したのである（本節 4）参照）。

3）社会保障財源確保の失敗——租税収入

　租税及び印紙収入を見ると（前掲表 17-4）、1990 年度には 60.1 兆円、歳入の 83.8% を占めていたが、2018 年度では 59.1 兆円、60.5% に減少し、とくに基幹税である所得税と法人税は 1990 年度の 0.7 倍前後に激減している。これでは社会保障を支えることはできない。

　税収減少の原因は 2 つある。1 つは減税を繰り返したこと、もう 1 つは課税ベースとなる所得の減少である。まず、前者から見てみよう。

　所得税については、税率が 1984～86 年では 10.5～70% の 15 段階だったが、1987～88 年に 10.5～60% の 12 段階、消費税導入時の 1989～98 年に 10～50% の 5 段階（1995 年に課税所得区分を変更）、1999～2006 年に 10～37% の 4 段階へと最高税率がほぼ半分に引き下げられた後、2007～14 年 5～40% の 6 段階[14]、2015 年度以降 5～45% の 7 段階となった。

第 17 章　社会保障と財政

図 17-4　1984〜1986 年と 2015 年以降の所得税率の比較

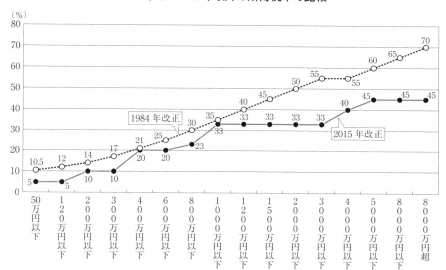

出典：吉沢浩二郎編『図説　日本の税制（平成 30 年版）』財経詳報社、2018 年、p.99 より作成。

　1984〜86 年と 2015 年以降の税率を比較すると、課税所得区分 1000 万円以上での引き下げ幅が大きく、高所得者ほど恩恵を受けていることが分かる（図 17-4）。

　また、課税最低限（夫婦子ども 2 人の場合）[15] は 1984〜86 年 235.7 万円から 1987 年 261.5 万円へと引き上げられ、2000〜03 年には 384.2 万円へと引き上げられた。その後、2004〜2010 年 325 万円、2011〜14 年 261.6 万円に引き下げられ、2015〜18 年は 285.4 万円となっている。課税最低限を構成する所得控除は、高い税率が適用される高所得者ほど有利に作用する。

　高所得者の所得には利子・配当・株式譲渡所得など資産性所得が多いが、これらには低率（所得税率 15%）の分離課税が適用されるので、申告所得者では所得が 1 億円を超えると所得税負担率が下がる結果となる（図 17-5）。

　法人税については、基本税率が 1984〜86 年度では 43.3% だったが、1987〜88 年度 42%、1989 年度 40%、1990〜97 年度 37.5%、1998 年度 34.5%、1999〜2011 年度 30%、2012〜14 年度 25.5%、2015 年度 23.9%、2016〜17 年度 23.4%、2018 年度 23.2% へ一貫して引き下げられ、半減近くになった（図 17-6）。研究

305

図 17-5　申告所得者の所得税負担率と所得に占める株式譲渡所得の割合（2016年分）

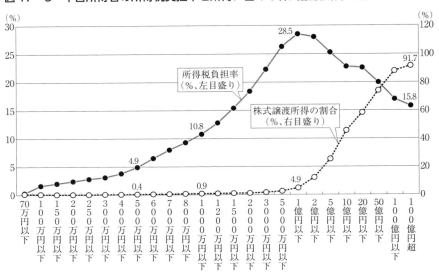

出典：国税庁「申告所得税標本調査結果（税務統計から見た申告所得税の実態）（平成28年分）」2018年2月、p.32 及び p.38 より作成。

図 17-6　法人税率の推移（基本税率）

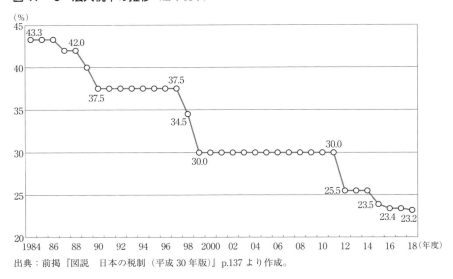

出典：前掲『図説　日本の税制（平成30年版）』p.137 より作成。

第17章 社会保障と財政

図17-7 所得税、法人税、消費税の推移（1990年度基準の各年度増減額）

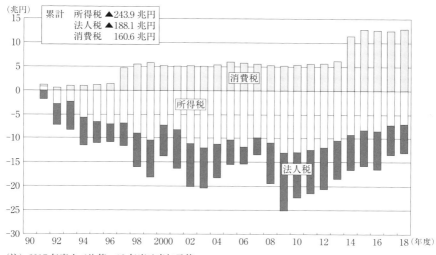

（注）2017年度まで決算、18年度は当初予算。
出典：1990～2016年度は一般会計決算書、2017年度は決算概要、2018年度は一般会計予算書より作成。

開発減税をはじめとする負担軽減措置も大規模に講じられてきた。

これらの結果、1990年度を基準とした2018年度までの減収累計は、所得税244兆円、法人税188兆円、合計432兆円にのぼる（図17-7）。これは前述の国債残高の増加額（711兆円）の60.9％を占め、社会保障関係費の増加（241兆円）を大きく上回る。消費税の増収累計は161兆円で、法人税の減収分にも満たない。税制は社会保障を支える収入調達機能を喪失したのである。

4）背景としてのデフレと雇用・賃金構造の変容

税収減少のもう1つの原因は、課税ベースとなる所得が減少したことであり、これは社会保険料の停滞とも共通する。

名目GDPは1997年度514兆円をピークに減少し、リーマンショックの影響を受けた2009年度には474兆円にまで落ち込んだ（図17-8）。ピークを越えるのは2015年度になってからである。この間、実質GDPは増加しているので、名目GDPの減少はデフレによるものである。

デフレの原因について、本章では賃金を重視する。賃金は労働者の消費と貯

307

図 17-8　名目 GDP と賃金・俸給の推移（年度）

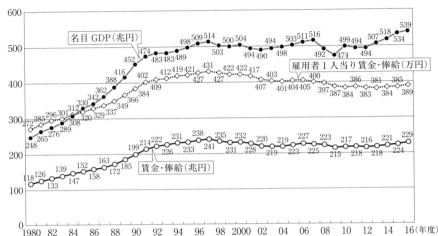

注) 1980～2009 年度は「2009 国民経済計算 (2000 年基準・93SNA)」、2010～16 年度は「2016 年度国民経済計算 (2011 年基準・2008SNA)」。
出典：内閣府経済社会総合研究所『国民経済計算』2009 年度版、2016 年度版より作成。

蓄の元本を形成する。家計の消費や住宅投資は総需要の 6 割を占め、その動向を左右する。消費や住宅投資の高まりがなければ、企業は設備投資も資金需要も増やさず、物価は上昇しない。

　賃金・俸給は 1997 年度 241 兆円をピークに減少し、2016 年度までピークに戻っていない。雇用者数は 1997 年度 5585 万人から 2016 年度 5890 万人へ増加しているので、雇用者一人当たり賃金・俸給は、1997 年度 431 万円をピークに減少し、2016 年度でも 389 万円と 40 万円以上も下がっている（図 17-8）。

　1997 年 4 月の消費税率の引き上げ（3%→5%）はアジア通貨危機とも重なって大不況を起こし、三洋証券の倒産を契機に信用収縮が起こり、昭和恐慌以来の金融危機を招いた。日本のデフレ経済はここに始まる。

　企業は「3 つの過剰」（過剰債務・過剰設備・過剰雇用）の処理として借入金の返済と投資の抑制を進め、経常収益を拡大するため雇用・賃金構造を大きく変容させた。その背景には日本企業が輸出企業としての地位を保持しつつ、多国籍企業化を急速に進めたことがある。

　日本企業はグローバル経済下の「大競争時代」を生き残るための国際競争力

第17章　社会保障と財政

強化策と称して「高コスト構造の是正」を追求し、「総額人件費」の削減方針の下で賃上げ抑制、正規労働者の採用抑制、非正規労働者の活用増大、成果主義の導入、企業内福利厚生の削減などを進め、系列企業に対して再編や下請コストの引き下げを求めた。2000年代の円高の高進、世界同時不況はそれらをいっそう進めて構造化し、非正規雇用者は労働力人口の4割を超えた。非正規雇用者は全体的に賃金が低く、厚生保険などの適用率も低い。

こうして、企業は内部留保を積み増して「カネ余り」になる一方、家計は余裕をなくし、財政は大幅な赤字を抱えるという歪んだ経済構造がつくられた[16]。言い換えれば、企業が税と社会保障負担を国民と国家に転嫁してきたことが社会保障財源確保の失敗とその基盤の解体を招いたのである。

5）資産運用収入とGPIFによる株式投資

なお、社会保障財源として資産運用収入がある。公的年金保険制度は積立方式を採用してきたので、巨額の積立金を保有し、2018年9月末現在169.9兆円にのぼる[17]。そのほとんどを運用するのが、2006年に年金資金運用基金から改組された年金積立金管理運用独立行政法人（GPIF）である。

GPIFは2014年11月以降、安倍内閣の経済政策（アベノミクス）に対応して株式への運用を増やし、上場企業の半数以上で大株主となっている[18]。

しかし、株式市場での占有率が高まるにつれ、GPIFは日本銀行とともに株価が下がれば買い支える「株価つり上げ装置」となり、株式市場は「官製相場」と化した。株価が上昇すれば収益が出るが、下落すれば損失を生む投機的な運用状況は公的年金の将来への不安を高めている[19]（第4章の**図4-3**参照）。

3．社会保障財源の確保策──消費税戦略と代替戦略

1）社会保障関係費の今後の見通しと財政の現状

今後の社会保障給付費の見通しについて、政府は2018年度121兆円から2040年度190兆円へ1.6倍に増大し、それを賄うために公費負担（国庫・地方負担）は47兆円から80兆円へ1.7倍になり、社会保険料は70兆円から106兆円へ

1.5 倍になると試算している[20]。公費負担に対する社会保障関係費の割合（2018年度70.4%）を一定とすると、社会保障関係費は2040年度に57兆円程度に増え、社会保険料とともに公費の確保が必要になる。

　他方、国の財政は公債に3割以上も依存する状態で、しかも公債の8割以上が歳入補てんのための赤字公債で、国債残高は2018年度末にGDPの1.6倍近くになる見込みである（前掲表17-4）。

　もっとも、国は巨額の資産も保有しており、債務だけを強調するのは一面的である。また、長期国債の90%以上は国内で保有され（日本銀行が4割以上保有）、日本国債の利回りは財政黒字のドイツ以下である[21]。この利回りの低さは日本銀行の「量的・質的金融緩和」（いわゆる異次元緩和）による国債大量購入の影響もあるが、それ以前から低い。財政状態は総合的に理解することが必要であり、「国債暴落が近い」などと財政危機を煽る議論は現実に即さない。

　以上に留意しつつも、今後増大する社会保障の財源をいかに確保するかは、社会保障にとっても、財政にとっても当面の最重要の課題である。

２）「社会保障・税一体改革」による消費税戦略

　財源は歳出の削減と歳入の増加から生じる。歳出の削減では、平和憲法に照らして過大な防衛関係費や浪費的な公共事業関係費などは縮減が必要だが、いずれも5～6兆円の規模なので捻出できる財源は多くない。公共事業関係費も防災対策や老朽化対策が必要となっている。人件費の削減といっても、日本の公務員数（人口比）はすでに主要国で最低である[22]。こうして歳出削減で得られる財源は限られる。他方、歳入の増加では、いわゆる「埋蔵金」（積立金など）の取り崩しや国有財産の売却なども挙げられるが、持続的な財源とならない。

　それゆえ、社会保障財源の確保は税収の増加が基本となる。日本は租税負担率が低く[23]、引き上げの余地はある。そのあり方は、大きく消費税の増税による確保策（消費税戦略）と消費税に依らない確保策（代替戦略）に分かれる。

　消費税戦略の典型は「社会保障・税一体改革」である。2012年6月、当時政権にあった民主党（野田佳彦内閣）と自民党・公明党の間で合意され、同年12月に成立した第2次安倍内閣の下で実施されてきた。

　一体改革では、消費税を「高齢化社会における社会保障の安定財源」[24]と位

第 17 章　社会保障と財政

置づけ、社会保障の充実は「消費税率の引上げによる安定財源の確保が前提」[25]とされて、消費税の税率（地方消費税を含む、以下同じ）を 2014 年 4 月に 5 % から 8 % へ、2015 年 10 月（後に 2 度延期されて 2019 年 10 月）に 10 % へ引き上げることとした。そして増税 5 % 分（約 14 兆円）のうち 1 % 分を「社会保障の充実」

表 17 - 5　社会保障・税一体改革における消費税の使途（消費税率 10% 時）

（単位：兆円、%）

使　　　途	金　額	構成比
社会保障の充実	2.8	20.0
子ども・子育て支援の充実	0.7	5.0
医療・介護保険制度の改革など	1.5	10.7
年金制度の改善	0.6	4.3
社会保障の安定化	11.2	80.0
後代への負担のつけ回しの軽減	7.3	52.1
基礎年金国庫負担の恒久財源	3.2	22.9
消費税引き上げに伴う歳出増加分	0.8	5.7
合　　　計	14.0	100.0

出典：「社会保障・税一体改革による社会保障の充実」2013 年 10 月 15 日（内閣官房のホームページ）より作成。

（新規事業）に、残り 4 % 分を「社会保障の安定化」（財政再建）に充て、消費税収の全額（地方消費税 1 % 分を除く）を「社会保障 4 経費」（年金・医療・介護・少子化対策）に充当して「社会保障財源化」するとした（**表 17 - 5**）。

　その後、2019 年 10 月予定の消費税率引き上げに際し、2% 引上げによる 5 兆円強の税収を「教育負担の軽減・子育て層支援・介護人材の確保等と、財政再建とに、それぞれ概ね半分ずつ充当する」[26]ことに変更された。

　消費税を社会保障財源とする理由は、①消費税率が 1 % で 2.8 兆円もの高い財源調達力を有すること（多収性）、②税収が経済の動向や人口構成の変化に左右されにくく安定していること（安定性）、③勤労世代など特定の者へ負担が集中しないこと（普遍性）、④非課税品目を除くすべての財・サービスに同率に課税するので経済活動に与える歪みが小さいこと（中立性）という特徴を持っていることが挙げられる[27]。

3）消費税戦略の問題点

　しかし、このような消費税の特徴は消費税戦略の問題点にもなる。

　第 1 に、消費税は国民の消費支出に課税し実質所得を引き下げて消費抑制効果をもつという意味では経済活動に中立的でない。消費税の多収性は消費の抑制を大規模に引き起こして景気後退を招く。不況期にも好況期と変わらぬ税収

図 17-9 年収別消費税負担率（2人以上世帯）

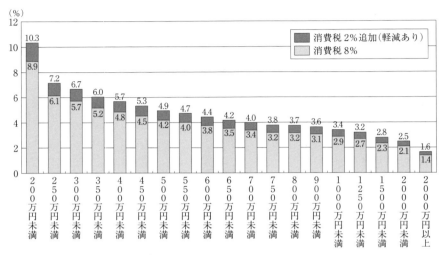

注1）消費税負担率＝消費税額÷年間収入。
注2）消費支出から以下の非課税支出および課税不可支出（課税が困難な支出）を引いた。
　　非課税支出：家賃地代、医科診療代、歯科診療代、出産入院費、他の入院費、授業料等、教科書・学習参考教材、医療保険料、他の非貯蓄型保険料、訪問介護・通所サービス等費用、介護施設費用、介護機器レンタル料。
　　課税不可支出：信仰祭祀費、寄付金、こづかい（使途不明）、交際費、仕送り金。
出典：総務省『平成26年全国消費実態調査』2015年12月公開、第144表「年間収入階級、品目別1世帯当たり1か月間の支出」「収支項目分類表」より作成。

があげられるという安定性は景気後退を深化・長期化する。

　実際、消費税率が引き上げられた1997年（3→5％）も2014年（5→8％）も大きな景気後退を招いた。前者はデフレ経済への引き金となり、後者は10％への再引き上げを2度延期せざるをえなかった。消費税は税収の所得弾力性（所得が1単位増えた時の税収増加率）が低いので、社会保障を賄うには税率をどんどん高くしなければならず、そのたびに景気が不安定になる。

　第2に、幅広い国民に課税するという消費税の普遍性は、低所得者ほど消費税の負担が重くなる負担の逆進性を引き起こす。一般に、低所得者は高所得者よりも貯蓄する余裕がなく、所得から消費支出に回す割合が高いため、所得に対する消費税負担の割合は低所得者ほど高くなる。

　逆進性対策や景気変動の平準化対策として、2019年10月の増税では飲食料

第 17 章　社会保障と財政

品（酒類・外食を除く）と新聞を 8％ に据え置くこととしているが、効果は小さく、逆進性は拡大する（図 17 - 9）。複数税率制の導入はテイクアウト（8％）とイートイン（10％）の扱いなどで混乱を招きかねず、インボイス制の導入は実務負担を増加させ、非課税業者を取引から排除する効果をもつ。

第 3 に、消費税の「社会保障財源化」そのものにも疑問が提示されている[28]。国の一般会計は、消費税と社会保障 4 経費を他の歳入・歳出と区分して経理しておらず、消費税の使途を確認することはできないからである。消費税の増収分を社会保障 4 経費に充てたとしても、それによって浮いた既存の社会保障 4 経費歳入分を他の歳出（防衛関係費や公共事業関係費など）の増加や法人税の減税などに回せば、消費税の増収分は他の歳出の増加や法人減税などに回ったことと同じになる。「社会保障財源化」は消費増税を国民に受け容れさせるためのレトリック（言葉によるごまかし）であり、実際には消費税以外の歳入項目から社会保障関係費を切断して抑制する仕掛けとなっている。

４）消費税に依らない財源確保策（代替戦略）

消費税に依らずに社会保障財源を確保する代替戦略は、90 年代以降進められた大企業から個人・国家への負担転嫁を改めるもので、2 つの柱からなる。

第 1 の柱は、社会保障を支える経済基盤の再建である。長時間労働の規制などにより雇用を増やし、派遣労働分野の限定など正規雇用の比率を引き上げ、最低賃金の引き上げなどにより賃金全体を底上げする。企業に蓄積された内部留保を賃金・雇用・下請取引条件などの改善を通して社会に還元させる。中小企業・地場産業・農林水産業の振興などと相まって、国民の所得を増やして消費を喚起し、内需主導型の経済構造への転換を推し進めれば、貧困を減らせて関連支出を削減でき、税収と社会保険料収入を増やすことができる。

第 2 の柱は、「各人の経済力（担税力）に応じて平等に負担する」という応能負担の原則による税・社会保険料の改革である。応能負担原則は、「経済力の高い者は高い負担を負う」という垂直的公平負担の原則と「同じ経済力の者は同じ負担を負う」という水平的公平負担の原則からなる。

前者（垂直的公平原則）に基づき、所得課税と資産課税（相続税など）の累進課税の累進課税を強める。過度に税率が高くならないよう富裕税（純資産税）

313

と組み合わせる[29]。担税力のある大企業への課税を強める（基本税率の引き上げや研究開発減税などの特別措置の廃止・縮減など）。

消費税は応能負担原則を充たさないので、将来的には税率を引き下げる。石油石炭などについては地球温暖化対策として環境税を強める。

社会保険料については、国民健康保険などは重い負担となっているので、最低生活費にかかる部分には軽減措置などを講じる。ヨーロッパ諸国と比べて低い事業主負担割合を引き上げ、将来的には個人の所得課税（医療・介護などは地方の財源とする）と企業負担の社会保障税へ切り替えていく。

後者（水平的公平原則）に基づき、資産性所得を含め、すべての所得を合算する総合課税を徹底する。為替取引など金融取引税を導入する。

所得税や法人税などは所得弾力性が高く、経済成長率以上に税収が増加するので、社会保障財源確保策としては消費税戦略より適合的である。景気変動に伴う税収の不安定性はあるが、それは不況時に景気を下支えする「ビルトイン・スタビライザー」（自動安定装置）が働くということでもある。

5）代替戦略を阻む「壁」と国際的な課税連帯の必要性

応能負担の原則に基づく代替戦略は、グローバル化の下では大企業や富裕者の海外逃避（キャピタル・フライト）を招くという「壁」がある。

すでにパナマ文書やパラダイス文書[30]などで明らかにされつつあるように、多国籍企業や富裕層はタックス・ヘイブン（低税率国・地域）を利用して租税回避を大規模に行っている。ただ、これを放置すれば、社会保障負担は海外移住できない国民（つまり大多数の国民）だけが負わされる。代替戦略を阻む壁にもでこぼこがあり、すぐにでも実現できるものもあれば時間のかかるものがある。

第1に、欧米諸国と比べて税率が低い金融所得課税[31]などはすぐにできる。

第2に、投資はコストと期待収益率の差で決まり、税・社会保険料負担は投資決定要因の一つにすぎない。投資では期待収益の獲得が重要であり、それは投資先の市場としての有望さ（将来需要の見通し）によって決まる。代替戦略による国内需要の喚起は内需型産業を活発にし、資本逃避衝動を緩和する。

第3に、日本国籍を有する者については国内・国外問わず全世界所得に課税する「シティズンシップ課税」（国籍課税）を導入するなど、グローバル化に対

第 17 章　社会保障と財政

応した所得・法人税制に移行して課税から逃さない[32]。

　そして第 4 に、世界の国々、国際機関、国際世論と連携して「有害な租税競争（税率引き下げ競争）」を阻止し、タックス・ヘイブンを利用した国際的二重非課税（税源浸食と利益移転、BEPS）対策を進める。社会保障財源が特に必要とされる日本はそのイニシアティブを取らねばならない。課税の公平に向けた諸国民の熱い意志と幅広い連帯の力こそが壁を突破する。

　トマ・ピケティも世界的ベストセラー『21 世紀の資本』の中で「資本に対する世界的な累進課税」と「きわめて高水準の国際金融の透明性」を提案した[33]。

〈注〉

1　このほか、国の財政投融資計画の一部が「福祉・医療」に使われている（2018 年度計画総額 14.5 兆円のうち 0.6 兆円、4.3％）。

2　社会保障給付費とは、法律に定められた制度で、①高齢、②遺族、③障害、④労働災害、⑤保健医療、⑥家族、⑦失業、⑧住宅、⑨生活保護その他というリスクやニーズに対する給付を目的とし、法定の機関によって管理されるものをいう（国立社会保障・人口問題研究所『社会保障費用統計（平成 28 年度）』2018 年 8 月、p.1 及び pp.50-52、参照）。

3　片山信子氏は E U の社会保護費の分析に際し、「ドイツやフランスを代表とする、労働者（被用者）の所得維持を目的として、労使が拠出した保険料を財源として給付を行う『ビスマルク型』諸国」と「スウェーデンやデンマークを代表とする、貧困の救済を出発点とし、より普遍的な給付を志向し、税財源により給付を行う『ベヴァリッジ型』諸国」に分類されている（片山信子「社会保障財政の国際比較」国立国会図書館『レファレンス』2008 年 10 月、p.81）。

4　同上、p.83。

5　伊藤周平『社会保障入門』ちくま新書、2018 年、pp.34-36。

6　2017 年度の国民年金の納付率は 66.3％、公的年金の未納者は 171 万人（厚生労働省「平成 29 年度の国民年金の加入・保険料納付状況」2018 年 6 月）。2017 年 6 月現在の国民健康保険の滞納世帯数は 289 万世帯、15.3％（同「平成 28 年度国民健康保険（市町村）の財政状況について（速報）」2018 年 3 月）。

7　社会支出とは、「人々の厚生水準が極端に低下した場合にそれを補うために個人や世帯に対して財政支援や給付をする公的あるいは私的供給」で、制度による支出のみを集計範囲とする。公的機関だけでなく、法律で義務づけられた私的部門による給付も含む（前掲『社会保障費用統計（平成 28 年度）』p.2 及び p.49）。

8　社会保障・税一体改革を推進する『社会保障制度改革国民会議報告書』（2013 年 8 月）は、「主として高齢者世代を給付の対象とする社会保障から、切れ目なく全世代を対象とする社会保障への転換を目指すべきである」（p.9）と述べている。

9　オーストラリア、オーストリア、ベルギー、カナダ、チリ、チェコ、デンマーク、エストニア、フィンランド、フランス、ドイツ、ハンガリー、アイスランド、アイルランド、イスラエル、イタリア、日本、韓国、ラトビア、ルクセンブルグ、オランダ、ニュージーランド、ノルウェー、ポ

315

ルトガル、スロベニア、スペイン、スウェーデン、トルコ、イギリス、アメリカの 31 ヵ国。なお、権丈善一『ちょっと気になる社会保障（知識補給増補版）』（勁草書房、2017 年、p.109）、小池拓自「全世代社会保障をめぐる議論」（国立国会図書館『調査と情報』第 992 号、2018 年 1 月 18 日、p.2）も同様の指摘をしている。

10　財務省『日本の財政関係資料』2018 年 3 月、p.11。差額は 1990 年度の収支差額やその他歳出の減少、その他歳入の増加など。

11　総務省統計局『統計トピックス』No.97「統計からみた我が国の高齢者（65 歳以上）」2018 年 9 月 18 日より。

12　厚生労働省『厚生労働白書（平成 29 年版）』p.271、図表 4 - 1 - 1 のバックデータより。

13　神野直彦『財政学（改訂版）』有斐閣、2007 年、pp.7-8。

14　これは所得税の一部が地方の住民税に移譲されたことに伴う税率の変更であり、住民税との合計では税率に変更はない。

15　課税最低限とは、給与所得者のモデルケース（夫婦と子ども 2 人、うち子どもの 1 人は特定扶養控除の対象、もう 1 人は 16 歳未満で扶養控除なし）について、給与所得控除、基礎控除、配偶者控除、特定扶養控除、社会保険料控除の合計額。

16　非金融法人企業は 1997 年度まで資金不足だったが、1998 年度以降、資金余剰に転じ現在に至る（梅原英治「財政危機の原因と打開策としての福祉国家型財政」（二宮厚美ほか『福祉国家型財政への転換』大月書店、2013 年所収、pp.95-96）。

17　年金積立金管理運用独立行政法人『平成 30 年度第 2 四半期運用状況（速報）』2018 年 11 月、p.4。内訳は GPIF 165.6 兆円、年金特別会計 4.3 兆円。

18　2018 年 9 月末現在、運用資産の金額と構成割合は外国株式 43.7 兆円、25.70%、国内株式 43.6 兆円、25.65%、国内債券 42.9 兆円、25.26%、外国債券 25.2 兆円、14.81%、短期資産 14.6 兆円、8.58%（同上、p.4）。2017 年 3 月時点で、GPIF は日本の上場企業の半数を超える 2000 社で保有比率上位 10 位以内の大株主となっている（『日本経済新聞』2017 年 7 月 15 日付）。

19　GPIF の資産運用実績を見ると、2001～17 年度に累計 63.4 兆円の収益を上げたが、17 年間のうち 6 年間で累計 23.5 兆円の損失を発生しており（2001 年度 0.6 兆円、2002 年度 2.5 兆円、2007 年度 5.5 兆円、2008 年度 9.3 兆円、2010 年度 0.3 兆円、2015 年度 5.3 兆円）、収益は安定していない（同上、p.8）。

20　内閣官房・内閣府・財務省・厚生労働省「2040 年を見据えた社会保障の将来見通し（議論の素材）」2018 年 5 月 21 日。数値は、①計画ベース（地域医療構想、医療費適正化計画、介護保険事業計画を基礎とするもの）、②ベースラインケース（経済成長率を実質 1% 強、名目 1% 台後半、消費者物価上昇率 1% 近傍を想定）、③医療の単価伸び率の高い上値。

21　10 年物国債の利回りは 2018 年 11 月 23 日付で、アメリカ 3.04%、カナダ 2.33%、ドイツ 0.34%、イギリス 1.38%、フランス 0.72%、イタリア 3.40%、日本 0.09% である（Bloomberg 社のホームページ、2018 年 11 月 25 日 10:00 閲覧）。

22　人口千人当たりの公的部門の職員数（中央政府・政府企業・地方政府・軍人・国防職員合計）は、フランス 89.2 人、イギリス 68.1 人、アメリカ 64.1 人、ドイツ 59.3 人に対し、日本は 36.4 人と最も少ない（アメリカは 2013 年、その他は 2015 年）。（人事院『人事院の進める人事行政について（平成 30 年度）』2018 年 4 月、p.3。）

23　租税負担率（対名目 GDP 比）は 1989 年 29.0% をピークに 2003 年 24.5% まで低下した。その後上昇して 2014 年に 30% を突破し、2016 年 30.6% となった。30.6% は同年のフランス 45.5%、イタリア 42.6%、ドイツ 37.4%、イギリス・カナダ 32.7% より低く、アメリカ 25.9% より高い

第 17 章　社会保障と財政

（OECD のデータベースより）。

24　「社会保障・税一体改革大綱」2012 年 2 月 17 日閣議決定、p.27。

25　同上、p.3。

26　「経済財政運営と改革の基本方針 2018」2018 年 6 月 15 日閣議決定、p.49。

27　前掲「社会保障・税一体改革大綱」p.27。

28　梅原英治「消費税は社会保障に用いられているか」新日本出版社『経済』2018 年 6 月。

29　例えば、課税資産が年 10％ の所得を生み出す場合、富裕税率 1％ は所得に 10％ 課税したのと同じになる。なお、富裕税をめぐる近年の状況については、山口和之「富裕税をめぐる欧州の動向」（国立国会図書館『レファレンス』2015 年 5 月）が詳しい。

30　パナマ文書とは、パナマ共和国の法律事務所から流出した租税回避行為に関する機密文書。パラダイス文書とは、バミューダ諸島などを拠点とする法律事務所その他から流出した租税回避行為に関する機密文書。いずれも南ドイツ新聞の記者にリークされ、国際調査報道ジャーナリスト連合と加盟報道機関により公表された。

31　利子課税では、日本は源泉分離課税で国・地方計 20％、アメリカは総合課税で連邦税 10〜37％ プラス州・地方政府税（ニューヨーク市の場合は州税 4.00〜8.82％、市税 2.7〜3.4％ プラス税額の 14％ の付加税）、イギリスは分離課税で 0％、20％、40％、45％ の 4 段階、ドイツは申告不要（分離課税）で 26.375％、フランスは分離課税なら 30％、総合課税なら 17.2〜62.2％ の選択制。配当課税では、日本は申告分離と総合課税の選択制だが分離課税なら国・地方計 20％、アメリカは分離課税の連邦税（0％、15％、20％ の 3 段階）プラス総合課税の州・地方政府税（ニューヨーク市の場合、利子課税と同じ）、イギリスは分離課税で 7.5％、32.5％、38.1％ の 3 段階、ドイツ・フランスは利子課税と同じ。株式譲渡益課税では、日本は申告分離課税で国・地方計 20％（特定口座なら申告不要で 20％）、イギリスは分離課税で 10％、20％ の 2 段階、アメリカ・ドイツ・フランスは配当課税と同じ（2018 年 1 月現在、財務省のホームページより）。

32　志賀櫻『タックス・ヘイブン』岩波新書、2013 年、pp.218-221。

33　トマ・ピケティ『21 世紀の資本』みすず書房、2014 年、p.539。

〈推薦図書〉

○植田和弘・諸富徹編『テキストブック現代財政学』有斐閣書、2016 年。
　　——財政学の標準教科書。社会保障財政を詳しく取り上げている。
○高端正幸・伊集守直編『福祉財政（福祉＋α ⑪）』ミネルヴァ書房、2018 年。
　　——社会保障財政の全体と各分野の現状・歴史を解説。欧米諸国の状況にも詳しい。
○二宮厚美・福祉国家構想研究会編『福祉国家型財政への転換』大月書店、2013 年。
　　——代替戦略の立場から新しい福祉国家財政のあり方を提案している。

【学習課題】

①社会保障財源として税と社会保険料の長所、短所を考えてみよう。

②租税収入や社会保険料が減少または停滞した原因を考えてみよう。

③社会保障財源確保策として消費税の適否を考えてみよう。

317

『新版　基礎から学ぶ社会保障』

【主要事項索引】

＊図表および各章末の「注」「参考文献」は収集していない。

〔あ行〕

育児休業⋯⋯⋯29, 118, 138, 234, 268, 274
一般扶助主義⋯⋯⋯⋯⋯⋯182, 184〜186
移民⋯⋯⋯⋯197〜200, 214, 268, 277
エーデル改革⋯⋯⋯⋯⋯244, 250, 254
エンゼルプラン⋯⋯⋯⋯⋯⋯⋯164, 274
応能負担⋯⋯⋯⋯⋯23, 66, 313, 314
オバマケア⋯⋯⋯⋯⋯⋯⋯⋯205, 206
オルド自由主義⋯⋯⋯⋯⋯⋯⋯⋯213

〔か行〕

介護休業⋯⋯⋯⋯⋯⋯⋯29, 118, 138
介護保険優先原則⋯⋯⋯⋯⋯⋯112, 160
介護認定⋯⋯⋯⋯109, 111, 112, 120, 150
介護予防サービス⋯⋯⋯⋯⋯65, 112, 114
確定拠出年金⋯⋯⋯⋯⋯⋯⋯⋯⋯203
隠れた福祉国家⋯⋯⋯⋯⋯199, 200, 210
課税最低限⋯⋯⋯⋯⋯⋯⋯⋯⋯⋯305
課税連帯⋯⋯⋯⋯⋯⋯⋯⋯⋯⋯⋯314
家庭養護⋯⋯⋯⋯⋯⋯⋯⋯⋯⋯⋯172
稼働能力者⋯⋯⋯⋯⋯⋯⋯⋯184〜187
過労死⋯⋯⋯⋯⋯⋯⋯⋯⋯⋯131, 140
間接的福祉労働⋯⋯⋯⋯⋯⋯⋯⋯280
企業年金⋯73, 199, 203, 205, 210, 223, 304
基本的人権⋯⋯⋯⋯⋯24, 25, 54, 148, 241
求職者基礎保障⋯⋯⋯⋯⋯⋯⋯217, 219
求職者給付⋯⋯⋯⋯⋯⋯⋯⋯135, 137
求職者支援（制度）⋯⋯179, 187〜190, 193
救貧法⋯⋯⋯35〜38, 41, 42, 46〜50, 62, 200
強制加入⋯62, 67, 73, 82, 92, 215, 230, 298
業務災害⋯⋯⋯52, 125, 127〜131, 298, 300

業務独占⋯⋯⋯⋯⋯⋯281, 282, 286, 291
勤労税額控除⋯⋯⋯⋯⋯⋯⋯⋯199, 209
現金給付⋯⋯⋯29, 65, 71, 85, 190, 209, 210, 230, 232, 238
現物給付⋯22, 29, 43, 65, 98, 99, 230, 238, 245, 300
健康格差⋯⋯⋯⋯⋯⋯⋯⋯⋯101, 102
憲法25条⋯⋯⋯⋯21, 24, 25, 28, 32, 58, 181, 279
後期高齢者医療制度⋯⋯⋯93, 95〜97, 295, 297, 304
高額療養費（制度）⋯⋯⋯⋯27, 66, 92, 98
合計特殊出生率⋯⋯⋯⋯164, 265, 267, 274
公的扶助⋯⋯⋯⋯14, 16, 28, 50, 58, 62, 63, 179, 180, 183, 185, 187, 200, 201, 207〜210, 217, 246, 247, 256, 257
国民医療費⋯⋯⋯⋯⋯⋯⋯⋯⋯⋯99
国民基礎生活保障⋯⋯⋯227, 230, 235, 237
国民健康保険⋯⋯⋯63, 67, 94, 229, 231, 295, 298, 304, 314
国民負担率⋯⋯⋯⋯⋯⋯⋯⋯227, 258
個人年金⋯⋯⋯⋯⋯⋯⋯⋯⋯⋯⋯223
国家責任⋯⋯⋯20, 27, 28, 180, 181, 184, 194
国庫負担⋯⋯⋯15, 16, 72, 81〜83, 139, 202, 232, 297, 298, 303
子どもの権利条約⋯⋯⋯⋯⋯⋯163, 164
子どもの貧困⋯⋯⋯⋯⋯⋯⋯⋯170, 174
雇用保険⋯24, 63, 71, 123, 132〜135, 137, 139〜142, 187, 188, 233, 234, 239, 298
雇用保険二事業⋯⋯⋯⋯⋯134, 138, 139

【主要事項索引】

婚外子……………………………268, 269
混合診療…………………………98〜100

[さ行]

最低生活保障…86, 88, 180, 181, 183, 187,
　190, 194
里親…………………………………165, 173
事業主拠出………………………298, 304
資産調査……………………62, 63, 182, 299
市場化・営利化………280, 284, 286, 289
持続可能性…………83, 87, 105, 118, 262
失業保険………15, 16, 18, 49, 51, 133, 134,
　200, 201, 213, 217, 234, 245, 256
疾病金庫………………53, 215, 216, 222
疾病保険…………………15, 49, 51, 61, 213
私的年金………………72, 73, 203, 223
児童虐待……………………164, 165, 173
児童手当…18, 19, 29, 168, 169, 220, 238,
　243, 245, 246, 298, 300
社会原理…………………16, 61, 62, 67
社会サービス法………244, 246〜252, 256
社会支出……227, 229, 241, 258, 259, 277,
　298, 300, 301
社会的市場経済…………………………213
社会的障壁…………………………147
社会的養護……………165, 171, 172, 174
社会扶助……20, 28, 58, 59, 61〜63, 217〜
　219
社会福祉基礎構造改革………27, 65, 146
社会保険方式…………63, 72, 73, 86, 106
社会保険料……82, 86, 215, 218, 239, 240,
　246, 257, 295, 298, 299, 303, 304, 307,
　309, 310, 313, 314
社会保障関係費………295, 296, 298, 301〜
　303, 307, 310, 313
社会保障給付費…298〜301, 303, 304, 309
社会保障財源………210, 296, 303, 309, 311,

　314, 315
社会保障将来像委員会………22, 27, 28, 58
社会保障制度審議会……22, 26, 27, 29, 57,
　185
社会保障税…………………202, 204, 314
社会保障の機能…………19, 21, 22, 58, 83
社会保障法………14, 16, 17, 51, 200, 201
住宅手当…………221, 237, 250, 256, 277
受給権…20, 26, 75, 82, 203, 210, 231, 235
恤救規則………………………………184
障害者基本法……………………146, 148
障害者権利条約………146, 147, 160, 161
障害者雇用促進法…………146, 147, 159
障害者総合支援法…65, 66, 112, 145, 147
　〜148, 150, 151, 155, 156, 160
生涯未婚率………………………………269
少子化対策………165, 261, 270, 272, 274〜
　276, 296, 298
少子高齢化……78, 84, 214, 237, 240, 263,
　264, 272, 290
消費税戦略………………………309〜311
傷病手当金……………71, 95, 222, 245
職業分類…………………………284, 285
失業手当…………44, 135, 217, 219, 220
失業保険………………………132, 133
児童相談所……………166, 168, 172
児童扶養手当…………………168〜171
児童福祉法…112, 145, 148, 150, 155, 156,
　164〜168, 172, 173, 181, 191, 282
常勤換算方法……………………………288
所得代替率…………………82, 84, 240
所得保障…11, 14, 28, 59, 63, 67, 87, 141,
　163, 168, 169, 171, 174, 175, 180, 205,
　208, 230, 246
使用者負担………………19, 74, 86, 93, 222
自立支援給付…………148, 149, 152, 298
自立支援プログラム……………………193

319

人口減少社会のインパクト ············ 273
申請主義 ·································· 182
診療報酬 ···················· 97, 98, 115
垂直的公平 ····························· 313
垂直的再分配（負担）······· 19, 23, 313
水平的公平 ························ 313, 314
水平的再分配（負担）···· 19, 23, 313, 314
スティグマ ········· 50, 62, 106, 182, 183
セーフティネット ······ 93, 179, 185～187,
　190, 239
生活困窮者自立支援（制度）········ 63, 68,
　179, 180, 187～190, 193
生活扶助基準 ··················· 182, 183, 192
生活保護基準 ······· 88, 183, 190, 192, 193
生活保護受給者数 ············ 73, 152, 180
生活保護法 ······· 166, 180～182, 184, 185,
　191, 192, 194, 234
生活保護法の基本原理 ······· 181, 182, 194
生計援助 ························ 247, 256
制限扶助主義 ···················· 182, 184
生存権 ····· 21, 24～26, 30, 58, 61, 181, 279,
　284
世代間扶養 ··························· 272
選択の自由革命 ···················· 244, 251
選別主義 ························ 243, 299
全世代型社会保障 ······· 160, 161, 275, 301
相対的貧困率 ······················ 85, 267
租税負担率 ······················ 115, 310

【た・な行】

待機児童ゼロ作戦 ···················· 274
大西洋憲章 ·························· 19, 20
代理受領 ···················· 65, 115, 150
タックスヘイブン ···················· 272
男女共同参画 ······················ 268, 274
地域共生社会 ······· 29, 30, 117, 161, 195
地域支援事業 ······· 108, 115, 116, 119

地域生活支援事業 ······· 148, 149, 154, 155
地域包括ケア ·········· 29, 101, 108, 117
地域包括支援センター ······· 112, 116, 117,
　280
地域密着型サービス ········· 108, 112, 114
直接的サービス提供労働 ······· 279～280
賃金格差 ························ 286, 287
賃金スライド ··············· 62, 75, 78, 82
通勤災害 ·················· 125, 127～129
積立方式 ··············· 78, 79, 81, 82, 309
定常人口 ·························· 263
ドゥルヌリ事業 ···················· 241
特定疾病 ·························· 111
ナーシングホーム ·················· 250, 254
ニューディール政策 ·················· 200
認知症国家責任制 ···················· 240

【は行】

母親手当 ························ 220, 221
ハルツIV法 ·························· 218
ハローワーク ··········· 137, 187, 188, 284
非正規雇用 ···· 83, 86, 93, 95, 96, 270, 275,
　288～290, 304, 309
被保険者拠出 ··············· 19, 298, 304
標準報酬（額）············· 23, 74, 93, 230
貧困家庭一時扶助 ············ 201, 207, 208
貧困の発見 ······················ 35, 46, 47
フードスタンプ ······················ 208
賦課方式 ··············· 77, 78, 81, 255, 272
福祉事務所 ···· 180, 181, 186, 189, 249, 280,
　284
物価スライド ··········· 62, 72, 75, 78, 82
普遍主義 ························ 241, 243
ホームヘルプ ··············· 247, 249～252
法定雇用率 ·························· 159
訪問看護 ···················· 224, 232, 249
補完性原理 ·························· 213

【主要事項索引】

保険原理·····················61, 62, 67, 86
保険料免除················73, 74, 84, 86
母子保健·····················16, 164, 173
補足給付·····························63, 118
補足的保障所得·····················201, 208

[ま行]
マクロ経済スライド·······77, 78, 83, 85
ミーンズ・テスト··············50, 62, 182
民間保険···········50, 57, 60, 62, 67, 204
無拠出·····························15, 49, 82
無差別平等···················181, 182, 194
名称独占···························280, 282
メディケア·················201, 204〜206
メディケイド···············201, 204〜206

[や・ら・わ行]
養子縁組·························165, 172
離職率·································286
両親手当·························220, 221
臨時行政調査会·····················27, 284
劣等処遇·····················42, 191, 194
連帯性原理·····························213
労災保険·····16, 124〜126, 131〜134, 140, 141, 201, 213
老人長期療養保険·······227, 231, 233, 241
老人福祉法·······························27, 92
老人保健法·······························27, 92
労働基準監督署·············127, 130, 132
労働者災害補償法·····················124
労働者保険綱領·····················15, 51
老齢年金······16, 17, 43, 48, 49, 71, 75, 81, 85, 202, 203, 230, 231, 255
ワーキングプア·········199, 209, 225, 240
ワイマール·····························213

[数字・アルファベット]
50 年勧告·····················28, 58, 61
8 つの扶助····························182
95 年勧告·····························27〜29
GPIF·····················79, 80, 309
ILO····················19〜21, 87, 298
LSS 法·················244, 252, 253
OECD·····85, 100, 227, 237, 238, 241, 258, 269, 300

[人名]
アーノルド・トインビー···················45
アンジェラ・メルケル·····················214
ウィンストン・チャーチル······19, 48, 50
エスピン・アンデルセン·················199
エドワード・ビスマルク······52, 53, 213, 298
キース・シンクレア·····················17, 18
シーボーム・ラウントリー···················47
ジョセフ・チェンバレン······45, 46, 48
ジョン・ロック·····················37, 38
トマ・ピケティ·····················23, 315
バーナード・ショウ·····················18
フランクリン・ルーズベルト······16, 19, 200
ベヴァリッジ·······17〜20, 50, 51, 62, 298
ロイド・ジョージ·····················18, 48
レーニン·····················14, 15, 51

エピローグ

　今年は約 30 年続いた「平成」が終わる年であり、来年は東京オリンピック・パラリンピックが開催される。国内・国外の社会情勢が大きく変化する中、時代の節目を感じさせる出来事が続く。

　社会保障については、今後どうなっていくのであろうか。現在の社会保障改革は、社会保障給付費の削減を目的とした負担増・給付削減、社会保障の市場化・営利化・産業化が進められている。社会保障制度改革推進法（2012 年）により、社会保障の基本原理も変更された。社会保障をめぐる状況がきわめて厳しいことは、読者の皆さんにもご理解いただけたと思う。

　しかし、厳しい状況を嘆いているだけでは何も変わらない。また、誰かが勝手に制度を変えてくれるわけでもないし、急激に改善されるわけでもない。社会保障をめぐる状況を正確に把握しつつ、より良い制度のあり方について考え、各自が改善のための取り組みを行うことが必要となってくる。本書は「基礎から学ぶ」ことを目的にしていることもあり、より良い制度のあり方についてまでは言及できていない。社会保障政策研究会（代表：芝田英昭立教大学コミュニティ福祉学部教授）の今後の課題とさせていただきたい。

　本書は 15 名で執筆した。研究会を重ね意見交換をした上で、各章は執筆されているが、強固な意思統一を図ったわけではない。各章に文章表現や個別事象への評価の多少の相違がみられるが、最後は執筆者の判断に委ねた。ただし、「社会保障を必要とする人々の立場に立って制度を考えること」は執筆者一同の思いであることは強調しておきたい。

　最後になるが、出版事情が厳しいにもかかわらず、初版（2013 年）と増補改訂版（2016 年）に続き、自治体研究社が出版を勧めてくださったこと、編集担当の越野誠一さんが毎回の研究会に参加して貴重な助言をくださったことにこの場を借りて感謝申し上げる。

　2019 年 1 月

編者：村田隆史

執筆者紹介 (執筆分担順)

◎芝田　英昭　しばた・ひであき　　　　　　　　　　　　　　〈第1章　第2章〉

- 立教大学コミュニティ福祉学部教授、自治体問題研究所理事、埼玉県社会保障推進協議会副会長。専門：社会保障論。博士（社会学：立命館大学）。
- 著書・論文：『高齢期社会保障改革を読み解く』自治体研究社、2017年。『増補改訂　基礎から学ぶ社会保障』自治体研究社、2016年。『日本国憲法の大義』農文協、2015年。『介護保険白書〜施行15年の検証と2025年問題への展望』（共著）本の泉社、2015年。『安倍政権の医療・介護戦略を問う』あけび書房、2014年、など。

◎濱畑　芳和　はまばた・よしかず　　　　　　　　　　　　　〈第3章　第7章〉

- 立正大学社会福祉学部准教授。専門：社会保障法学・権利擁護論。修士（法学）。
- 著書・論文：「若者・学生の移行期における雇用・社会保障法制の課題」『雇用社会の危機と労働・社会保障の展望』（共著）日本評論社、2017年。「LGBTの抱える生活問題と社会保障に関する諸論点」龍谷法学49巻、2017年、など。

◎畠中　亨　はたなか・とおる　　　　　　　　　　　　　　　　〈第4章〉

- 帝京平成大学健康医療スポーツ学部助教。専門：社会政策論・社会保障論。博士（経済学）。
- 著書・論文：『よくわかる社会政策［第3版］』（共著）ミネルヴァ書房、2019年刊行予定。『地方都市から子どもの貧困をなくす』（共著）旬報社、2016年6月、など。

◎鶴田　禎人　つるた・よしと　　　　　　　　　　　　　　　　〈第5章〉

- 同朋大学社会福祉学部准教授。専門：社会保障論・医療経済学。博士（経済学）。
- 『高齢期社会保障改革を読み解く』（共著）自治体研究社、2017年。「地域包括ケアの現状と展望」介護保険白書編集委員会編『介護保険白書』本の泉社、2015年、など。

◎柴崎　祐美　しばさき・ますみ　　　　　　　　　　　　　　　〈第6章〉

- 法政大学現代福祉学部助教。専門：高齢者福祉・介護保険。修士（社会福祉学）。
- 著書・論文：『増補改訂　基礎から学ぶ社会保障』（共著）自治体研究社、2016年。『高齢期社会保障改革を読み解く』（共著）自治体研究社、2017年。「地域包括ケアシステムにおける家族介護者支援の現状と課題」『コミュニティ福祉研究所紀要』第5号、2017年、など。

執筆者紹介

◎山﨑　光弘　やまざき・みつひろ　〈第8章〉
- 日本障害者センター事務局次長・理事。専門：障害者福祉。修士（文化科学）。
- 著書・論文：「経済成長施策としての『我が事・丸ごと』地域共生社会批判」『障害者問題研究』第46巻、第1号、2018年。「介護保険優先原則問題の現在：なぜ障害者は介護保険制度を問題にするのか」『ゆたかなくらし』第422号、2017年、など。

◎武藤　敦士　むとう・あつし　〈第9章〉
- 高田短期大学子ども学科助教。専門：子ども家庭福祉。修士（社会福祉学）。
- 著書・論文：『社会福祉研究のこころざし』（共著）法律文化社、2017年。「母子世帯の貧困の性格とその対応に関する課題—母子生活支援施設入所世帯の分析から」日本科学者会議編『日本の科学者（51巻（2号））』本の泉社、2016年、など。

◎村田　隆史　むらた・たかふみ　〈第10章〉
- 青森県立保健大学健康科学部講師。専門：社会保障論・公的扶助論。博士（経済学）
- 著書・論文：『生活保護法成立過程の研究』自治体研究社、2018年。『高齢期社会保障改革を読み解く』（共著）自治体研究社、2017年。『増補改訂　基礎から学ぶ社会保障』（共著）自治体研究社、2016年、など。

◎木下　武徳　きのした・たけのり　〈第11章〉
- 立教大学コミュニティ福祉学部教授。専門：社会福祉政策・公的扶助。博士（社会福祉学）
- 著書・論文：『アメリカ福祉の民間化』日本経済評論社、2007年8月。『日本の社会保障システム−理念とデザイン』（共編者）東京大学出版会、2017年9月。『生活保護と貧困対策−その可能性と未来を拓く』（共著）有斐閣、2018年12月、など。

◎森　周子　もり・ちかこ　〈第12章〉
- 高崎経済大学地域政策学部地域づくり学科教授。専門：社会政策・社会保障。博士（社会学）。
- 著書・論文：「ドイツ介護保険の現状と課題」介護保険白書編集委員会編『介護保険白書〜施行15年の検証と2025年への展望』本の泉社、2015年。「ドイツにおける長期失業者とワーキングプアへの生活保障制度の現状と課題」『社会政策』第8号2巻、ミネルヴァ書房、2016年10月、など。

◎尹　一喜　　ゆん・いるひ　　　　　　　　　　　　　　　〈第 13 章〉

- 金沢大学国際基幹教育院 GS 教育系助教。専門：介護者支援・高齢者福祉。博士（社会福祉学）。
- 著書・論文：「『介護者の会』による援助特性——介護者支援の社会化をめぐって」東洋大学大学院ヒューマンデザイン研究科博士学位請求論文、2017 年、など。

◎奥村　芳孝　　おくむら・よしたか　　　　　　　　　　　〈第 14 章〉

- ストックホルム大学社会科学部卒。OKUMURA CONSULTING 社代表。
- 著書・論文：「スウェーデンの高齢者福祉最前線」筒井書房、1995 年。『スウェーデン』旬報社「世界の社会福祉年鑑」2001-2003 年版。「スウェーデンの高齢者ケア戦略」筒井書房、2010 年。「スウェーデンの動向」『週刊社会保障』no.2317、no.2451-2453、no.2688、など。

◎金子　充　　かねこ・じゅう　　　　　　　　　　　　　　〈第 15 章〉

- 立正大学社会福祉学部教授。専門：社会福祉政策・公的扶助論。修士（社会福祉学）。
- 著書・論文：『入門　貧困論—ささえあう／たすけあう社会をつくるために』明石書店、2017 年。『新・社会福祉士養成講座 16：低所得者に対する支援と生活保護制度—公的扶助論（第 5 版）』（共著）中央法規、2019 年。『問いからはじめる社会福祉学』（共編者）有斐閣、2016 年、など。

◎曽我　千春　　そが・ちはる　　　　　　　　　　　　　　〈第 16 章〉

- 金沢星稜大学経済学部教授。専門：社会保障・社会福祉政策論。博士（学術）。
- 著書・論文：『高齢期社会保障改革を読み解く』（共著）自治体研究社、2017 年。『安倍政権の医療・介護戦略を問う』芝田英昭編、あけび書房、2014 年。『介護保険白書〜施行 15 年の検証と 2025 年問題への展望』芝田英昭編、本の泉社、2015 年、など。

◎梅原　英治　　うめはら・えいじ　　　　　　　　　　　　〈第 17 章〉

- 大阪経済大学経済学部特任教授。専門：財政学・地方財政論。修士（経済学）。
- 著書・論文：『大都市圏ガバナンスの検証』（共著）ミネルヴァ書房、2017 年。「消費税で格差を是正できるのか」『大阪経大論集』第 68 巻第 4 号、2017 年 11 月、など。

〈編　者〉

芝田英昭・鶴田禎人・村田隆史（肩書き等は執筆者紹介を参照）

〈執筆者〉（詳しい肩書き・著書等は執筆者紹介を参照）

芝田英昭	立教大学教授	第1章、第2章
濵畑芳和	立正大学准教授	第3章、第7章
畠中　亨	帝京平成大学助教	第4章
鶴田禎人	同朋大学准教授	第5章
柴崎祐美	法政大学助教	第6章
山﨑光弘	日本障害者センター	第8章
武藤敦士	高田短期大学助教	第9章
村田隆史	青森県立保健大学講師	第10章
木下武徳	立教大学教授	第11章
森　周子	高崎経済大学教授	第12章
尹　一喜	金沢大学助教	第13章
奥村芳孝	OKUMURA CONSULTING 代表	第14章
金子　充	立正大学教授	第15章
曽我千春	金沢星稜大学教授	第16章
梅原英治	大阪経済大学特任教授	第17章

新版　基礎から学ぶ 社会保障

2019年3月5日　　初版第1刷発行

　　　　　　　　　編　者　芝田英昭・鶴田禎人・村田隆史

　　　　　　　　　発行者　長平　弘

　　　　　　　　　発行所　自治体研究社
　　　　　　　　　〒162-8512 新宿区矢来町123 矢来ビル4F
　　　　　　　　　TEL：03・3235・5941／FAX：03・3235・5933
　　　　　　　　　http://www.jichiken.jp/
　　　　　　　　　E-Mail：info@jichiken.jp

ISBN978-4-88037-691-2 C1036

デザイン：アルファ・デザイン
印刷・製本：モリモト印刷株式会社
DTP：赤塚　修

自治体研究社

高齢期社会保障改革を読み解く

社会保障政策研究会・芝田英昭編著　定価（本体 1600 円＋税）

医療・介護・年金・生活保護の現状を分析して、市場化、産業化に向かう社会保障政策の欠陥を明らかにする。市民目線による改革案を提示。

生活保護法成立過程の研究

村田隆史著　定価（本体 2700 円＋税）

1945〜1950 年の生活保護法の成立過程を社会保障の観点から分析した歴史研究。「人権としての社会保障」のあり方を生活保護法から問う。

社会保障のしくみと法

伊藤周平著　定価（本体 2700 円＋税）

判例を踏まえて、生活保護、年金、医療保障、社会福祉、労働保険の法制度を概観して、社会保障全般にわたる課題と関連する法理論を展望。

社会保障改革のゆくえを読む
──生活保護、保育、医療・介護、年金、障害者福祉

伊藤周平著　定価（本体 2200 円＋税）

私たちの暮らしはどうなるのか。なし崩し的に削減される社会保障の現状をつぶさに捉えて、暮らしに直結した課題に応える。［現代自治選書］

Dr. 本田の社会保障切り捨て日本への処方せん

本田　宏著　定価（本体 1100 円＋税）

日本の医療、社会保障はどうなってしまったのか。外科医として医療の最前線に立ち続けてきた著書が、医療・社会保障のあるべき姿を追究。